谢谢你愿意做我的孩子

养育是一场自我成长

叶月幽 —— 著

长江出版传媒 | 长江文艺出版社

图书在版编目（CIP）数据

谢谢你愿意做我的孩子：养育是一场自我成长 / 叶月幽著. -- 武汉：长江文艺出版社，2023.8
ISBN 978-7-5702-3062-4

Ⅰ. ①谢… Ⅱ. ①叶… Ⅲ. ①儿童心理学－通俗读物 Ⅳ. ①B844.1-49

中国国家版本馆 CIP 数据核字(2023)第 071897 号

谢谢你愿意做我的孩子：养育是一场自我成长
XIEXIE NI YUANYI ZUO WO DE HAIZI： YANGYU SHI YICHANG ZIWO CHENGZHANG

| 责任编辑：梁碧莹 | 责任校对：毛季慧 |
| 装帧设计：壹　诺 | 责任印制：邱　莉　杨　帆 |

出版：长江出版传媒　长江文艺出版社
地址：武汉市雄楚大街 268 号　　　邮编：430070
发行：长江文艺出版社
http://www.cjlap.com
印刷：湖北金港彩印有限公司

开本：880 毫米×1230 毫米	1/32	印张：10.375	插页：4 页
版次：2023 年 8 月第 1 版		2023 年 8 月第 1 次印刷	
字数：252 千字			

定价：46.00 元

版权所有，盗版必究（举报电话：027—87679308　87679310）
（图书出现印装问题，本社负责调换）

　　成为父母之后,我们忽然发现好像有那么多的东西要去学习,要去成长,但我们不是去学习所有的理论方法和技巧,而是学习如何去爱。

　　事情永远不如我的孩子更重要。即便孩子可能会犯错，我们也可以带着满满的爱，去看看他需要什么帮助，而不是指责他、否定他、教训他。

童年得到的爱，是未来生活中的光。你现在为他心灵所搭建的每一砖一瓦，都是将来他抵御生活中困难挫折的城墙和堡垒。

当一个人真正下定决心要做一件事的时候,是没有什么可以阻挡的,只是这个决心,没有人能帮你下。

我亲爱的孩子,愿你面对真实的生活,保有善良与童真;愿你坚守内心的光亮,义无反顾,勇往直前。

与其担心社会伤害孩子,恨不得给他加个保护罩,倒不如做好自己,带动周围,让自己成为优良环境的一部分。

推荐序

真正的智慧是让对方觉得——我也行！ 小巫 / 001

养育是一场双向成长 王欣 / 004

自序

最温暖的相遇 / 009

第一章　做好父母，先做好自我关怀

孩子一哭闹，爸妈先崩溃，如何做情绪稳定的父母 / 003

不做被育儿理论逼死的父母 / 011

远离正能量满满的生活成功学 / 016

你并不是软弱，而是坚强了太久 / 021

不要让付出感成为孩子的枷锁 / 027

做孩子内心的明灯 / 034

单亲妈妈是个伪命题 / 039

你是在接纳，还是在忍受 / 045

第二章　有效沟通，建立孩子的协作性

从执拗到贴心——时光的魔法	/ 051
改变语言习惯，远离暴力式沟通	/ 056
讲道理不管用？如何帮助孩子疏导情绪	/ 062
站在人的角度看问题，而不是用带着问题的眼光看待人	/ 068
先处理情绪，再解决问题	/ 074
你眼中的问题行为，恰恰是他人的解决办法	/ 083
每个人的需求都值得被尊重	/ 088
消除影响，而不是禁止行为	/ 094
什么样的规则孩子更愿意遵守	/ 099
家有俩宝，如何调停无休止的纷争	/ 105

第三章　家庭环境，给孩子爱与支持的氛围

童年得到的爱，是未来生活中的光	/ 115

由育儿引发的家庭大战，争的究竟是什么	/ 121
你对孩子的教育，究竟是出于爱，还是出于恐惧	/ 128
穿越头脑的恐惧，看见真实的孩子	/ 134
所有的方法都是帮助我们找到爱	/ 142
隔代育儿，如何减少纷争	/ 147
为两个孩子许下爱的承诺	/ 152
我的选择，无需孩子证明	/ 156

第四章　自我觉察，父母内心力量的成长

什么 72 变 81 难，不过是在利用父母的焦虑	/ 163
警惕自己的育儿优越感	/ 170
觉察自身情绪，不做情绪的奴隶	/ 174
限制性信念是如何束缚我们的	/ 180
打破自我设限，人生无限可能	/ 189

保持觉知，避免隐性的沟通偏离 / 194

抱怨生活很痛苦，可你真的想改变吗？ / 199

生活很痛苦，我真的想改变 / 206

第五章　社会视角，为孩子创造共享的未来

孩子在公共场合与别人发生冲突，怎么办？ / 215

为什么别人不遵守规则，我却要遵守呢？ / 221

遇到"熊孩子"，你会教育他们吗？ / 226

给孩子的生命教育 / 232

给不愿等待的孩子的治疗性故事 / 241

延迟满足真的能培养孩子的自控力吗？ / 246

游戏运动对于孩子身心发展的作用 / 254

第六章　家校共育，做孩子的后盾和桥梁

如何帮助孩子做好入园过渡　　　　　　　　　　／ 267

家校沟通（上）——当学校理念和我们有冲突时　　／ 276

家校沟通（下）——如何面对老师的投诉　　　　／ 282

孩子被评为后进生，家长会要我当众检讨　　　　／ 289

如何帮助孩子从容应对重要考试　　　　　　　　／ 295

代后记

"我不曾教诲他，只是带他生活"　　　　　　　　／ 303

参考文献　　　　　　　　　　　　　　　　　／ 311

推荐序
真正的智慧是让对方觉得——我也行！

叶月幽要出新书了，在她心里，我是写推荐序的第一人选。算起来我俩相识已有十多年的光景，当年市面上还没有现在这么多培训课程，我恰好在开办父母课堂。那时的叶月幽，带着两个幼齿小儿，飞到各地参加学习，甚至一边上课一边哺乳，晚上哄完孩子睡觉还要整理笔记，第二天又神采奕奕地出现在课堂，如饥似渴地追要"干货"。她一直称我为她的启蒙老师，我的课程她全都刷过数遍；我开设的三届小巫养育学堂，她全程跟随；从第二届开始，她就成为了学堂七名特邀讲师之一；同时，她也一直在讲授自己的家庭教育和儿童心理学课程，把学到的内容发扬光大。

说这些不是为了彰显我对她的影响和重要性，而是用实例来说明她的用功程度，以及她求学的系统性、全面性和彻底性。从开始的学生跃身为现在的专家，绝非轻而易举一蹴而就，而是用一点一滴的血汗积跬步至千里。熟悉她的人都知道，她是一个天生的学霸；但学霸的过人之处，不在于比别人更聪明，而在于比别人更用功。

这些年我目睹她不断参加各种长程专业培训，同时脚踏实地、一点一点积累数百小时的督导时数、数千小时咨询量、每次咨询之后记录总结反思，以及认真撰写数万字的案例报告……这些算起来都是数以年计的积累，而叶月幽从来没有停止过前行的脚步，她一直在准备着更好的自己。因此，当她学习多年的国际儿童游戏治疗体系，第一次对国内开展治疗师认证评审时，她毫无悬念地成为首批通过认证的游戏治疗咨询师，而这一批最后通过的仅有四个人。

对跟随我多年想成为讲师的学员，我一直有一个要求，就是把自己打磨成一座冰山，拿出来讲课的内容，仅是浮出水面的八分之一；水下一定要有八分之七的底蕴来支撑，才能做到有品质、耐推敲、历久弥新。

叶月幽即是这样一座冰山。这些年她在专业的道路上越走越广、越走越深，拿到一抽屉的资质认证，业内各领域流派均有涉及；并在生活中不断实践和体悟，融会贯通，形成自己独特的一派画风。

看到这些描述，或许你会好奇——难道她不用顾家，而是有大把闲暇时间？其实不是的，她一边学习、一边工作、一边亲自照料养育两个儿子。或许她就是一个严谨乏味的学者？也不是的，她还身手矫捷，骑马射箭跳伞攀岩，十八般武艺样样俱全，带着两个娃到处疯玩儿，还拿过全国射箭联赛铜牌。要么她天生强健结实、精力过人？那更不是的，她幼时曾经患过严重疾病，死里逃生，即便这几年，也时时经历一些意外。她能做到今天这样，只是比常人更投入、更热爱、更自律。

她曾经写过一篇流传甚广的原生家庭剖析文章，让我很是感慨：成长在这样一个典型的中国式家庭里，她没有沉溺于过去、愤恨抱怨、哀叹不幸；也没有合理化伤害，而是选择去看清和反思，让伤痛不再传递给下一代。她很坚强，有慧根、有悟性、愿改变，这是她孩子的福气，是她自己的福气，也是她读者的福气。

我有个规矩，凡是要我写序的书，须先把书稿发来给我通读一遍。虽然叶月幽是跟我最亲近的弟子之一，这方面依然不例外。

叶月幽的文字有一种温度，读她的文章，就像寒冷的冬夜里捧着一杯热茶，暖胃暖心。她从没想过要把自己塑造成完美的专家形象，居高临下地指教父母们哪里没有做好；而是深刻地看到父母们内心最需要的支持和帮助，温柔地给予力量和抚慰；她也从不口若悬河地灌输大道理，而是透过她的文字，让大家看到自己的内心。

难得的是，逻辑缜密的分析能力和丰富细腻的情感，在她身上兼容并蓄：她的文章思路清晰、层层剥茧，时时妙语连珠；她讲起课来条理清楚、表达精准，经常金句不断。凡是见识过叶公子本尊的，都会被她犀利、豪爽、天真、活泼的个性打动。真实的她，坦诚、亲切、体贴、周到，从不掩饰自己的脆弱，最擅长自黑，却处处透露着内在的力量。

这些年来，叶月幽一直在分享学习和成长的感悟。她的文章，有血有肉，发乎于心；她的书，是一篇篇实打实的成长体悟，既有专业度，又有生活性；既有理论支撑，又平实易懂；时而令人捧腹，时而催人泪下。正如她所说，她一直在学习中成长，在生活中修行。

这本书里的文章，凝结了她上千场个案咨询的丰富经验，融会贯通了专业的理论、生活的体验和成熟的思索，相信每一位读者都会从中获益匪浅。也希望父母们在读了此书之后，不仅更加了解如何与孩子相处，而且对于自己也多一份接纳和自信。

叶月幽说："比起纠正孩子的行为，我更关注的是父母的内心。"父母们读到这本书，会由衷地感到被理解、被倾听，甚至是肩并肩的支持。我自己做老师的宗旨，也是对门下弟子所推崇的宗旨就是：真正的智慧，不是在对方面前孔雀开屏，以彰显自己有多牛，而是让对方觉得——"我也行！"

这本书是写给父母们的，我期待叶月幽的下一本书，会是写给心理学专业人士的；当然，以她的文采，我相信每个人都会看得津津有味。

儿童教育专家、畅销书作者　小巫
2023年于美国纽约栗子岭

养育是一场双向成长

和叶月幽相识，是因为线上的学习和督导，那时就对她的严谨治学、深入钻研印象深刻。后来在线下见到她，立刻被她热情、活泼、灵动、头脑中有很多想法和创意的状态吸引。在听她诉说自己过去的故事时，让我对她有一种"没有什么困难能够难倒她、她始终是战无不胜的人"的印象。即使在曾经身患重病的情况下，她依旧完成了学业并取得优异的成绩；即使养育了两个年龄相隔很近的男孩，她依然精力充沛，满怀欣赏、自豪和充满爱意地陪伴着孩子；即使她工作和学习都很繁忙，还要陪伴两个青春期孩子，她依然坚持不断学习各种专业课程，还完成了儿童游戏治疗的全部训练和严格考核，成为我国为数不多的认证儿童游戏治疗师，并在实践工作中专心投入精力和儿童青少年咨询，为促进儿童和家庭的健康成长努力实践和创作。在我的眼里，她真是一个精力旺盛，充满智慧和爱的能量的奇才。

接到为她的这本书写序的邀请，标题就让我眼前一亮，人马上就精神起来。打开书，阅读到自序时，脑子里就冒出了几个字：真诚，真实，"真理"。继续阅读下去，无论是她真诚而朴实的文字表达，还是她养育两个年龄相差两岁的男孩所经历的过程，每个章节都写得惟妙惟肖，栩栩如生，这些都很抓我的眼球和内心。她说得那么细腻、通透、实在，让我读了一篇又一篇，爱不释手。与其说是为她这本书写序，不如说是向她学习。

我作为一个母亲，也有养育孩子的经历和经验，会感到叶月幽的文章很写实，贴近人心。她在书中表达了很多与人们认为正确的养育孩子的主流思想相悖的内容，我作为长期在青少年心理咨询工作的人，认为书中的观点很符合人的成长和发展规律，她用非常朴实的话语把这些观点表达了出来。养育孩子的过程是一个用心、用情的自然过程，包括社会规则的教导，都需要父母在生活中以身作则地传达给孩子。当父母失去了"情"，失去了榜样，开始用脑子去想，对孩子有了过高的期待，就会做出偏离孩子的生理和心理发展阶段的举动，从而带来很多冲突和负性情绪，这既影响了亲子关系，也影响了孩子成长的步调。这也是当今在心理咨询室里遇到的各种心理问题的来源。

这不是一本关于理论和说教的书，而是一本能让你产生共鸣的书。在被深深同理的基础上，可以让父母们反思，为了给孩子的未来带来"光"，如何调整养育的姿态和方式。通过阅读这本书，父母可以了解不同年龄孩子的生理和心理的发展阶段的需要，为满足不同阶段的需要去调整自己。通过阅读这本书，在孩子的节奏和自己的节奏不同时，父母可以学会如何有意识地调整自己，让自己有好的心态，保持和孩子的同步。通过阅读这本书，父母可以看到自己养育孩子的过程，也是一个人走向成长成熟的"垫脚石"，从而体会到"不是父母生了子女，而是子女生了父母"的真理。为了孩子未来的幸福，父母需要学会在童年为他们的健康成长提供和谐的环境，这确实是一本值得花时间阅读的书籍。

中国心理学会临床与咨询心理学注册工作委员会注册督导师、
河北师大心理系心理学教授，硕士导师（荣休）王欣

2023年5月1日

这是一本非常实用的育儿心法。它涵盖了家庭教育的诸多方面，从日常的沟通方法、家庭环境塑造、促进社会参与、家校共育，到父母的自我关怀与成长等等，帮助父母学习如何用爱的眼光看待孩子，理解孩子的心理发展规律，从而在孩子的成长过程中提供必要的支持和帮助。这些具体的实例和方法，帮助父母在育儿理论与日常实践之间搭建起了行之有效的桥梁。

养育的过程需要的不仅仅是爱，更需要父母的耐心、力量和坚定的信念。本书帮助父母与孩子之间建立起可以让双方都受益一生的情感连接，是一本非常值得推荐的育儿指南。

加拿大游戏治疗协会督导师、主任委员、认证部主席，
国际双向发展心理研究院督导师、主任委员、发展部主席，
美国关系游戏治疗研究院督导师　Hannah Sun-Reid

作为一名心理咨询师，我经常被问到"孩子厌学怎么办"和"孩子不听话怎么办"。好像一个专业人士就能有魔法让孩子好学、听话。当我拿到月幽的这本书时，我就想建议那些提问的家长，好好看看这本书的自序，也许只是认认真真、反反复复读一下，并细细体悟，就会有很大的启发和帮助。

学习和孩子互动的心理学理论、方法和技巧，也许不是你想象的那样会让教养变得容易。就像你之前不懂养植物，只是随意浇灌。当你学习了养植技巧之后，会发现浇灌、日照、施肥、除虫等事项没有一样是容易的，每一样都有很多门道。就像月幽在序里说的那样——更重要的是我们的心法。小王子对自己的玫瑰说，这个世界有几千几万朵玫瑰，但就是这一朵，才是属于我自己的玫瑰。各位读者，你准备好自己的心和脑，面对属于自己的玫瑰了吗？

心理学博士、中国心理学会首批注册心理师、督导师，
华东师范大学青少年心理健康教育研究中心总监　叶斌

我曾数次参加叶月幽老师的课程和专题讲座，也拜读过她很多的科普专栏文章，当然，也有幸和她一起深入沟通交流。作为培训师和讲者，她条理清晰、表达流畅、语言精练，极具魅力；作为科普作者，她观点鲜明，温暖而深刻；作为朋友，她热情而真挚。

这次叶老师出新书，看到书名的时候，我就被打动了。我是一名儿科医生，也是两个孩子的妈妈，对"养育是一场自我成长"非常认同和深度共鸣。做父母不是一件容易的事情，我们每年面对的孩子都是在动态变化的，需求也在不断变化，这要求我们持续进化与成长。

叶老师的这本书既有翔实的理论知识，又有丰富的实践经验，从父母的自我成长、亲子沟通技巧，再到给孩子的环境支持，方方面面都进行了深入的阐述，相信可以赋能给各位父母，更好地迎接孩子的成长，应对孩子的需求。

最后，借用叶老师的话，谢谢我的宝贝们选择做我的孩子，与我在茫茫人海里相遇，并帮助我成长为更好的自己，以及更好的妈妈。

卓正医疗儿科医生　陈英

自序
最温暖的相遇

很多年以前，我在一家学校做讲座，介绍和孩子的沟通方式。有一位家长在听了我的讲座后说："这位老师肯定只生了一个孩子，好带。要是有俩呀，这些方法就不管用了。"周围学员告诉她，我生了两个孩子，而且年龄只相差两岁。这时她又说："那肯定是她运气好，生了两个乖巧的女儿。男孩的破坏力啊，那可不一样。"学员又告诉她，我生的两个都是男孩。她愣了一下，又撇撇嘴说："那，那是她运气好，老天给她的孩子，懂事、听话。我家可没有这么好的运气，孩子天天调皮捣蛋，根本搞不定。"当时听到大家戏说的时候，我并没太往心里去，但静下心来想想，这件事其实很值得我们深思。

养育孩子确实不是一件容易的事情，很多时候都和我们的想象有着非常大的差距。当老天给了我们这样一个孩子的时候，当我们戏称说我们像开盲盒一样得到一个这样的孩子的时候，或者说，当有这样一个与众不同的孩子，他克服一切万难，来投身于我们的时候，我们真的可以去抱怨孩子和我们想象的不一样吗？我们要去把孩子改造成我们想要的样子吗？当看到"别人家孩子"的时候，也许我们确实会羡慕，但在面对自己这个真实的孩子的时候，当他和我们的想象不一样的时候，我们要怎样去和他相处？我们要怎样做这样一个与众不同的孩子的父母？这也许是我们需要去思考的问题。

说起来，我们这一代人其实挺郁闷的，当我们还是孩子的时候，所有人都在指责我们不听话、不懂事；现在我们成为父母了，舆论的矛头又调转过来继续指向我们，做父母不够好，不懂得教育，伤害了孩子。现在的教育环境对于父母们不是那么宽容，似乎任谁都可以对我们教育孩子的方式指手画脚。但更甚的是，作为这些真正想坚持学习不断改进的父母们，我们的内心可能更加不放过自己。

有了孩子之后，我们好像忽然一下子发现原来自己身上有这么多问题。原本是想学习如何教育孩子，结果发现问题全在自己这儿。不得不承认，当母亲这件事让我感受过相当多的挫败感，比其他任何事情带给我的挫败感都要大，且无处可逃。如果遇到其他挫折，我要么可以努力想办法去克服，要么可以放弃干脆换条路。可是作为母亲，只要在这个身份上，就要一遍遍回顾自身童年经历之痛，还要一次次面对轮回重复的碾压。所以说养育是一场自我救赎，也许我们还没有做到，但在这个过程中，我们和孩子一直都在彼此陪伴，共同成长。

成为父母后，我们忽然发现有那么多的东西要去学习，要去成长。但我们不是去学习所有的理论方法和技巧，而是学习如何用爱的眼光看待孩子，如何理解孩子的心理发展规律，如何在孩子的成长过程中提供必要的支持和帮助。也就是说，除了各种技法之外，更重要的，是我们的心法。和孩子相处，不要盲目追求形式。很多父母学了一大堆技巧，倾听、共情、温柔而坚定……可是如果没有心法，再多技巧也只是碎片化的工具，很可能变成温柔而坚定地控制孩子。父母的自我成长很重要，如果一个人的心法是正的，那么技法偏差不到哪里去。

随着学习和分享的不断深入，我发现太多父母们喜欢问"怎么办"，但所有的"怎么办"，最终都会回到你自己身上，回到你是如何看待自己的，你是如何看待生命的。因此，比起去修正孩子的行为，我更愿意关注父母们的状态。这本书也是如此，它可能不会教给你"孩子不吃饭怎么办""孩子不睡觉怎么办",但我希望它能带着你去靠近自己的心,看到自己的旧有模式,看到自己被困住的卡点,我们一起努力突破。

这几年我们的生活发生了很多变化,孩子的成长也经历了诸多波折。但在这样的过程中,我们和孩子都展现出了非凡的韧性和耐心,不惧困难、不断迎接未知挑战。而这些品质,以及在此期间我们的成长,都将成为我们内心力量的一部分。今后总会有那么一天,我们会站在足够远的距离,来回看这一段时光,回忆我们作为一个命运共同体,在这个过程中所呈现出来的凝聚力,以及坚持学习、不断提升的动力。相信那个时候,我们会说,虽然曾经岁月艰难,但我们不曾辜负过这段时光,因为它也是我们生命的一部分,我们有好好善待。

十几年前,我的两个孩子——叶儿和叶新的出生,给我带来了无比的欣喜、快乐、幸福和甜蜜,同时也带来了各种纠结、疑惑、焦虑和痛苦。那时的我,很多时候不知道要如何去面对纯洁无瑕的小生命。在孩子带来的巨大的爱的冲击面前,我手忙脚乱、不知所措。转眼间,叶儿已经是一名中学生了,个子比我都高了。叶新也进入小高,长成了一个壮实的小伙子。时光真是一个魔法师,只轻轻地挥了挥手,当年稚嫩的孩童就长成了翩翩少年。

总有人误认为我从事心理学这个行业,似乎我就是教育专家了,孩子也一定培养得出类拔萃。其实我从不敢自称专家,孩子也拿不出手显摆。他俩不算世俗意义上的牛娃、学霸,但他们身上所展现出的乐观、善良、好学、谦逊等品质,都让我很欣慰。我们之间有着各种嬉笑怒骂,甚至矛盾争执,但不影响我们彼此信任,良好沟通。

记得在叶儿七八岁的时候,有一天晚上我回来,兄弟俩正准备睡觉,见我回来,都想和我再腻一会儿。我用被子包住他们一顿乱揉,揉得他俩哈哈直笑。看着他俩欢快的笑脸，我忍不住感慨："哎呀，我怎么这么幸运，能生出这么好的孩子呢？"叶儿被我揉得变形，笑着接话："我还想说呢，我怎么这么幸运，生到这么好的妈妈家呀。"

在陪伴他们成长的过程中，我也不曾放慢自己的脚步。在这十年里，我读了心理学、教育学两个硕士；通过严格的审核，成为国内首批认证注册的四位儿童游戏治疗师之一；在全国讲授了数百场儿童发展心理学的相关课程，并和两千多个家庭进行过一对一心理咨询工作。在专业道路上的持续深入学习，也让我更深刻地体会到家庭环境对于一个孩子成长的重要性。

为什么一直专注于家庭教育，不仅仅是因为自身童年的经历，更多的是因为家庭是人寻找自我的地方，是一个人第一次判断自己是否有价值的地方。在家庭中，我们第一次认识自己是什么样的，并学习如何与他人及世界建立连接。我希望自己成为一道门，穿过这道门，让我们一起遇见内心深处的渴望及自我，遇见无条件的爱。

据说，每个人都是带着自己的使命来到人世间的。也许我今生的使命就是去传播，将我所学习到的、体验到的、经历到的，吸收并整合，分享给他人。愿继续潜心在专业上深钻，并身体力行地去传播、践行。愿投身在这过程中，只问耕耘，不问收获。

其实很多时候，成长不在于我们能做什么天大的事情，不在于我们能去改变别人什么，而只是，我们彼此陪伴着走在这条路上。至少我们知道在这个世界上，有人跟我们一起努力着，也许心里就多了一点温暖，哪怕只是一点点。

百年后，真正有意义的，不是你住过多大的房子，开过多贵的车子，有过多少存款。而是因为你影响了一个孩子的生命，世界因此变得不再一样。

和孩子一起，去体验生命、拥抱幸福吧。不必担心你没得到过无条件的爱，给不到孩子你没有的东西。你的孩子会给到你的。总会有一个天使因你而来，并让你懂得生命的全部意义。这一生，再也不会有一个人，像你的孩子这样爱你。

叶月幽
2023 年于长沙

第一章

做好父母，
先做好自我关怀

孩子一哭闹，爸妈先崩溃，如何做情绪稳定的父母

经常听到父母们说："我也不想对孩子发脾气，可是他有时候简直就是无理取闹。认定的事情怎么说都说不通，一点点小事就能哭上半天，你指东他往西完全不配合，撒泼耍赖的时候真的想把他丢出去！"

当面对着油盐不进的"熊孩子"和硝烟弥漫的"战场"，我们的心情也犹如那满地狼藉的物件一样混乱不堪。在每一个抓狂的深夜和鸡飞狗跳的清晨，我们都在爆发和无奈的纠结中无力叹息。在辛苦了一天之后，父母们筋疲力尽地回到家中，可是孩子偏偏还要找事，实在忍不住就想发火。在面对孩子的"我偏不！我就要！"的时候，我们经常被气得七窍生烟、无比抓狂。

我们平时看到娃的笑脸，觉得心都要暖化了；转头看到娃一哭二闹三打滚儿，觉得心都要被火化了。这简直就是育儿的至暗时刻。然而书上还告诉我们，这是可怕的两岁，之后还有恐怖的三岁，狗都嫌的小学，叛逆的青春期……这鸡飞狗跳什么时候才是个尽头啊。那些育儿专家还告诉我们，父母平和的情绪是给孩子最好的教育。神呐，我也想平和啊，谁能给我千年的修为？

可是我们每次吼完骂完，又觉得后悔，不断自责，觉得对不起孩子。然而下次又接着吼，死循环。面对这样的场景，要如何才能做个情绪稳定的父母呢？很多文章都告诉我们，当我们的情绪要爆发时，可以先深呼吸、调整心态，让自己冷静下来；或者请家人帮忙照看孩

子,自己单独待一会儿;要接纳自己有情绪等等。这些方式都可以让我们在情绪中保持理智,唤醒我们有意识的觉察部分。

这样做确实很有帮助,但每一次都要在崩溃的边缘徘徊,实在是劳心劳力。因此,最好的方式并不是当我们情绪已经崩溃时要如何做,而是要先弄清楚,究竟是什么原因总是导致我们情绪崩溃。从原因出发,而不是亡羊补牢。

第一个原因,是我们对孩子的心理发展规律不了解,很多时候误解了孩子的行为。有时候我们觉得孩子不懂事、不听话,但并不是孩子的行为导致我们发脾气,而是我们的认知没有跟上孩子的发展。没有哪个孩子出生就是为了跟父母作对,很多在我们看来是无理取闹的行为,其实都反映了孩子在成长发展的不同阶段所表现出的心理需求。倘若我们能看到这一点,就不那么容易因为孩子的某些行为而生气了。

例如有妈妈提问,一岁多的孩子总是乱扔东西,桌子上所有的东西都扔到地上,捡起来还扔,一看就是故意的,还屡教不改。但其实这个年龄的孩子扔东西并不是在淘气,而是他开始了对这个世界的探索。

刚出生的小婴儿,他只能平躺着,或者趴着。这时候他看到的世界是平面的,他的空间只有前后左右。即便是你把他抱起来,他也并不能感知自己身体的高度。但是孩子在一岁左右开始能直立了,这时候他的空间出现了高低上下之分,他很惊奇地发现,只要一松手,东西就会往下落。于是他开始不断尝试和探索,一遍遍抓握、松开,看到不同的东西落在地上,发出不同的声音,有的会弹起来,有的会滚走,有的就掉在原地。这些对他来说都无比新奇。这个行为背后的需求是探索世界。

倘若我们发现,原来孩子扔东西不是在捣乱,而是在学习和探索,那么自然也就不会因此而发脾气、责怪孩子。我们可以给他提供安全的可以扔的东西，让孩子自由地探索和尝试。等他熟悉了这个过程之后，他就会把注意力慢慢转到其他事物的探索上去了。

同样，三四岁的孩子要求东西是新的、完整的，一切行动都要按自己的意愿来，否则就像天塌下来一样哭闹等等，这是构建内心秩序感的一个过程。这时候孩子的某些需求常常被认为是"任性"和"胡闹"，他们在这一时期常常难以变通，有时会到难以理喻的地步。但这就是儿童的思维发展，也是最初的内在逻辑形成的过程。

我们可以阅读一些关于儿童心理发展的书籍，了解孩子的成长规律。当我们调整了自己的认知之后，也就不会那么容易因为孩子的某些行为而引发我们的情绪了。

第二个原因，是我们有时候会忘记孩子的年龄，或者高估孩子的能力。我们习惯于用成人的标准来要求孩子，一看到孩子完不成、做不到，我们就会非常恼火。

我经常会收到一些咨询：为什么三四岁的孩子和小伙伴玩的时候总是闹矛盾，一有不如意就哭唧唧？为什么五六岁的孩子明明答应好要自己做的事情，却总是耍赖，根本不能说到做到？为什么上小学的孩子写作业那么慢，干什么都磨磨蹭蹭？遇到这样的事情，简直分分钟就想爆炸。

我们一定要结合孩子的年龄来理解。人类的大脑发育是有着一定的顺序的：首先发育主管生存本能的脑干部分（婴幼儿阶段），其次发育主管情绪、记忆以及协调各种外界刺激的边缘系统（幼儿至学龄期），最后发育主管逻辑、理智、计划、道德的前额叶皮层（青少年阶段）。低龄儿童的额叶部分尚未发育成熟，既缺乏对事物的预见性，又缺乏情绪控制能力，所以很容易发脾气。

现在很多父母颠倒了这个过程，在孩子身体本能居主导的脑干发育时期，不给孩子活动的自由，总是让他们这也别碰，那也别动，不许跑跳，老实安静地待着。在主管情绪和记忆的边缘系统尚未成熟的时候，又要求孩子控制好情绪，逼迫孩子坐下来机械背诵书本知识。而主管逻辑和道德的前额叶皮层最后发育，我们却要求孩子从小爱分享、守信用、不哭闹，具备道德意识和自控能力。这实在是有些强人所难，并不是孩子不愿意配合我们，而是他们的能力和年龄确实没有达到相应的成熟度。

由此我们可以看出，两三岁的孩子还没有发展出社会交往能力、不会交朋友；五六岁的孩子不会控制情绪，一发脾气就哭闹；刚入学的孩子无法理解抽象概念题目的要求；七八岁的孩子不具备说话算话的契约能力……这些都是很正常的。他们需要我们的协助，慢慢成熟。这时候我们再怎么着急也是急不来的。理解孩子，耐心等他们长大，不用成人的标准去要求他们，其实也是在放过自己。

第三个原因，我们容易对孩子发脾气，有时候是来自于对其他事情的迁怒。

当父母公婆和我们的育儿理念不一致的时候，孩子的行为就有可能成为我们追求的一个证明。孩子听话表现好，证明我是一个好父母；倘若孩子的表现不符合大家的期待，我们就可能被指责。再加上伴侣的不支持不理解，不帮忙分担育儿压力，甚至还会补刀："不就是孩子的这点儿事吗？你整天就带个孩子，还带不好？"

很多父母除了育儿琐事之外，还要面对工作上的压力。白天见老板客户，晚上陪孩子家人，哪一样都不轻松。在别处积压下来很多无处释放的情绪，此时孩子的那一点"无理取闹"，都会成为我们情绪的导火索。因此，分清哪些是自己的事，哪些是孩子的事，更有利于我们面对不同的生活场景,做好身份转换。

第四个原因,孩子的反抗激起了我们的控制欲。有时候我们朝孩子发完脾气之后,回想起来似乎并不是什么太大的事情,可是当时我们就是一时气急,一定要让孩子必须按照我们说的来。"小崽子,这么小就敢不听话了?以后长大还得了?""不行就是不行,少跟我啰嗦!"这时候我们就和孩子陷入了一种权力之争,我们一定要让孩子知道是非对错,以彰显我们的权威。然而在对抗中的孩子,根本接收不到这一点,他们只会感觉被压制,被迫服从。

如果父母在发脾气时觉察到自己内心的控制欲,可以先从对抗中撤出来,不要在那个节骨眼上跟孩子较劲。当我们情绪平和的时候,孩子也更容易接受我们的商量和建议。如果总是跟孩子争输赢,不管最后结果是什么,我们都输了孩子的心。

孩子所有的"无理取闹",背后都有他的原因、他的道理,只是他们的视角和我们不同而已。带着尊重和关爱去探寻他的世界,我们会看见不一样的成长,也能帮我们减少一些焦虑。

第五个原因,大概是最常见的原因了:父母们,你并不是脾气暴躁,你只是太累了。工作会有职业倦怠,养育同样也有。养孩子最大的规律就是他没有规律,你永远无法预知下一刻孩子会搞出什么事情,所以你得时刻准备着。

我生了两个年龄只相差两岁的男孩,在他们小时候,家里最多的场景就是老大在前面跑,我抱着老二在后面追;老二哭着要吃奶,老大哭着要上街;这边"噗嚓"拉了一屁股,那边"咣当"打翻一桶水;晚上哄了小的哄大的,大的刚哄睡,小的又醒了……

一旦当了父母,就同时承担着数个角色。除了要做好自己的本职工作之外,还要带孩子、收拾家、陪玩、陪散步、陪讲故事……各种零散琐碎的事情铺天盖地。而孩子就像是一个黑洞，任你有多少时间和精力，都被吸得一干二净。有时候我一天到晚忙个不停，感觉已经累得筋疲力尽了，但扳着手指头数数，好像这一天什么也没干，不知道为什么时间一点儿都不剩。晚上俩娃都睡了之后，看着家中如同台风过境一般的现场，还得灾后重建，简直欲哭无泪。

有几个妈妈没坐在马桶上喂过奶？谁没练就出五分钟吃饭、十分钟洗澡的硬功夫？万一孩子再有个头疼脑热，或者你心血来潮又整了个二宝，那简直是困难模式升级。在这样身心俱疲、缺乏休息的情况下，孩子随便一点小事就能惹得我们炸毛。

当我们在极度疲劳的状态下，情绪是很容易波动的。很多父母们会说，自己看了很多书，明白了很多道理，可还是经常发脾气，无法调整自己的情绪。其实很多时候，并不是因为你脾气暴躁，而是你真的太累了。

在俩娃还小的时候，有一次，我一边给叶新喂奶，一边催促叶儿赶紧穿衣服去幼儿园，想着他去上学了我总算能轻松点。可叶儿偏偏不配合，各种执拗。当他把我给他盛的粥"啪"的一下弄翻在地上的时候，我终于忍无可忍了。这时候别跟我说什么再过十年你想要这个机会都没有了，我不管什么再过十年，我现在就想让他们立马从我眼前消失！我朝他大声吼道："不想吃就别吃了！赶紧走！叫你快一点听见没有！"

因为咆哮的声音非常大，叶儿一下被吓住了，乖乖地拿起书包跟着我出了门。我把他绑在安全座椅上，送他去幼儿园。一路上他都很安静，一句话不说，我也在气头上，一直阴沉着脸。内心无比沮丧，看了这么多书，可我还是连自己的脾气都控制不了，我简直糟透了。

快到幼儿园时，一直坐在后面沉默不语的叶儿忽然说："妈妈，其实我知道你是很爱我的,只是有的时候你会心情不好。"我瞬间被击中,仿佛心尖最柔软的地方被狠狠地揪了一下,眼泪一下子冲了出来。我赶忙拿起墨镜戴上,以免旁人看见。终于体会到,这就是生活,有着各种温馨甜蜜的幸福,也有着无法避免的一地鸡毛。

从那以后,我放弃了做完美妈妈的自我要求,不再事无巨细都要亲自操持。我开始找一切可能的机会让自己轻松一点。我不再纠缠细节,只要不是原则问题,就大胆地放手放权。我不再耗费太多精力在小事情上,而是更多去平衡全局。我不再苛责自己,因为我知道,我不是不爱孩子,我只是需要休息。

我承认,我的时间我的精力我的状态,在这样的情景下就是有限的。我做不到完美,我就是会烦躁会疲惫会发脾气,然而这就是当下最真实的我,一个在成长道路上摸爬滚打、姿势难看,但从未放弃过努力的我。

我们可以请家人帮忙分担一些,找一切机会放松自己。父母心情好了,孩子才能好。无条件爱孩子的同时,我们也要无条件地爱自己、照顾自己。在这样如机器人一般高速运转的日子里,一定要找机会给自己补充能量,只有得到足够的休息,我们才能更好地去陪伴家人。

最重要的是,妈妈们不必苛责自己,只有足够好的妈妈,才会担心自己不是一个好妈妈。有的时候真的不是你做得不够好,而是因为你太忙太累了!

有这样一段话:"这个世界上有一种职业很特殊,它是全天候的,不分白天和黑夜,没有休息日,不能请假,也没有退休的一天,更没有薪水可拿;在这个世界上有一种冠冕也很特殊,它是终身制的,从加冕的那一刻起,就永远不会被褫夺,只是有时候,它给人带来的不仅仅是荣耀,还有责任、紧张和压力……这种职业,这种冠冕,叫作母亲。"

戴上冠冕的同时，也仿佛戴上了金箍，也许这就是作为母亲的羁绊。所以妈妈们，请放下必须要做个好妈妈的自我要求，不要苛责自己，尽可能找机会让自己休息，请家人帮忙分担一些，给自己时间享受自己喜欢的兴趣爱好。这些自我调整都能够帮助我们做一个情绪稳定的父母。

偶尔弄得一地鸡毛没什么大不了，所谓成长，就是在不断的磕磕绊绊中继续前行。也许有些艰难，我愿意陪伴你一起渡过。就让我们彼此陪伴着，深一脚浅一脚地往前走。带着饱满的、柔软的、坚强的心，慢慢往前走。即便摸着黑，也一定会看到前面的温暖和光明。

不做被育儿理论逼死的父母

很多父母们会发现，自从有了孩子，似乎生活就不是自己的了。随便哪一个亲戚长辈，七大姑八大姨，甚至街坊邻居，都可以对我们带孩子的方式指手画脚、品头论足。我们经常会听到："不就是一个孩子吗，有什么难的？""不就是这点儿事吗，你应该怎样怎样。""老一辈不都是这么过来的，怎么就你名堂多？矫情！"似乎所有的语言都暗示着，养孩子是一件很容易的事，如果你觉得累，那是因为你做得不够好。

不知道大家有没有听过这样的论调："孩子的错都是父母的错。""没有教不好的孩子，只有不会教的父母。""父母是原件，孩子是复印件，如果想修改复印件，就要先修改原件。"……这一系列言论的出发点是好的，也并不是毫无道理，但这样的宣讲，无形之中给父母们带来了巨大的压力。似乎只要孩子有哪一点表现不好，父母就要先被拉出来批判一通，无脸见人。

然而，如果把父母也看成是一种职业的话，那和其他职业相比，养育一个孩子真的可以算是世界上最困难的工作了。一个吱哇乱叫的小家伙就这么突然出现，没有任何说明书，自带的最常见的运行程序就是哭，怎么会不叫新手爸妈们手忙脚乱呢？好在现在网络发达，资讯丰富，赶忙到处查找资料，四处求助。于是乎，各种专家说、理论说、书上说、长辈说就如狂轰滥炸一般，让人无所适从。

我有一个朋友，性子风风火火，讲话嘎嘣溜脆。可她的女儿偏偏比较安静内敛，情感很丰富，同时也很敏感。朋友看到孩子的行为，总觉得和自己想象中的不一样，于是就去对照那些育儿书籍，想看看这孩子究竟出了什么问题。在比对了一条条数据资料之后，她得出了一个结论——这孩子安全感不足。于是就整天忧心忡忡：这孩子到底是有什么心理阴影？是我造成的吗？根据"三岁看大、七岁看老"的理论，我已经耽误了她一生吗？

同样，也有不少妈妈向我咨询："母乳真的那么影响免疫力吗？我只喂了几个月怎么办？""我曾经用哭声免疫法，把孩子关进黑屋子。这可怎么办？有什么办法能弥补吗？""我在孩子三岁之前曾经离开过他一段日子，结果他现在真的很缺乏安全感。我后悔死了，我该怎么办？"在一些有关哺乳和断奶、哄睡和分床、工作和家庭的话题下，可以看到为数众多的父母们在自责、担忧、纠结、恐慌。

我们往往对父母不太宽容，尤其是随着新育儿理念的发展，人们越来越认识到家庭教育对于孩子的重要性，于是各种言论和理念就开始偏向于对父母的"高标准"和"严要求"。在现在这个社会，孩子一旦出现了某些"不良"行为，父母总是首先受到指责的那个人。

在叶儿快三岁时，我开始给叶儿选择幼儿园。曾经在参加一所幼儿园的讲座时，园长全程都在言之凿凿地宣讲："孩子的家庭教育有多么重要，如果父母这样做了，孩子就会怎样；如果你们这样，孩子就会受到什么样的伤害，就完不成对自己的构建，就会人格缺失……"听着她慷慨激昂的话语，再看看周围的父母们头点得像鸡啄米一样，不停地做着笔记，小心翼翼地请教自己哪里做错了，以后就拜托老师了，给老师添麻烦了……我忽然有一种错觉，总说父母影响了孩子，那是不是孩子就不要跟父母一起生活最好？这样就可以从根本上完全避免父母给孩子带来的不良影响了,孩子再也不会受到父母不当言行的伤害了,难道这样就能获得一个纯洁无瑕的孩子了?

将孩子的所有问题都归结于父母,这是一种简单粗暴且不负责任的逻辑。且不说孩子天生自带的精神内核决定了他就不会是一张白纸,任你涂抹。只要整体给到孩子的爱充足,即便是父母的某些行为对孩子造成了一些影响,我也不觉得这就是一件无法挽回、不可饶恕的罪过。我们来这世上一遭,有自己需要成长的功课。同样,孩子也有他们自己的功课。希望自己成为一个完美妈妈,对孩子只有滋养没有伤害,似乎这样就可以成就孩子幸福快乐的一生,这种想法,其实也是一种自恋。

"如果我不逼着孩子学习,他就考不上好中学,就进不了好大学,就找不到好工作,就娶不到好媳妇,就过不上好人生。"这样的逻辑,大家都能看出问题。可是现在很多妈妈担心的却是:"如果我不能无条件爱孩子,孩子就不自由了;如果我不能控制情绪,孩子就有心理阴影了;如果我不能满足孩子的需求,就阻碍孩子发展了,孩子就不幸福了。"这两种逻辑,难道不是一样的吗?

这果然是"神"逻辑。可是父母是人,不是神。是人就会犯错,就有局限性。有时候我们会自责:"这种低级错误就不应该犯啊!"可是回过头去想一想,哪种错误是"应该"犯的呢?你会发现,所有错误都是不该犯的,所以,你是在要求自己永远正确。

为人父母,其实是我们和孩子彼此陪伴、共同成长,而不是让自己成为完美的化身,时时刻刻保持正确。这世上没有什么是"必须"要怎样的,一旦陷入"必须"的执念里,我们就会给自己设立很多的标准和规条。要么担心自己做了什么伤害了孩子而焦虑不安,要么担心自己没做什么耽误了孩子而后悔自责。如果父母总是陷在这样的情绪里，那么即便是一直陪伴在孩子身边，孩子也感受不到平静和安宁。对待孩子的方式很重要，然而更重要的，是你能否坦然地面对自己的内心，看见眼前真实的孩子，而不是活在自己的头脑中。

父母一定要给孩子无条件的爱，这几乎已经成了一种共识。然而无条件的爱是一种状态，它是父母内在丰盈、自然而然流淌出来的。无条件的爱无法要求，要求自己随时随地对孩子"无条件"，就已经是一个最大的条件了。我们总是说，爱孩子，如其所是。那么我们对待自己，是否也能如自己所是呢？我们能不能接受，自己有时候就是做不到呢？

成为一个内心强大的人，大概是每个父母的愿望。然而真正的内心强大，不是指我们把所有的事情都做正确做完美，而是能够接受自己的局限，承认自己也有脆弱、不足，接受自己可以是一个不完美的母亲。生而为人，我们可以宽容，甚至尊重自己作为人必定会有的局限，温柔地对待自己，而不是挥起鞭子鞭挞。

亲爱的父母们，你们当初所做出的选择，都是当时的你们所能做出的最好选择。不是因为你们做得不够好，而是因为当初的你们没有获得足够的资源。可能你会后悔：当时我为什么不坚持一下呢？但在那个时候，你是真的没有办法再坚持了，否则你一定会坚持的。可能你会自责：我为什么没有做得好一点呢？可是在那个时候，你已经做到你所能做到的最好了。你尽了自己最大的能力给了孩子爱和关照，所以请不要自责、内疚、后悔。

不是所有的打击都会造成伤害，不是所有的伤害都会形成伤痕，不是所有的伤痕都会伴随我们一生。即便是有可能伴随一生的伤痕，也会随着我们的成长而淡化，最后成为一个成长的记号。我们哪个人不是带着许多伤痕成长的呢？但这并不影响我们拥有幸福。

如果哪位专家、哪篇文章所宣讲的育儿理念，是用威胁、恐吓的方式，让你看了后觉得焦虑、惊慌、恐惧、后悔，那么这种宣讲方式本身就是有违"无条件养育"的。我们可能会有失误，但失误不是罪行。不必给自己贴上负面的标签，也不必自责甚至有罪恶感。可以改变的是你的行为，而不是去谴责你这个人。指责自己过去"应该"怎样并没有建设性意义，重要的是你现在怎样，以及你想去往何方。

请关照自己的内心，无需苛责自己。无论生活还是养育，都是在做出无数个选择。我们无法将已经做出的选择重来，但我们可以在下一次选择中更有力量。我始终觉得，人生是一个逐渐强大的过程，而不是一个改错的过程。所以我们可以看看，自己有哪些做得好的地方，哪些地方还可以更好，然后朝着那个方向去努力。

请相信每一个生命都有内在成长的动力和自我完善的能力，放下困扰我们的种种焦虑，把注意力放在建设性的成长和改进上，而不是在对自己的否定和内疚中消耗自己。成为父母之后，我们忽然发现好像有那么多的东西要去学习，要去成长，但我们不是去学习所有的理论方法和技巧，而是学习如何去爱。

我们不断学习、实践、成长的目的，不只是为了孩子，而是为了成为更好的自己。努力做好自己，就是对孩子最好的引领和教育。我们不知道孩子将来会遇上什么样的人，发生什么样的事，过上什么样的生活，但是我们在日常生活中所表现出来的自尊、自律、自爱，在对待他人时善良正直，在艰难困苦时不轻言放弃，在面对人生时谦逊豁达，以及发自内心的乐观向上，这些都会成为滋养孩子一生的源泉。

孩子选择了你，就是为了引领你成为他最好的父母。

远离正能量满满的生活成功学

十几年前我在一家私企工作时，曾经被派去参加一个五天四夜的课程，课程主题是"超越极限"，也就是时下很流行的成功学。在打鸡血的那几天里，我们每天从"好！很好！非常好！"的操练中开始，各路导师不断向我们灌输"你只要……就一定……"这样的逻辑，让我们相信，成功是人人都可以达成的事情，如果你不够成功，那是因为你还没做到什么条件。

我们每天喊着这样的口号，一边让自己相信"人定胜天"，一边检讨着自己还有哪些地方没做到位，还能再怎么多努力一把，以改变生活，改变命运。现在回想起来，真是满满的全能自恋，还真以为自己能够掌控一切。

然而生活中哪有那么多"一定"？越努力你就越会发现，"不一定"才是占更多数的。等你真的拼死拼活达到了那些条件之后，很可能会发现事情并没有按照你的设想进行。这时候要怎么办？按照一贯的逻辑，当然是"一定是我哪里做得还不够好，还有哪里没做到"，于是继续挥着鞭子抽自己，这个角度不行我换个角度上，一个人干不了我多拉些人组成团队一起上。

这其中有一个概念被偷换了，成功所需要具备的各种因素都只是必要条件，而"只要……就……"这样的句式，列出的是充分条件。

小时候的我爱读《三国演义》，曹操手下最有名的谋士郭嘉，不但勤于谋略，而且擅长内政。他随曹操东征西讨，为魏统一北方立下了汗马功劳。可是他却在征乌丸时因为水土不服而病逝，年仅三十七岁。他的才华是公认的，以至于有历史学家称，正是因为鬼才郭嘉之死，才会形成三足鼎立的局面。郭嘉去世的那一年是公元207年，这一年还发生了另一个著名的历史事件：三顾茅庐。不得不感慨，倘若有着"三国第一谋士"之称的郭嘉没有英年早逝，历史又会如何发展呢？

郭嘉做得还不够优秀吗？当然，成功学恐怕会认为他没有锻炼出一副好身体。可是更为感慨的是，郭嘉至少还在历史上留下了浓重的一笔。当时有多少才华横溢的能人，死于流矢、乱兵、饥荒、疾病……而根本无法被人所知，他们又去找谁评理呢？

说近一点，我的一个高中同学，学习刻苦，成绩稳定，高考那年发挥正常，估分准确。他所报的大学和专业，之前几年的招生情况都十分平稳，而他的成绩也超过了分数线不少。这种情况原以为是万无一失了，可是不知道为什么，那一年那所大学的志愿填报人数忽然激增，导致他第一志愿没能投档，最后无奈选择了复读。第二年高考前夕，学校邀请了上一届的一位考生来分享成功经验。我的那位同学听完后，无比痛苦地对我说："他介绍的那些成功方法和经验，那些一二三点，我全都做到了，我甚至做到了一二三四五点，甚至我的考分都和他相当，可是你告诉我，为什么我没有成功？"

成功学式的生活态度，会让我们误以为"只要我努力提升自己，就一定能够获得成功"。这种错觉持续发展下去，就会形成另一种逻辑："如果你没那么成功，一定是因为你不够努力，不够优秀。"

于是我们不断进行着心灵成长和自我提升，好像今天的所有问题和烦恼，在"成为更好的自己"之后就都可以迎刃而解了。如果质疑这个逻辑，就变成了负能量，就是不积极。然而很少有人怀疑过，这些"绝对正确"的理论其实是很不公平的，那是一种不给失败者以活路的说法。因为按照他们的逻辑，你的失败都是因为你不够努力，你不够好。

过度精进也是一种防御。过分地依靠成功学和鸡汤文来支撑自己，就像每天出门之前要对着镜子大喊三声"你真棒"一样，其实都是在抵抗一些自己不愿意去看、去触碰的东西。你有多用力，内心就有多大的反作用力。我们不敢去接触自己的脆弱、无助，于是就在外面给自己制造出一圈人造光明，然后挥着拳头告诉自己朝那个方向前进。

育儿圈子也是如此。你觉得带孩子太累？那一定是因为你心态不对！带孩子是无比幸福的一件事，你应该让陪伴孩子成为滋养你的方式，所以你应该享受陪孩子的过程才对。什么？你觉得辛苦？那是因为你学得还不够多，做得还不够好！

是，没错，我知道生养孩子是我自己的选择，没什么好抱怨的，但有时候我就是会烦会累啊，这也是我切切实实的感受啊！可是那么多无比正确的观点都在告诉我，我这样是不对的。为了让自己能坚持下去，只好随时给自己备着点鸡汤，打着点鸡血。一边喝鸡汤，一边鞭打自己："你还有哪里没学到！你还有哪里没做好！你要是做到了，你也可以的！"于是在自责和内疚中消耗掉自己的能量，更加陷入了"看吧，我果然就是心态不好"的评判中。

能不能和自己的不完美共处呢？能不能什么都不做，就只是去拥抱自己的脆弱呢？不要求自己成为超人，而是仅仅去承认，我的时间我的精力我的状态，在这样的情境下就是有限的。这就是当下最真实的我，一个在成长之路上摸爬滚打、姿势难看，但愿意陪伴自己、允许自己不那么成功的我。

有一个词叫作"内省不疚"。内省，是一种很好的品质。内疚，是对自己的指责和攻击。内省,是看到:"哦,原来我是这样的。"而内疚,是自责:"我怎么可以这样呢?"内省的首要步骤是自我观察,看到自己的旧有模式,你才能有新的选择。在这个过程中要注意,只观察,不评判。

以为做到了什么,就一定能够怎么样的,可能生活经验还不够成熟。越来越多的经历会告诉你,你不断拼搏奋斗,也不一定达成想要的结果;你就算开成一朵完美的花,那人也未必会喜欢你;你卧薪尝胆、悬梁刺股,也只能说是可能提升一点成功的几率而已。

成功是偶然的。这么说恐怕很令人绝望,仿佛自己的努力毫无意义。但如果你明白了这些,却依旧愿意坚定地前行,并平和地接受也许不那么理想的结果,这才是生活的常态,也是真正的成熟。

成功学宣讲的都是别人的人生,然而成功不可复制,想用别人的活法套在自己的生活上,恐怕只会更加凸显自己的不成功。在遇到挫折时给自己加油打气当然没有问题,但如果一个人活成了顿顿鸡汤、满身鸡血,只要正能量,绝不允许自己不积极,那恐怕才是真正切断了和自己内心的连接。

想起张嘉佳的一段话:"正能量不是没心没肺,不是强颜欢笑,不是弄脏别人来显得自身干净。而是泪流满面怀抱的善良,是孤身一人前进的信仰,是破碎以后重建的勇气。"每个凡俗中的人都一样,有时阳光明媚,有时愁眉不展;也曾豪情万丈,也曾万念俱灰。有起伏的才是生活。常常说修行修心,修一颗什么心呢,也许那就是:以一颗平常心,面对无常事。

古人将其总结为:"尽人事,听天命。"当然,人事一定要尽,否则就是怠惰了。做好自己的部分,其他的,就交给更大的存在吧。做事认真但不当真。认真,是态度端正;当真,是囿于执念。

太过执着，会被生活揍得鼻青脸肿。年少时年轻气盛，总是坚信"人定胜天"，不断去拼去争去向外抓取。随着年岁渐长，经历的事情多了，越发对生活有了一种敬畏之心。今后也是这样，我会逐渐放低对结果的期待，但不会降低对自己的要求。无论你选择什么样的路，都请真诚地对待自己的心。

你并不是软弱，而是坚强了太久

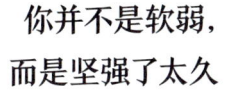

在我们的想象中，成为一个母亲，能够见证一个生命的诞生与成长，是一件无比神圣的事情；而刚生完孩子的妈妈，怀抱着可爱的婴儿，也一定是幸福无比的。然而，实际生活却往往没有想象中这么美好。所有我们看到的光鲜亮丽、幸福甜蜜的背后，都曾经是一段咬紧牙关生扛过去的日子。

我有两个孩子，他们的到来，给我带来了无比的欣喜、快乐、幸福和甜蜜，同时也带来了各种纠结、疑惑、焦虑和痛苦。尤其是在生育二宝叶新的时候，原以为会更有经验，却猝不及防地坠入产后抑郁的深渊，让我手忙脚乱、不知所措。

叶新的生产过程很不顺，作为高危产妇，在剖产之后我都没能和孩子见面，就被送入了加护病房。随后在月子里，又经历了开奶之痛，每日每夜无法入睡；耻骨联合分离导致我一个多月无法下床行走、就连翻身都要承受巨大的痛苦。而叶新又是一个高需求宝宝，在长达一年多的时间里，每次入睡都会无比困难。

那时候我的状态跌到谷底，一边承受着身体上的痛苦，一边背负着精神上的重压，每天被俩娃具体而又琐碎的各种事务缠身，重复的日子仿佛永远看不到尽头。身体得不到休息，情绪得不到缓解，每天都在抑郁痛苦和自我怀疑中度过，却还要强打精神照顾两个年幼的孩子。而二宝不分昼夜的折腾更是将我逼到了崩溃的边缘。

每天一到傍晚，我就会很恐惧。叶新在怀里哭得撕心裂肺，叶儿在屁股后面追着要我讲故事，我的耐心被一点点耗尽。缺乏休息让我头痛欲裂，我开始频繁生病，头疼，浑身骨头疼。但妈妈这个职业，是没有休息日的，也不能请假。我瘫在沙发上，叶儿在左边拉扯我，叶新在右边大哭。

白天是磨难，晚上就是煎熬。那时候，家人随便一句话，都能让我莫名地悲从中来。我开始质问自己："为什么你连个娃都带不好？为什么你的奶这么少？为什么孩子总是哭？你算什么妈妈？"明明有家人照顾，可我还是好累，累得只想睡过去再也不要醒来，就不用看到她们用我不接受的方式对待孩子，不用听到她们说好心好意照顾我却还这么矫情……

一转眼，现在我的两个孩子都已经十几岁了。但回想起那段暗无天日的岁月，还是能深深地记得当时的无助、绝望和悲凉。现在因为心理咨询师的身份，我也经常会遇到陷入产后抑郁的妈妈们。每一位妈妈的日常，看似平淡，却是寻常平静中暗含着惊心动魄。这个中滋味，只有经历过了才会懂。有的时候流泪并不是因为软弱，而是因为坚强了太久。

大约80%的女性在分娩后都会体验到情绪低落，而当产后情绪低落持续下去，就可能发展为产后抑郁。产后抑郁的群体并非少数，一份研究结果表明：新妈妈中19.2%会体验到明显的产后抑郁，而7.1%会体验到严重的产后抑郁。

产后抑郁主要表现为以下一些方面：每天或者每天的大部分时间都体验到悲伤、空虚、无助；兴趣丧失、觉得生活无意义；睡眠变差，胃口不好；经常内疚自责，担心会有不好的事情发生，无法放松；焦虑不安，易怒；情绪低落，有时会无原因地流泪；有伤害自己或孩子的念头。

根据上述表现的程度不同，可以将产后抑郁分为三种程度：

轻度：并不怎么享受作为一个妈妈的感觉，有一些抑郁状况，但是依然能正常地生活和照顾婴儿。

中度：总是感觉情绪低落，认为自己是一个糟糕的妈妈，对孩子失去兴趣。存在一些抑郁症状，和自己的正常状态反差很大。每一天都过得很辛苦。

重度：心情极度抑郁，并伴有很多抑郁症症状。已经不能够照顾自己，也不能够照顾婴儿。

出现产后抑郁的原因有多种，主要是生理和心理两方面的原因。

第一，激素作用。女性在生产之后，雌激素和黄体酮会从孕期的高水平迅速下降，这会让她的身体感到非常疲惫与消耗，易导致抑郁情绪出现。

第二，生活规律和节奏被打乱，睡眠剥夺，身体得不到休息。尤其是当看到自己身材走形、哺乳时的狼狈、溢奶漏尿等状况，完全没了之前的形象。这些生理上的不适会作用于心理，引发抑郁或焦虑的情绪。

第三，过高的自我要求。忽然被推到妈妈这个位置上，新身份带来了巨大的责任，让人手忙脚乱，不知如何应对各种突发事件。总觉得孩子任何一点状况都是自己的责任，引发强烈的自责和内疚，甚至开始自我怀疑，认为自己不能给孩子提供好的养育。尤其现在是一个信息爆炸的年代，我们每天都在接收大量的育儿知识，看到别人秀出的育儿生活。于是越看就越焦虑，总觉得自己很多地方没有做对，错过了关键期，耽误了孩子。而别人家的妈妈似乎是十项全能，陪娃、选绘本、教育启蒙、大运动、智力开发、户外探索……面面俱到，还能做一手漂亮的辅食,让孩子爱上吃饭。再回头看看自己,顿时觉得无比挫败。

第四,缺乏家庭和社会支持。孩子出生后,很多家庭的注意力会全都放在孩子身上,却忽略了这时候最应该被关心的妈妈们,她们不但身体承受了剧烈的疼痛,还承受着巨大的精神压力。这时候如果丈夫做甩手掌柜,家人质疑"奶水不好""养孩子哪那么多名堂",妈妈们就很容易陷入悲伤和自责中。而此时又很难找到一个倾诉的渠道,因为会被周围人误解为矫情。太多的情绪无法排解,只能自己承受,这无疑会加重妈妈们的抑郁情绪。

第五,自我的丧失。刚生完孩子的妈妈,几乎是每天二十四小时和孩子待在一起,无微不至地照顾孩子的生活起居,却没有时间放松,做自己想做的事情。她们的身份被定义为"××妈妈",仿佛和孩子紧紧捆绑在了一起,哪怕短暂外出一会儿也要时时刻刻考虑到孩子。想吃美食,要先考虑到"会影响我哺乳吗";想买新衣,也会担心"穿着抱孩子方便吗"。生完孩子之后如果重返工作岗位,就会担心没顾好家庭、陪好孩子;如果选择做全职妈妈,又会怀疑自己不够独立、失去自我,甚至还会被指责没有创造价值,只带个孩子还带不好。妈妈们似乎不再是一个独立的个体,而是一切都为了孩子。

当一个女人在承担母亲的角色时,会不由自主地把孩子的需求放在第一位,而这样势必经常压抑自己的需求。我们总是赞颂母爱是世界上最伟大、最无私、最具牺牲的爱,可是谁又来关心这些妈妈们?我们可曾看到她们正在经历怎样的情感折磨却又无法言说?

那么,倘若我们在产后出现了抑郁的情绪,可以如何自我关爱呢?

首先,请放下过高的自我要求,不追求做一个完美母亲。允许自己有负面情绪,接受自己无法面面俱到。成为一个内心强大的人,大概是每个人的愿望。然而真正的内心强大，不是指我们把所有的事情都做正确做完美，而是能够接受自己的局限，承认自己也有脆弱、不足，接受自己是一个虽然不完美、但一直在学习的母亲。

我们可以温柔地对待自己。偶尔弄得一地鸡毛没什么大不了，所谓成长，就是在不断的磕磕绊绊中继续前行。我们都在学习如何去爱，爱自己，爱孩子。而爱，永远都是充满希望的。

其次，每个人都需要休息，需要有一定的独处时间，这个时间是非常重要的。在这个时间里我们可以调整、梳理自己，让我们有更好的品质去和家人相处。但是很多新手妈妈，这个时间几乎是没有的。如果独处的时间长期被剥夺，就会给我们的身心带来明显的影响，使我们感到失去自我控制和独立性，我们就会感觉严重的身心失衡。

因此，我们可以偶尔抽离母亲的角色，每天给自己一些自我关怀的时间。不必每天和孩子捆绑在一起，我们可以外出、找朋友聊天、买自己喜欢的东西、看电影、做 SPA……社交生活能让我们恢复活力，而享受独处时间，也能让我们的身心得到放松。

第三，保证睡眠。别小看睡眠对我们的影响，一个人如果长期睡眠不足，就会导致身心失衡，情绪暴躁或低落。休息和睡眠不但对身体有较大影响，对我们的情绪也有很重要的调节作用。偶尔和家人换着照顾孩子入睡，让自己也能得到放松和休息。

第四，寻找支持系统。如果家务太过繁杂，可以寻求家人的帮助，或者请阿姨、钟点工来替代一部分，把自己从重复烦琐的杂务中解放出来。如果情绪需要出口，可以和朋友、闺蜜倾诉，会让我们感觉轻松很多。

如果觉得自己无法排解，可以向专业心理咨询师寻求帮助，情况较为严重的可前往医院精神科让医生进行诊断并确立治疗方案。不要总觉得忍一忍就会过去，在"母亲"这个身份背后，你首先是你自己。你的状态好了，你的生活、你的孩子才会快乐幸福。

如果你的家人正在经历产后抑郁，请告诉她，这不是她的错，你们会陪伴她一起度过。当她倾诉自己的感受时，不要去评判，不要告诉她"没事、没关系、别乱想"，不要说"每个女人不都是这么过来的"。请带着同理心去听她诉说，请认可她对家庭和孩子的辛苦付出，并和她一起去承担育儿和生活上的事情，让她有自己的时间休息、去做喜欢的事。如果她决定寻求专业心理帮助，请鼓励、支持她，感谢她愿意积极去面对。

虽然生活中的我们做不到理想中那样总是有爱、有耐心、心态那么好，我们也会发牢骚、不耐烦，也会流泪、痛苦，甚至自暴自弃。但我依然坚信，一切都是经历，一切都会过去，无论是快乐还是痛苦，都是今后滋养我们的回忆。没有必要妄自菲薄，生活中的我们其实比自己想象的要坚强得多。等多年后孩子们都长大了，再重回头看看这一段，也是弥足珍贵的回忆。这就是孩子，甜蜜的羁绊。这就是生活，一个黎明接着一个黑暗，黑暗过后又是黎明。

不要让付出感成为孩子的枷锁

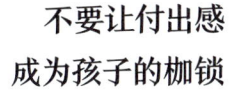

生活中我们可能经常看到这样的父母：他们有着稳定的退休金，但总是节衣缩食，吃剩菜、穿旧衣，还不许你买好衣服给他。如果你买了，他们一定会挑出一堆毛病，不停地数落你，让你彻底打消再买东西孝敬他们的想法。但如果你不买，他们又会跟别人抱怨，儿女情感淡薄啊，辛辛苦苦一年到头，上门来两手空空，连件好衣服都穿不上。

还有这样的父母，提着大包小包突然出现在你家门口，如果你说："哎呀，怎么不打个电话让我去接啊，我开车很方便的。"他们就会很坚持地说："不用，我自己走，不拖累你。"

以及这样的场景：父母来你家做客，不经你同意就整理你的衣柜，帮你做饭、洗碗、拖地。如果你说："放那儿吧，让我来，你们休息一下。"他们就会义愤填膺地拒绝："不用不用，我们都是辛苦一辈子的人，天生劳碌命！等做完再休息。"但如果你真的让他们做，自己到沙发上坐着去了，他们又会抱怨："唉，命苦啊，别人家父母都跟着儿女享福去了，我这老了老了还不能闲着，操一辈子的心呐！"

如果你让他们买些好吃的好穿的，他们会愤怒地指责："我省吃俭用是为了什么？还不是为了你们！我舍不得吃，舍不得穿，我要钱干什么？今后这钱不都是你们的？你以为我是为了我自己啊？我没穿过一件好衣服，一双布鞋穿五年都舍不得丢，还不是……"

一位学员说，其实她小时候家庭条件不错，完全有能力外出旅游、购物，但母亲总是会把自己弄成苦行僧一般，然后到处抱怨自己命苦。母亲会把自己打造成为家庭付出了全部的道德楷模，却不允许家人对她的付出做出帮助。如果你想帮她分担，她反而会异常愤怒，因为你破坏了她"烈士"的身份。她必须维持自己"牺牲者"的地位，这样才能用自己的辛苦、劳累来感动家人，让家人认可她的付出，从而占据道德的制高点，取得控制权和话语权。

很多父母会无意识地用牺牲和付出给孩子增加非常多的心理负担，他们把自己的人生"挂靠"在孩子身上，一切以孩子为中心，似乎为了孩子可以付出全部。这些父母从小也不曾被善待过，没有体验过被爱的关注，无法感受到自己的价值和重要性。这种深入内心的不安全感导致他们对自己、对他人、对生活永远都不满意。他们无法控制自己的人生，于是转而控制家人和孩子，希望从中能获得一些安全感，体会到自己存在的意义。为了实现这种隐形的控制，他们会通过为家人付出和牺牲的方式，以此来占据一个不可被指责的位置，因此他们经常会把一句话挂在嘴边："我这么做都是为你好！"

如果不能为自己的人生负责，就会把责任都归到别人头上，而孩子就很容易成为背锅的那个人。这些父母在养育孩子的过程中会有非常多的牺牲感，他们会对孩子释放一种信息："我们为你付出了这么多，辛辛苦苦赚钱供你上学、参加各种兴趣班、让你有机会考好学校，你怎么能不好好学习、怎么能浪费时间、怎么能看闲书、怎么能对不起我们⋯⋯"而背负父母深深期望的孩子，一方面很抵触这样的话语，一方面又会觉得内疚，认为自己拖累了父母，是家庭的累赘。

"生了你之后，妈妈就辞职了，就为专心照顾你，你可要听话啊！""为了给你挣学费，爸爸不知加了多少班，你可得争气，不能辜负我们啊！""为了每天给你搭配营养，爷爷奶奶操碎了心，你怎么能惹他们生气呢？"……很多父母都是通过这样的方式，期望孩子能懂事上进、知恩图报。他们把自己对人生的期望和目标都寄托在孩子身上，把自己一厢情愿的付出当作是孩子的需要。然而这种付出是暗含了回报的，通常伴随着情感索取。父母自我牺牲式的爱，往往隐藏着条件：你要听话、要感恩、要按我说的做。

当孩子不听话、没有按照父母的意愿表现的时候，他们就会开始无休止地抱怨："我累死累活辛苦挣钱供你读书，你就考这么点分，对得起我吗？""要不是为了你，我早就和你爸离婚了。""当初要不是为了照顾你，我早就升职了。"这些看似寻常的话语，会让孩子内心充满惶恐，认为自己是个大大的负担，都是自己不好，拖累了父母。

这种内疚感让孩子感觉自己仿佛生下来就亏欠父母的，他们被一种无形的压力束缚着，不敢反抗父母，凡事都要看父母的脸色，不能违背父母的意愿，担心自己达不到父母的要求，无法承受父母的失望。他们总是背负着沉重的情感负担，经常陷入自责和内疚中，也无法对自己满意。他们为了活成父母想要的样子，不断压抑自我。父母似乎为孩子牺牲了一切，但孩子也为此牺牲了自己的快乐和自由。

为什么在关系中会有人愿意牺牲自我、拼命付出，却不接受他人用同样的方式对待自己呢？因为付出的人会有一种道德感，觉得自己在这段关系中问心无愧，因此占据了绝对正确的位置，是无可指责的。付出者的内心活动是："我都为你活了，你也得为我而活。"因此，无论如何干涉别人的人生，付出者都理直气壮。

而相应的，关系的另一方被唤起了内心的内疚，会觉得很不舒服，总觉得自己亏欠对方，只要稍有不如对方意，就是自己行为有愧。这种模式持续运作下去，必然会导致背负愧疚的一方想要逃离，然而这逃离的冲动一旦被付出者发现，他就会觉得自己受到了莫大的伤害，进而更加激烈地道德攻击逃离者，认为这是对自己付出的背叛。这种模式在伴侣和亲子之间都很常见。在这种隐形的情感控制下的孩子，只要试图稍微掌控一下自己的生活，就要遭到良心谴责、忏悔不孝。

除了这些直接的道德绑架和情感勒索之外，还有一些付出者，默默隐忍着牺牲，似乎是无欲无求地对孩子好，但那种付出感却让孩子感到窒息。

一个被诊断为抑郁情绪的青春期孩子，在咨询时对我说："我妈对我太好了，好到我无法承受。我实在是没有理由抱怨，但我真的受不了了。"这个孩子的妈妈每天凌晨起床给孩子做早餐，十几年如一日，哪怕生病了也一定要爬起来，颤颤巍巍地在厨房忙碌。她平时省吃俭用，买了草莓、樱桃全都留给孩子，自己一口不吃，而是坐在孩子旁边看着孩子吃。孩子递给她，她会拒绝，微笑着对孩子说："你吃吧，只要你吃好了就行。"

孩子长高了，妈妈会欣喜地带孩子去买新衣服，但总是暗暗加上一句："我老了，也不用穿太好，我就穿几十块的衣服就行，省下来的钱给你买好的。"孩子说她有一次坐在地垫上看书，妈妈切好水果拿过来之后，就半跪在地上喂她吃。孩子觉得不舒服，就换了个地方，妈妈又追上去继续喂。可是只要孩子表现出反抗，妈妈就说："没事，妈习惯了，你好好学习我就知足了。"孩子曾多次表达希望妈妈不要这么照顾她，而是能对自己好一点，但妈妈依旧我行我素。时间长了之后，孩子的情绪也变得越来越低落。

这样的父母，往往用"自虐"的方式来表达爱。而他们的孩子因为不愿看着父母受苦，会通过各种方式拼了命地想要把父母从自我折磨、过度牺牲的怪圈里拉出来。然而无论孩子怎么做似乎都无法让父母满意，父母永远是含辛茹苦、期待殷切的样子。这时孩子的心就会被内疚占据，愤怒无法外指，就会转而攻击自身，导致抑郁。

过分的付出往往是控制欲的伪装，虽然表面上看起来似乎对孩子没有要求，但这份付出的潜台词是："我为你好，你必须接受，不管你需不需要。既然你接受了，就得领情。我为你付出了这么多，你必须按照我的期望来。"他们一边不计回报地付出着，一边又要求孩子要听话，否则就是辜负了父母的一片苦心。

我给你的，你必须接受，否则就是辜负。也许孩子只想要一个苹果，但我们给了他一车梨。这时候我们就自己把自己感动了，哭天喊地对着孩子控诉："我都已经给了你一车梨了，为什么你还不领情？"

一边过度牺牲，一边隐性控制，在这种教育下长大的孩子，是很难不接受父母的付出的。如果父母打骂孩子，孩子至少还可以表达愤怒。但过度付出的父母，为孩子牺牲了一切，他们以"为你好"的名义要求孩子做这做那，孩子有苦也说不出，没有理由直接反抗父母，就只能压抑自我。就算内心有不满，也会被愧疚压倒，觉得自己不该抱怨。这是一种情感债务，而且永远无法还清。除非永远听父母的话，永远为父母而活。孩子背负着这么沉重的负担，却又永远无法达到父母的要求，只能在内心一遍又一遍批判指责自己。

有些孩子会奋力反抗，想通过攻击父母的方式让他们醒悟，但攻击父母又会带来强烈的自责，进而引发更剧烈的痛苦。他们一边处在愧疚中自我谴责，一边又不堪忍受父母的越界干涉和控制。这时父母们可能会觉得很奇怪："我都已经对你这么好了，为什么你一点都不知道感恩，还总是发脾气呢？"

因为被愧疚感淹没的孩子，他们的自我在被一点点蚕食，压抑得无法呼吸。他们无力反抗父母的控制，甚至无法拒绝父母的"好意"。这时唯一能保持的自我主张只有愤怒。他们如同刺猬一样，哪怕一点小事就能引发情绪风暴。这种愤怒其实是在宣告：我无法反抗你们的安排，但你们也消灭不了我的情绪；你可以控制我的一切，但你永远控制不了我的情绪。

还有一些孩子，甚至是已经成年的孩子，他们在无法反抗中积累了太多无力感，习得性无助，最终选择自暴自弃。父母对生活总是抱怨和不满，孩子也不敢快乐，因为不管怎样都觉得对不起父母。他们会无意识地追求不幸，因为幸福是对父母的背叛。他们既想拯救父母，又无法改变父母的命运，最终被沉重和无力感压倒，磨灭了自己的生命力。于是他们跳进父母水深火热的生活中和父母一样受苦，毁掉自己的生活，以此来表达自己的愤怒和绝望。

有一次我和叶儿探讨这个话题，我问叶儿，有父母说："我们为你付出了这么多，辛辛苦苦赚钱供你上学、参加各种兴趣班、让你有机会考好学校，花费了这么多钱，你怎么能辜负我们……"听到这些话你会怎么想？

叶儿说："那就从现在开始，不上任何兴趣班，不接受任何课外辅导，不考好学校，任何和学习相关的事情都不再花钱，看看是孩子更着急，还是父母更着急。谁着急，这就是谁的需求。"

这还真是一句大实话。"我这辈子都是为了你"，这句话的本质就是"如果没有你拖累我，我原本不至于此"。同样，"我为你付出了这么多"，言下之意就是"我在意的是投资的回报，而不是爱你"。真正的爱，没有付出感。所有的"为了你好"，实际上都是为了自己。哪怕再隐蔽，也是逃避责任和不敢承担的说辞。我们想通过付出和牺牲，让自己站在道德制高点上，这样才能证明自己的辛苦付出是有意义的。

养育孩子，从来不是父母单方面的牺牲。我们未经孩子允许，就将一个生命带到这个世界上，作为父母，我们理应担起自己的责任。

虽然说养育孩子的过程中父母肯定要付出时间和精力,但孩子同样也给予了父母无与伦比的幸福感和成长。我们和孩子之间是爱的流动,而不是互相亏欠。

我们努力工作,是为了自我实现、创造价值,让全家过上幸福生活,而不是辛辛苦苦赚钱只为养孩子。让孩子感受到你对工作和生活的热爱,他才会对将来的人生充满希望和憧憬,也会投入自己感兴趣的领域学习。如果孩子感受到的是你对生活的抱怨、不满以及沉重的付出,他就会觉得学习和工作是一件苦差事,也无法找到人生的意义和乐趣。

最重要的是,父母把自己的生活过好,照顾好自己,活出自己的精彩,创造并享受美好的生活,这才是孩子最好的榜样。把放在孩子身上的注意力收回来放在自己身上,每个人在父母这个身份之前都首先是一个人。你想过什么样的生活,请自己去创造、去争取,而不是把一切都寄托在孩子身上。

你通过自己的努力不断尝试,学习新事物,取得成就,尽情绽放生命魅力,孩子也会从中体会到锐意进取,迎接挑战,从而发现人生乐趣。你为了孩子放弃了自己,孩子也会自暴自弃、萎靡不振,又怎么能学会拼搏上进呢?

当我们自己拥有独立的人格,不再紧盯着孩子的一举一动,不再期待孩子来满足我们时,这时候孩子才有了成长的空间。我们承担起作为父母的责任,孩子只需做回孩子应有的样子,而不必背负不属于他们的精神重担。不失位、不越位,整个家庭才能健康发展。

人生有无限可能性,父母们也正值创造之年。愿我们和孩子都能活出自己,拥有属于自己的精彩人生。

做孩子内心的明灯

叶老师：

我上周离婚了，一个人带着八岁的女儿，离开了那个让我无比伤心的家。

我结婚十年，也曾经对婚姻、对未来有很多憧憬和梦想，我以为我会有幸福的家庭、爱我的丈夫和可爱的女儿。可是自从我怀孕起，老公就开始借口忙工作，每天很晚回家。孩子出生后，他也不怎么愿意待在家里，更别提照顾陪伴孩子了。

我只要提起这事，他就会发脾气，说他忙工作还不是为了这个家，等赚了大钱就可以住大房子过好日子了。可是我不想住大房子，我只想一家人能天天在一起开心过日子。如果现在日子都过不好，将来能有什么好日子？

孩子慢慢长大了，可我们夫妻的关系也越来越淡漠。我们很少交流，总是说不了几句就会吵起来。到后来他就不再理我们母女了，女儿叫他爸爸，他也不理。和他说话，他就像没听到一样，看都不看一眼。女儿也不敢吭声。他在家的时候，整个家里的空气就像是有毒一样。

我很多次都想离婚，但又害怕破碎的家庭会影响女儿。所以这些年虽然我很痛恨她爸爸，但我一直告诉女儿，爸爸很爱她，爸爸不回家也是因为爱这个家，想赚更多钱。可是女儿还是害怕他。每次看到别的孩子被爸爸带着出去玩，我都忍不住偷偷抹眼泪。

为了女儿,我一直忍受着他的各种冷暴力,总希望他能改,也许孩子大了就会好了。可是这么多年等来的永远是失望。我觉得再这样继续下去,我可能会早死,如果我死了,就更没人照顾女儿了。

　　上周,我们终于离婚了。可是我好难过,我终究没能给孩子一个完整的家。身边的人都告诉我父爱对于孩子来说很重要,让我今后再找一个,可是我已经完全失去信心了。我是一个失败的妈妈,不知道孩子将来会不会恨我。我们的前路一片灰暗。

一个看不到希望的妈妈

暂时看不到希望的妈妈:

　　读了你的来信,我感受到了你对女儿深深的爱,和你想尽全力为她创造一个良好环境的用心。在这段时间里,你和女儿一定都很不容易,经历了很多不堪,也必定有很多辛酸和泪水。也许在将来的一段时间里,生活仍会有些艰难,但你是勇敢的,相信未来你们一定会走出阴影,拥有幸福。

　　婚姻发展到最后这样,一定是很多因素导致的,既然你们已经选择了离婚,那么目前最重要的目标就是和女儿一起,把今后的日子过好。你最大的顾虑,是觉得孩子变成了单亲家庭的孩子。但我不得不指出,这份担心其实你自己也知道是在自欺欺人,因为你已经感觉到了,即便就是不离婚,这样的生活也会对孩子造成影响,甚至是更大的伤害。

　　不少人都会说是为了孩子才不离婚,但其实这并不是真正的原因。很多时候孩子会被拿来当成挡箭牌,而真正的原因,有可能是内心不独立，不敢面对离婚这个事实；有可能是经济不独立，离婚后无法自己生活；也有可能是不能面对来自父母的压力、周围人的眼光和社会的舆论等等。但所有这些，都是我们自己的原因，和孩子没有关系。孩子只是被我们架了出来，好让我们不用去面对自己真正的问题。

"我一直忍着不离婚，都是为了孩子能有完整的家"，这句话透露出的真实想法，翻译一下可能是："我担心离婚会对孩子造成不好的影响，如果孩子将来的成长有任何不好的地方，都是因为我没能给她一个完整的家，都是我害的，我不是一个好妈妈。所以为了孩子，一定不能离。"这种想法的潜台词是：只要不离婚，就不是我的错。我是无辜的，我已经尽力做到一个好妈妈、好妻子了，我维护了家庭的完整性。

这种隐藏的想法，其实还是一种逃避的态度。请记住，"监护人"这三个字，是有分量的，我们要勇于承担属于自己的责任。不能要求未成年的孩子反过来照顾父母的情绪，她不应该为父母的婚姻买单。

你说害怕单亲家庭会影响孩子成长，然而有多少表面上的双亲家庭，实际上父亲严重缺位、"丧偶式育儿"的？更有甚者，因为夫妻关系紧张，长期争吵或者冷战，在这样的环境里，孩子又怎能幸福快乐呢？我们总是说离婚会伤害孩子，但是当婚姻变成令人窒息的坟墓时，伤害就已经在那里了。就像你形容的"似乎整个空气都是有毒的"，这种压抑、恐惧的家庭氛围，会给孩子带来更严重的心理阴影。

孩子并不想生活在你们的不幸里，也不想在她长大之后，看到已经白了头的母亲对自己说："我这一生的不幸都是为了你。"这样沉重的负担她承受不起。她宁愿看到分开了但是快乐的父母。而你面对这一切的态度，也会让她学习到，人生中没有什么过不去的坎儿。即便是曾经选择错误，你也有纠错的力量，和从头再来的勇气。

你没有在孩子面前数落她父亲的不是，没有说他的坏话，甚至没有抱怨。在这样艰难的情况下，还能做到这一点，我非常钦佩。当夫妻之间心生罅隙的时候，孩子很容易因为向某一方情感认同，而敌视另一方。如果这时候家人把孩子当成筹码，强行要求孩子站队、评理，就会让孩子的内心产生强烈的痛苦和分裂。

当着孩子的面反目，彼此之间互相指责、诋毁，会让孩子认为自己是罪恶的。因为一旦选择倾向于任何一方，都意味着对另一方的背叛。在孩子内心埋下仇恨的种子，割裂孩子和父母之间的连接，这是在否认孩子作为一个完整生命来到这个世界的意义。无论如何我们都否认不了，孩子的生命有一半来自父亲，另一半来自母亲。也许你们的婚姻不幸福，但孩子的生命是无瑕的，她就是她自己。

倘若孩子爸爸确实没有尽到做父亲的责任，那么也不必一味对孩子灌输"爸爸其实也很爱你，爸爸这样做都是为了这个家。"孩子如果没有感受到爱，这样的强调反而会混淆她对爱的感知，渐渐地她可能真的会误以为这就是爱的表达方式。等她将来长大之后，当她寻求亲密关系的时候，她可能会由于这种对爱的误解，而去找一个冷漠疏远的人，因为这个人看起来和她的爸爸那么像，和那个口口声声说爱她的人那么像。

你一定不希望你的女儿长大之后，也找一个以忙工作为借口、天天不回家，对她恶语相向甚至拳脚相加的丈夫。所以从现在开始，就要让她知道什么是爱的正确表达方式。爱是平等，是尊重，是陪伴，是深深的理解和接纳；而不是打着爱的名义，伤害、控制、占有对方。

请让孩子知道，爸爸没有学会爱的表达方式，这是爸爸自己的功课，和她没有关系，她并没有做错什么。离婚只是因为父母觉得生活在一起不合适了，而不是孩子导致的。年龄小的孩子很容易归罪于自己,但她没有做错任何事,也不应为此感到内疚。离婚只是改变了一种家庭生活方式,孩子得到的爱并不会改变。

最重要的是,你也要爱自己。如果母亲不快乐,孩子是不敢快乐的。你来信的关注点都在孩子身上,因为你爱她。那你呢,现在的你还好吗?对于孩子而言,她可能确实要离开父亲生活;但是对于你而言,你也刚刚结束这一段关系,也在伤痛之中。此时的你,更加需要照顾好自己,给自己多一些的关怀和疼惜。

就算曾经有伤痛的过往,也只是你的经历糟糕,而不是你这个人糟糕,你永远都有追求幸福的权利。也许之前的生活充满坎坷,但这并不影响你成为什么样的人。后面的人生,你可以选择如何走下去。不必用已经过去的事情限制束缚自己,你的新生活现在才开始展开,有着无数的可能性。从现在这一刻开始,你就能去创造属于你的幸福。你不需要为了孩子能感受到父爱而去再婚,你再婚的唯一理由是找到你愿意共度人生的人。

作为母亲,我们要让自己成为一盏灯,在黑暗中默默地亮着。不管孩子身在何方,不管她将来走多远,我们都坚定而温暖地亮着。也许有狂风暴雨,但我们心中的光亮,从来不会熄灭。孩子只要一回头,就能看见。这是她内心深处的底气和力量,是她面对一切困难挫折的勇气。她将来会渐渐离开我们,去拥抱属于她的星辰大海。但无论孩子走多远,我们都在她背后默默地亮着,哪怕她不回头,也会知道,我们一直在。

用你的爱去浇灌她,用你的快乐去滋养她,她会看到一个充满力量、积极乐观的母亲形象。你是她生命最初的爱与依恋,你希望她将来活成什么样,你就先成为那个样子。尽情绽放你的精彩,享受生活,你会成为她心中的力量源泉。她的前路不是灰暗的,因为你会照亮它。

单亲妈妈是个伪命题

作为心理咨询师,我会接触到很多单亲父母,通常是单亲妈妈,她们往往都有很深的自责和内疚。因为太多文章都在宣讲,父母之间彼此相爱是给孩子最好的礼物,父亲的缺失会对孩子有怎样怎样坏的影响等等。这些单亲妈妈,除了要面临独自抚育孩子的各种艰辛之外,还要面对来自社会、他人,以及自己的压力。她们有时甚至会怨恨自己,因为自己没能给孩子一个完整的家,所以就只能自认罪人,永远活在自责中。似乎一个人如果婚姻不幸的话,那她作为妈妈,也永远失去了幸福的资格。

身为单亲妈妈,很可能会被舆论指指点点,除了要面对一样不少的孩子的养育挑战之外,还要面对很多人的偏见。我在咨询中发现,如果一个普通家庭的孩子表现出了什么不良行为,大家会说这个家庭的教育方法有问题;但如果一个单亲家庭的孩子表现出了不良行为,大家就会归因为他来自单亲家庭。这是非常不公平的,是一种隐性歧视。因为当我们检视"家庭教育"的时候,我们是在谈论"方法";然而当我们归因于"单亲家庭"的时候,我们是在评判一种"身份"。方法是可以学习改进的,可是单亲家庭作为一种身份,似乎它的存在就是一种罪过,它意味着无论你怎么努力都无法摆脱对这种身份的评判。

我们的文化经常过度夸大"母职",一个为了孩子牺牲一切的母亲是伟大的、被歌颂的。然而一个女性在"母亲"这个身份之前,都首先是一个"人"。她们需要得到的是帮助,是关怀,而不是指责,更不是站在道德制高点上的碾压。

单亲妈妈是一个伪命题，因为孩子只要出生，他就一定是有父有母的。对孩子影响最大的，是父母对待孩子的方式，而不是家庭构成。真正破碎的家庭是没有爱的家庭。孩子担忧的并不是父母离婚，而是他是否会失去父母的爱。并不是单亲家庭的孩子就必然会有缺失，那些充满了争吵、冷漠、龃龉的家庭，即便是维护着形式上的完整，也不会让孩子真正感受到温暖。相反，独立、自强、承担的父母，即便是独自抚养孩子，也同样会给孩子带来积极乐观的力量感。

每个人身上都蕴含着父性和母性两种力量，这与性别无关。在孩子年幼时，母性的力量会居主导，那是包容、接纳、关爱、照料，给孩子带来温暖和安全感，让孩子形成良好的依恋关系。随着孩子年龄的增长，父性的力量就会开始发挥作用，那是激励、规则、目标、眼界，给孩子力量感，让他有勇气迎接挑战。每个人身上都有这两种力量，父亲同样可以细致耐心地照顾孩子，让孩子感受到温柔；母亲也同样可以坚毅洒脱，为孩子做出榜样。

我始终相信罗素的那句话："人间参差百态，皆是幸福之源。"单亲家庭并不是破碎的家庭，它只是所有不同家庭形态中的一种；而无论何种家庭形态，都是正常的，并不比任何人低一等，也不应受到任何歧视或指责。单亲家庭一样有着自己的尊严和幸福。离婚带给我们的功课，不仅仅是如何面对孩子；更大的功课，是如何放过自己。

无论是去学习如何沟通、如何爱、如何面对分歧，以此改善和伴侣之间的关系；还是确实看到一段关系真的已经不适合自己，于是拿出力量，带着祝福和感激，负责任、无伤害地结束这一段亲密关系，勇敢地去面对未知；这两种都是成长，没有高低好坏之分。

每一对离婚的夫妻，也许都曾经做过很多努力，想要修复关系；

但也不得不承认，有一些事情是无论如何努力，都挽回不了的。如果真的已经"物是人非"，那么，鼓起莫大的勇气，承受这分离之痛；同时理智成熟，去承担自己应该担负起的责任，这是对自己，同时也是对曾经的爱人最高的尊重。

一些单亲妈妈在对待孩子的问题上，会使用"弥补"一词。她们会问："要如何做，才能弥补孩子的缺失？""弥补"这个词，多少透着些遗憾之情或愧疚之意，似乎觉得自己单亲妈妈这个身份对孩子有所亏欠，一定要做出一些偿还，否则孩子若有任何的缺失就都会归罪到自己头上。然而我们却忘了，对于孩子而言，他可能确实少了父亲的陪伴，但是对于单亲妈妈而言，你也少了伴侣的陪伴。此时的你，更加需要照顾好自己，给自己多一些的关怀和疼惜。

我们如果对"单亲妈妈"这个身份过度认同，就会担心孩子在单亲家庭长大肯定会缺失什么，一定会有心理阴影。于是各种悲情就会上演，甚至将孩子发生的一切都看成是单亲妈妈这个角色导致的。这是一种自我设限，不但会加深自己的痛苦，限制我们用灵活多样的视角去看待问题，而且会给孩子加强这方面的印象。你不需要给自己贴上"单亲妈妈"的标签，你只是独立抚养孩子而已。

不管你是因为什么样的原因必须独自抚养孩子，你已经承担了极大的挑战和艰辛，而你所表现出来的也已经是超乎寻常的勇气和毅力。你不需要弥补任何缺失，你只需要做你能做的，活出属于自己的精彩，追求自己的幸福，就是对孩子最好的引领和教育，也会给到孩子充足的爱和滋养。

离婚不代表孩子的爱一定会有缺失，我见过太多离婚的夫妻，依旧可以给到孩子满满的爱。让孩子受伤的不是离婚这件事，而是父母对待离婚的方式和态度。如果父母双方不去伤害、诋毁对方，而是在分开后依然能够互相尊重、彼此祝福，那么即便是做不了好夫妻，也一样可以成为好父母。离婚仅代表婚姻关系的终止，但孩子依旧是父母双全的。如果独立抚育者可以保有自己的生活，懂得接纳和欣赏自己，有正面诠释人生、感知幸福的能力，一样能给孩子一个快乐的童年。

与离婚类似，承担着巨大心理压力的还有留守妈妈。有一些因为客观因素导致的异地甚至异国的夫妻，以及夫妻一方经常出差的家庭，这些父母也很容易产生无法陪伴孩子的心理压力。在叶儿一岁多时，叶儿爸因为工作的原因需要常驻另一个城市，而我已经怀上叶新。在当时，无论是客观条件还是主观因素，都不太允许他调换工作，或者我带着全家随行。

孩子能够得到父母双方的陪伴当然很重要，但我也从不认为，在条件不成熟的情况下，强行要求夫妻一方做出牺牲来维持孩子的"完整感"，就可以天经地义。虽然我确实会有担心，这样的生活状态是否会影响到孩子。然而，这就是我需要面对的现实，也是孩子需要面对的现实。

当然，不是没有影响的，影响会一直在。可我也并不确定，在当时那种情况下，强迫自己放弃熟悉的生活环境和朋友圈子，去到一个陌生的地方漂泊，或者一味要求叶儿爸改变他的工作回归家庭，这样所引起的不满、委屈、相互指责和抱怨，对孩子的影响就一定比现在小。所以，在仔细权衡做出选择之后，我就接受现实，心无旁骛地去面对一个人带两个孩子的辛苦，以及用我最大的能力和心力，给予孩子们内心的坚定与平静。

在这几年的时间里，我们经历了家人住院护理、亲人离世、搬家、孩子连续转学，以及我必须高强度工作等各种一地鸡毛。很多时候我都只能牵着一个、抱着一个，焦头烂额地处理这些琐碎而又繁多的事情。

那段咬紧牙关的日子不是不艰难，但这就是生活的实相，无需美化歌颂，也不必回避压抑。我们总是担心生活给孩子带来心理创伤，但现实是我们根本控制不了孩子的世界。我们不可能让孩子永远一帆风顺，我们只能尽自己所能，呈现给他们真实的生活。

而且，为什么要那么惧怕伤痕呢？为什么不能接受孩子在成长的过程中会有疼痛呢？生活中的艰难和挫折，都是我们人生的一部分。我们无法保证孩子永远不经历这些，但这也是成长的契机，是光照进来的地方。

幸运的是，叶儿爸会经常回来陪伴孩子，在我需要外出时，他会替我照顾孩子。我也经常送两个孩子去爸爸那边度假，孩子们和爸爸的感情非常好。我们执行着父母的功能，同时承担着各自的责任。

随着孩子年龄的增长，我也会让他们知道，妈妈有自己的工作和生活，我不会捆绑自己必须每天陪在他们身边，但这丝毫不会影响我对他们的爱。同时，他们也可以去体验自己的生活，从其他家人那里得到不同的爱。

每次外出工作，任务结束的当天晚上，无论多晚我都会赶回家，因为第二天我要送孩子上学；也因为，我希望他们早上醒来睁开眼睛时，我就在旁边给他们一个拥抱。我不能放弃自己的工作，但我会用我的全部心力爱着他们。

有一次出差回来，因为飞机延误，我的航班落地时已是凌晨。我独自拖着沉重的行李箱，走在夜色里，抬头看着满天的星斗，忽然生出了一种坚定和通透的感觉。是的，我可能做不到像别的妈妈那样无微不至地呵护孩子，在孩子夜里醒来时就陪在他身边；我的孩子如果醒来，看到的最多的画面，是我在灯下看书、备课。我有时需要外出讲课，可能做不到每一天都和他们在一起，但我在陪伴他们的时候，就是全心全意。我可能无法把全部精力都放在孩子身上，我需要顾及全家的生活，以及我热爱的工作。但同时，我的孩子们也会看到一个坚毅、果敢的母亲形象，无论遇到什么困难，都会积极想办法去应对；无论有多么艰难的事情，都敢自己去扛。

生活的本来面目就是如此，有爱，有艰辛，有幸福，也有无能为力。对孩子最好的教育，不是为他打造完美无缺的生活环境，设计一条康庄大道；而是带着他一起，在这不完满的人世间游历，并看到这其中的美好和希望。相信孩子强大的自愈和重塑的能力，和孩子一起去面对真实的生活，他会看到你的选择和态度，并由此获得内心成长的力量。

这就是生活，是我们每个人的承担。如果能够承认并接受自己所面对的生活，尽自己的最大努力去追求幸福，用实际行动告诉孩子："我们现在的生活，是我们共同努力的最好生活；我们的家庭，并不比任何人差。我们之间的爱，就是最好的爱。"孩子会感受到这一点，并从内心生发出自己的坚定和幸福。

就算是因为某些原因，你可能只能单独抚养孩子而得不到他人的支持，即便如此，也不代表孩子就必然受到伤害。孩子感受爱的标准不是必须"完整"，而是内心"充足"。给孩子充足的爱，孩子会在爱里温暖健康地成长。

孩子是世界上最好的孩子，你也是世界上最好的妈妈。

你是在接纳，还是在忍受

"接纳"这个词，大概是目前育儿界和身心灵成长领域最流行的词了。无论是对于孩子的行为，还是对于自己的一些状态，我们都会提到"接纳"。

我曾经在一次父母沙龙里听到大家互相倾诉，亲子关系不和谐怎么办，夫妻关系不亲密怎么办，婆媳关系太痛苦怎么办，我生活得太郁闷怎么办……就在这个时候，总会有一些人，带着一脸"慈祥"的表情，轻轻地点着头，微笑着告诉你，要学会接纳。仿佛只要学会了接纳，一切痛苦就都能被掩盖。孩子的行为看不惯了，告诉自己要接纳；和老公无法沟通了，忍着气告诉自己要接纳；快被婆婆逼疯了，咬着牙继续强迫自己接纳。

于是接纳和忍受就开始混淆，对自己的"接纳"仿佛变成了合理化，对孩子的"接纳"好像变成了纵容。那么，我们有没有想过，我们所做的这一切，真的就是接纳吗？

当我们说接纳孩子的时候，并不是孩子做什么都允许，而是了解孩子所有的行为背后的渴望和需求，明白孩子现在所呈现出来的状态是有原因的，是和孩子的内在性格，以及父母之前的养育方式相关联的。我们理解、接纳孩子，但不代表当孩子的行为干扰到我们的时候，我们也听之任之、无动于衷。

当我们说接纳自己的时候，并不是自己做什么都理所应当，而是认识到自己现在的状态是受到成长的环境、过往的经历，以及自身的局限等因素影响的。但不等于我们可以沉溺于过去，给自己找各种理由怨天尤人。接纳不是理直气壮地把所有的责任都推给他人和环境，那不是接纳，那是逃避，是推托，是找借口。

现在经常会有一些新闻报道"熊孩子"的各种破坏行为，我们可以理解这些孩子在很大程度上受到了他们所在家庭教育方式的影响，但不等于我们可以允许他们继续为所欲为，不去纠正。同样，如果一个成年人曾经因为原生家庭的伤害而形成了一些性格方面的缺陷，我们能够对他的成长经历表示理解，但不等于他就可以以"接纳"为借口，继续沉溺过去、抱怨他人。

我们无条件接纳的，是情绪和行为背后的原因，而不是满足孩子的所有要求。我曾经看到过这样两个案例：一个正处在秩序敏感期的孩子，非常执拗，有一次妈妈把苹果切成小块喂他，结果他大发脾气，非要妈妈把苹果粘回原样，不行就哭。于是妈妈就一直端着果盘，手足无措，动也不是，不动也不是，就站在那里跟孩子讲道理。

还有一个爸爸，说他家孩子每天晚上临睡前要看很长时间的动画片，于是导致睡得很晚，第二天早上起不来，然后迟到。爸爸说："他看不够就是不肯关电视啊，无论我怎么说他就是不干啊，我也没办法啊。老师不是说要接纳孩子，要满足孩子的需求吗？"

但是，这样的情况还真不是接纳，因为你内心明明百般不情愿。千万不要说，我接纳孩子所以就同意他的所有要求。那不是接纳，那是顺从，是纵容，是溺爱。

我们说接纳孩子是指不因为这个行为就否定、评判孩子。我们不说孩子要一个完整的苹果就是不懂事、无理取闹。我们看到孩子是因为处在秩序敏感期，所以才要求苹果是完整的，一切是有序的。我们也不去评判晚上不想睡觉的孩子就是不听话、贪玩，而是去看看，为什么他只能通过看电视的方式度过临睡前的时间？他的需求是什么？我们要怎么做才能既满足孩子的需求，又不影响正常的作息？

所以，真的别总是言必称"接纳"了，你真的是在接纳吗，还是在忍受呢？接纳和忍受有什么区别呢？

忍受是在自我能力不足的情况下，因为没有办法、无能为力，只能选择压抑。当我们忍受时，我们的态度依旧是敌对的、斗争的，只不过那是一种无奈的、无声的斗争。而当我们真正接纳的时候，是清楚地认识到自己曾经经历的事情和目前的现实，接受过去发生的事实，并为此时此刻的自己负责。

很多时候，我们往往以为自己在头脑层面接纳了，这件事情就真的接纳了。但你的身体会告诉你，你究竟是在接纳还是在忍受。当我们接纳时，我们的内心是轻松的、柔软的，我们知道自己的选择，并会主动承担起自己的责任。而当我们忍受时，内心是紧张的、僵硬的，整个人一直处在一种消耗状态，压抑的情绪在体内纠缠，要么通过指责伤害别人，要么制造内疚伤害自己。

当我们真正接纳一个人的时候，我们有能力看见对方、尊重对方，不去强迫对方改变，但同时也不失去自我。我不会要求你一定要按照我的想法来改变，而我也不是按照你的期望去生活，因为我们各自有各自的生活方式。接纳不是妥协，而是尊重彼此的界限，不推卸责任，不强行控制。一个有接纳能力的人，是真正能为自己负起责任的人，他不会期望别人为自己的生命负责，也不会依赖对方来承担自己的生活。

接纳不等于放纵，不是逃避的挡箭牌，更不是消极放任的幌子；而是始终尽自己所能，做好自己可以做的，在那个当下为自己负责。然后，允许一切如其所是地发生，不抗拒、不执着。就像山林里的树木，允许风从自己身上穿过。同时，接纳还包括在自己还无法做到的时候，允许自己暂时做不到，不强求、不催迫，给自己多一些时间和耐心。

接纳是一种状态，而不一定是某个具体的行为。一个有接纳品质的人，可以用接纳的状态，选择接受或者不接受。我们并不是一定要求自己凡事必须接纳，而是在这种状态下，我们就有了选择。当我们有了选择，就有了新的可能性。你可以选择带着尊重去和对方沟通，也可以选择降低自己的期待；你可以选择允许自己暂时做不到接纳，也可以就干脆选择不接纳。但不同的是，你知道自己在做什么。

附：接纳自己

我接纳我的过去，无论我做错了什么，我选择从中吸取教训，而不是不断地自责。

我接纳我的现在，无论自己现状如何，我选择尊重自己生命的尊严、价值和唯一性。

我接纳我的情绪，无论产生何种负面情绪，我选择正视、关注和体验它，从中了解自己的思想和问题，并给以建设性的解决。

我接纳我自己，没有任何条件，这是我的人生态度，也是我的权利。

我有权利快乐，我有资格成功；我有权利不快乐，我有资格不成功……

虽然我经历过很多失败，犯过很多错误，但那些都是人生的一部分，是我成长的阶梯。

我接纳自己的现在，虽然我有很多缺点和不足，但我珍惜自己所拥有的一切，尊重自己生命的尊严、价值和独特性。

我接纳自己的全部，虽然我不完美，但当下的我所能做的已经是我最好的表现，我相信自己未来会做得更好。

第二章

有效沟通,
建立孩子的协作性

从执拗到贴心
——时光的魔法

叶儿两岁时,有一天洗澡,正玩得高兴的时候,忽然说:"我要尿尿了!"边说边从淋浴间里走出来,但还没有走到马桶那里,就已经尿了。小家伙"哇"的一声大哭起来,边哭边说:"我要尿在马桶里!"

阿姨走过来说:"没关系啊,淋浴的时候可以尿在地上的。"

叶儿不听,哭得更厉害了:"我不要!我要尿在马桶里!"

阿姨说:"那你到马桶上继续尿嘛。"

叶儿绝望地说:"我没有尿了!"然后继续大哭。

我妈听到哭声也走过来,说:"尿就尿了呗,有什么关系。下次再到马桶里尿就是了,有什么好哭的。"

叶儿听了之后,哭得更厉害了,反复说:"我要尿尿!我没有尿了!我要尿尿!我没有尿了!"

我妈烦躁起来:"你怎么不讲道理呢?没尿就没尿,不许哭!"

叶儿一屁股坐在地上,拼命蹬着双脚,哭得更大声了。

阿姨把叶儿从地上捞起来,擦干水,放在床上,准备穿衣服。但叶儿强烈反抗,拒绝身体接触,继续放声大哭,声音震耳欲聋。我拿了条浴巾包住叶儿,把他抱起来,走到我的房间去。我妈在身后气急败坏地叫道:"你都有八个月的肚子了,还抱他!"

我随手关上门,抱着叶儿在房间里踱步。叶儿继续扯着嗓门哭着,听起来很伤心。

我轻轻地抱着他，说："你想到马桶里尿，但是尿在外面了，你觉得很难过。"

叶儿"哇"的一声，仿佛积累了好多的气，一下子都放出来了。

我："你觉得尿尿一定要尿在马桶里，结果这次尿在外面了，所以你很难过。"

叶儿没有回答，但哭声明显变小了。

我轻轻抚着他的背："你还想到马桶里去尿，但又没有尿了，这让你感到很难受。"

叶儿抽泣着："我难受！我难受！"

我抱着他："是的，你难受，嗯。"

焦虑的叶儿逐渐平静下来，哭声小了，仍有些抽泣。

我没有再说话，只是继续抱着他在屋里踱步，双手环着他，用身体告诉他，我理解、我明白、我愿意和你在一起。叶儿也不再大哭，只是静静地贴在我身上抽泣。很多时候，我们和孩子的交流，不需要太多的语言，只要理解与陪伴便足矣。

沉默了好一会儿，叶儿突然说："上完厕所还要冲水。"

我："啊，是啊，还要冲水。"

叶儿："我自己冲水，我还帮妈妈冲水。"

我："是的，你不但记得自己冲水，还会来帮妈妈冲水，妈妈就不用挺着大肚子弯腰了，这让我觉得轻松很多。真是谢谢你！"

叶儿："以后我也给弟弟冲水。"

我："啊！好啊。不过弟弟刚出生的时候，还不会用马桶，要用尿片。到时候你帮弟弟拿尿片好吗？"

"好！"叶儿干脆地回答。

这时叶儿已经不再哭了，我问："穿衣服好吗？"

叶儿说:"再抱一会儿。"

我:"好,再抱一会儿。"

叶儿用手环住我的脖子,头枕在我的肩上,胸口紧紧贴着我的胸口,隔着衣服都能感觉到我俩的心跳在同频共振。这种姿势,让我感到他是那么信任我、依恋我,那么全然地对我敞开。我早已不记得当时自己还身怀六甲,抱着他我觉得舒服极了。

曾经有人问我:"你童年的经历,怎么会让你做到对孩子爱和尊重呢?你给不了孩子你没有的东西啊。"是的,我也曾经一度很迷惑,我没有得到过的爱与尊重,我要如何给予孩子呢?但现在我忽然明白了,我是得到了"无条件的爱"的,这个爱就是孩子给我的。他从出生以来,就是那样地信任我、爱我,无论我说什么,他都愿意相信;无论我走到哪里,他都愿意跟随。这是怎样一种完完全全、彻底敞开心扉的爱啊!

叶儿执拗的表现属于秩序敏感期的表现之一,通常两岁以上的孩子会经历这样一个时期,比如进门必须有先后顺序,电梯按钮必须由固定的人来按等等。在这个阶段,孩子们开始逐渐建立秩序感、形成规则意识等品质。这时孩子们往往会出现难以理解的"过分"要求,会显得执拗、钻牛角尖、无法变通,甚至被认为是任性和胡闹。这也给父母们带来了很多困惑,为什么明明是一件小事,在孩子眼里却好像天都要塌了一样?

其实在这一阶段,孩子的心理活动是有着他们认为的秩序的,并会要求严格地执行。对这时的孩子来说,世界万事万物有着固定的程序和秩序,并在此基础上稳定地存在、运行。这是儿童最初的思维模式,也叫作"直线式思维"。随着年龄的增长,稳定的秩序和不变的逻辑被内化到孩子的内心,外在的世界就可以千变万化了。

之前家人对叶儿的回应，例如建议、安慰、指责、命令等等，这些都属于无效沟通方式，在孩子情绪高涨的时候，无效方式会阻碍沟通的顺畅进行。当孩子有情绪时，我们去倾听他、陪伴他，帮助他表达内心的感受。当孩子的感受被理解并得以自由表达之后，他的情绪就会逐渐平复下来。

年幼的孩子情绪表达还不成熟，而正是在父母一次次的耐心和接纳之中，孩子确认了父母心中对自己无条件的爱。只有被尊重被理解的孩子，才能学会尊重和理解他人。孩子愿意听取父母的意见，是建立在对父母信任的基础之上的。随着孩子年龄的逐渐增长，这份信任内化到孩子的内心，成为良好亲子关系的根基。

叶儿四岁时，有一次我在开车，他坐在后面的安全座椅上，把窗户打开，手伸出去贴在窗户外侧。我看到后很是担心，于是我说："叶儿，你把手伸到窗户外面，我会有些担心……"

还没等我说后面的话，叶儿问："你担心我会受伤是吗？"

我："是啊。"

叶儿："我要是受伤了，你会心疼的对吧？"

我："啊，对啊。"

叶儿："我上次生病了，你都心疼得吃不下饭、睡不着觉了！"

我："是啊，确实很让人揪心啊。"

叶儿："所以你不想我受伤，现在你会担心，都不能好好开车了是吧？"

这时候我已经快点头成鸡啄米了："对啊！对啊！"

于是叶儿把窗户关上了，我也安下心来。他这一连串对我内心感受的体察，让我看到了被理解的孩子，也慢慢形成了理解他人、体察他人感受的能力。

这些事情已经过去很多年了，每当回想起这些小细节时，内心还是会暖暖的。当年叶儿处在执拗期的时候，几乎每天都能让我七窍生烟。我曾经无数次怀疑过自己是不是哪里没做好，是不是犯了什么错才让他那么倔强。我无数次尝试，又无数次碰壁；也曾信心满满，但现实总是一次又一次让我自我怀疑。

幼小的他，不明白这世界上为什么会有那么多的道理，他在挫败中爆发着最原始的怒火，仿佛有雷霆千钧之力；他努力地控制自己的身体，艰难地学习这个世界的运行规则。我只能一次又一次陪在他身边，一遍又一遍让他感觉到，积木倒了、饼干碎了，天不会塌下来，我会陪着你一起度过。这个过程，就像在沙滩上建造城堡，一次次尝试，却又一次次坍塌。然而终有一刻，仿佛流沙忽然成塔，孩子内心稳固的内核建立起来，成为终身不动摇的根基。

感谢当年的自己坚持了下来，一直没有放弃学习成长，不断觉察和改变自己的固有模式。有时候觉得生活就像在建金字塔，早期可能辛苦，到了后面就能轻松一些；否则就可能是建倒金字塔，早期图省事，到了后面就得加倍付出。即便如此，这倒金字塔还有可能因为重心不稳而摇摇欲坠。所以"一分耕耘、一分收获"，这个道理在育儿上也是一样的；同时还有另一种心态，是"只问耕耘，不问收获"。当我们放下内心的控制和期待时，那个结果反而会以一种惊喜出现在我们面前。

余世存在《时间之书》里写过这样一句话："你的任务是平整土地，而非焦虑时光。你做三四月该做的事，到八九月自有答案。"我非常喜欢这句话。朝着自己想要的生活前行，相信时光会犒赏我们今天的坚持，把所有暂时的不堪，炼成岁月之金。

改变语言习惯，
远离暴力式沟通

当孩子刚出生的时候，我们的绝大多数精力都会放在他的吃喝拉撒睡上面，只要这些方面照顾得比较好，孩子就会感觉舒适，也会成长得较好。但是随着孩子年龄的增长，心智的发育，他可以用语言和我们交流了，用行动去探索这个世界了。这时候就不再是只需要管吃饱穿暖这么简单了。

当孩子有了独立自主的意识之后，父母会突然发现孩子不再像以前那样言听计从了，他会有很多自己的想法和主见。而此时面对孩子的一些行为，父母就会无比抓狂。这时候，如何与孩子沟通，就变得非常重要了。

"孩子总是不听话，想让他做的事情偏不做，不让他做的事情偏要做。我该怎么和他沟通呢？"

"我老公一点都不关心我，不但不帮我分担家务，反而总是把家里弄得一团糟。我和他沟通，他却总是很反感的样子，真是太气人了！"

这两句话里都提到了沟通，说明我们都希望通过沟通解决一些问题。可是为什么我们想要和父母、伴侣、孩子、朋友沟通，却总是得不到我们想要的结果？为什么对方总是抵触？为什么沟通到最后经常是以吵架收场？

我们心目中理想的沟通，是双方心平气和地表达自己的感受和需求，共同商量之后得出一个双方都满意的结果。但实际生活中的沟通，往往伴随着指责、争吵、互不让步；或者一方想要沟通，另一方逃避、不配合，最后不欢而散。这时候我们难免会怀疑，既然都知道沟通的重要性，为什么实际沟通时总是困难重重、结果差强人意？

总是沟而不通，是因为我们很容易进入"暴力式沟通"的模式。表面上看起来是在沟通，实际上语言里充满了攻击性和火药味。

暴力式沟通的第一大类型，是我们很难区分标签和行为。我们说孩子拖拉、磨蹭、叛逆、胆小、不听话；我们说伴侣懒惰、不体贴、不上进、无理取闹……这些都是在给对方贴标签。

所谓标签，是一种主观印象或预设判断。当我们带着标签去看待对方的时候，往往会有失公允，认为对方一直如此。于是忍不住还要加上"你总是懒懒散散""你一直粗心大意""你真是一年四季都是这样"……暴力程度又翻了一倍。

标签往往暗含着指责，意味着对方做错了，做得不够好，得赶紧改过来。而一旦他按照你说的做了，就等于认同了你所说的。但是每个人都不愿意承认自己做错了、不够好。因此当对方感受到你的话语里有指责的时候，就会通过反抗来表达不认同。

当我们沟通的时候，要注意的是描述行为，而不是给对方贴标签。行为是一种客观中立的事实发生，是不带指责和评判意味的。沟通时，要学会把脱口而出的标签转化为客观的行为描述，以免一开口就让人抵触。

标签	行为
你经常丢三落四。	你今天早上忘记带钥匙了。
你总是邋里邋遢。	你的衣服蹭到菜汤了。
你真是个马大哈。	你的作业漏了一道题没写。
你一直都是这么懒散。	我看到你上课时趴在课桌上。

区分标签和行为,是一切平等沟通的基础。当我们去掉指责性标签的时候,行为就变成了一种提醒,对方才不会感到被批评,才更愿意和我们继续沟通下去。

第二种暴力式沟通,是我们很难区分事实和情绪,总是使用杀伤力巨大的反问句。我有一位长辈,其实是一个很热心的人,但她的表达方式却总让人觉得怒气满满。有一次她来我家小住一段时间,一天中午我回来看到她坐在桌边,就问:"你吃饭了吗?"这个问题如果从事实层面回答,就是"吃了"或者"没吃"。但她看了我一眼,说:"都几点了,你说我吃没吃?"如果我问:"水烧开了吗?"从事实角度回答,就是"开了"或者"还没有"。但她会回答:"开没开你自己不会看吗?"很多次这样的模式之后,我就不想说话了。

反观一下自身,其实我们很多时候也会不自觉地对孩子说:"都几点了,怎么还不睡觉?""你不知道明天要考试吗?为什么还不复习?""你没看见我在忙吗?""你就不能安静一会儿吗?"这些反问句都带有极强的攻击性,往往话一说出来火药味已经很浓了,接下来就要吵架了。

"呀,你怎么来了?""我怎么就不能来?"

"需要我帮忙吗?""你能帮上什么忙?"

……

每一个反问句,都在向外释放愤怒和不满的情绪。而沟通中双方的情绪会互相传染,这也是为什么我们明明希望好好沟通,却总以吵架收场。陈述事实,而不是带着情绪去反问,更有助于我们客观中立地看待事情,就事论事,更有效地解决问题。

第三,除了上述两种沟通误区之外,有时候我们还喜欢明知故问。

"是谁把牛奶弄洒啦?""是谁把书撕坏啦?"这些明知故问会引发孩子的防御,他们往往会说:"不是我。"于是我们又认为孩子说谎,明明看着你弄的,居然还说不是你。其实这时候,我们只需要陈述事实即可。"我看到你不小心把牛奶洒到地上了,来,我们一起把它擦干净吧。"这样说不会引发孩子的防御,而是把孩子带到一起行动当中来。

第四,习惯于暴力式沟通的我们,还会无意识地使用很多否定词。

比如我们会经常对孩子说:"不要大喊大叫!""不要漏看题目!""不要把玩具丢到地上!"但对于孩子来说这是一种负面强化。孩子的大脑是很难听到"不"这个字的,因为他们会首先听到动词,而忽略掉"不"这个副词。例如当我们说"不要在沙发上跳",孩子听到的是"在沙发上跳"。当我们说"不要乱丢垃圾",孩子听到的是"乱丢垃圾"。因此,表达自己想要的,而不是自己不要的,在沟通当中会更为高效。

孩子说:"我要吃饼干。"如果我们说:"不行,马上要吃饭了,不能吃零食。"这时孩子听到的就是禁止性的否定句。如果我们说:"好呀,吃完饭就可以吃饼干啦。"这时孩子听到的是允许。因此,与其说"别把东西乱放",不如说"请把这些书放回书架"。与其说"不写完作业就别出去玩",不如说"好呀,写完作业马上就可以去玩啦"。这时,对方听到的是一个目标性动作,而不是禁止性指令,去完成的意愿才会更大一些。

第五,在沟通时,请清晰具体地表达自己的需求,而不是用笼统含糊的说法。

有一次我在给一对夫妻做咨询的时候,请双方表达自己的渴望和需求。妻子说:"我希望你尊重我一点,多给我一些空间。"丈夫听到后就觉得很蒙。这样的表达就是一个非常笼统的说法,因为每个人对于尊重和空间的定义都不一样。妻子觉得丈夫不够尊重自己，丈夫可能觉得自己已经很尊重了，于是误解和矛盾也由此产生。

在夫妻沟通时，我们经常会听到这样的说法："我希望你能更负责一点。""我希望你能给孩子做个榜样。""我希望你对我好一点。"当说出这些话的时候，对方大概率会觉得被指责，因为这种模糊的表达似乎在说"你不够负责，你对我不够好"。

同样，父母经常对孩子说："把房间收拾干净！"可孩子似乎从来达不到我们的标准。也许孩子觉得已经挺干净了，但我们却认为他就是在糊弄、敷衍，于是数落他"乱得跟猪窝一样"。

"我希望你能尊重我。"这句话具体的表达可能是："我希望在孩子入学的问题上，你能听听我的想法。"或者是："明年过年的时候，我希望和你一起去我父母家。"

"我希望你能给我一点空间。"具体来说可能是："我希望每周能有一个自己外出逛街、健身的时间。"等等。

对于孩子来说也是如此。"你要自觉一点。""你应该懂事。""你就不能勤快一点吗？"这些都是非常模糊的说辞，孩子理解不了，也就不具备可执行性，自然无法达到我们想要的标准。用具体的描述来代替，比如"换下来的衣服放到洗衣机里。""刷完牙后把牙杯放回去。""把书本放进书包里。"清晰、具体地表达，而不是使用笼统含糊的说法，这样才更容易让对方明白我们的需求，也让沟通变得更顺畅。

无论我们是和孩子沟通，还是和伴侣沟通，双方的情绪很容易互相影响。暴力式沟通带有很强的攻击性，我们总是不自觉地从语言库里调出这些我们熟悉的模式，结果越想沟通，就越容易吵架。次数多了之后，我们就对沟通失去信心了。想要改变这种循环模式，我们要静下来看看自己的内心，问问自己：我这句话想要表达什么？这次沟通的目的是什么？我希望得到什么样的回应？

我们总希望孩子多吃健康的食物，获得全面的营养，才能拥有好身体。那么，孩子在家庭中每天听到的话语，就是他摄入的内心成长所需的营养。我们会尽量让孩子远离垃圾食品、地沟油；同样，我们也要调整自己的沟通和表达方式，用建设性的语言，让孩子的心灵也能健康成长。

这篇文章中所描述的暴力式沟通方式，也许我们每个人都很熟悉，这是我们几十年来形成的语言习惯。想要改变，需要我们持续学习成长、保持自我觉察、不断练习调整。从术入道，从技巧到意识，从语言到思维，一步一步不断成长。希望后面的文章能为大家逐步展开这一段过程。

讲道理不管用？
如何帮助孩子疏导情绪

曾经有一位情感博主发帖询问："说说你们和伴侣都因为什么奇怪的原因吵架？"其中最高赞的回答是："我跟他吐槽的时候，他居然跟我讲道理。"看了不由得会心一笑。恋爱中的朋友，或夫妻关系中经常会有这样的场景吧，这大概也是这条回复得到如此多赞的原因了。

其实同样的道理，放在对孩子的情绪处理上也是一样。讲道理并不能改变一个人的心情，如果想缓解他的情绪，首先要做的，是同理他的感受。

经常听到有父母询问："我的孩子一发起脾气来，就是'我偏不！''我就要！'不管怎么讲道理都没有用啊。"或者"我的孩子动不动就哭，一点小事也要哭半天，无论怎么说都不行。"父母们的描述都指向同一个问题：当孩子情绪温度很高的时候，要如何帮助孩子疏导情绪。

当孩子发脾气的时候，我们最常使用的大概就是讲道理了。给孩子分析、说教，希望他能够明白我们的一片苦心。然而现实并没有那么美好，孩子在气头上，哪里听得进道理？于是为了平复事态，那就转移注意力吧，让孩子看个猫看个狗，给个玩具，赶紧息事宁人最重要。

看起来似乎孩子忘记了这件事，也不哭不闹了，但父母们会发现，当下一次类似的事情再发生时，孩子的情绪会更加激烈。那是因为当孩子情绪高涨的时候，他的内心有着许多强烈的感受，这些感受需要得到自由地表达。可是我们习惯性地否定孩子的感受,认为他无理取闹。耐心的时候还能苦口婆心地摆事实、讲道理,不耐烦的时候可能就是直接斥责,或强行打断。

我们看看下面这个对话:

孩子:"我的小兔子今天早上死掉了!"

妈妈:"宝贝,别难过了。"

孩子:"呜呜呜……"

妈妈:"别哭了,不就是只兔子嘛。"

孩子:"哇哇哇……"

妈妈:"有什么可哭的,我再给你买一只不就行了。"

孩子"我就要这只小兔子!"

妈妈:"你真是无理取闹!"

不知道这样的场景大家是否熟悉,孩子就要那块碎掉的饼干,就要那个坏掉的玩具。这个时候我们绞尽脑汁去安慰、说教、想办法,可是孩子并不会因此就好起来,反而哭得更大声了。这是因为我们所做的这一切,都是在否定孩子的感受。

感受如果得不到表达,就会形成情绪。情绪如果得不到疏导,就会被一直卡在心里。尤其是当孩子哭的时候,我们使用各种方法想让他停止哭泣,这个引发哭的感受就被卡住了,没法表达,于是情绪就这样积累下来。

我们来换位思考一下。如果你和你的伴侣吵架了,很伤心,你会选择和自己的父母倾诉吗?通常情况下是不会的。因为我们几乎都能想到父母会给我们什么样的回应。

"别想那么多了,夫妻俩哪有不吵架的?你看我和你爸,吵吵闹闹一辈子,不也这么过来了。你们孩子都有了,难道还能离婚不成?

日子总是要继续过下去的嘛。"

"别哭了，哭有什么用啊？男人嘛，都是这样的，换成别人可能还不如他呢。想当初我和你爸……"

"肯定是你做了什么事情不如他的意，他才和你吵架的。这个就是你不对了，他在外面工作压力大，你作为女人，就应该多多体贴一点，包容一些。"

……

如果得到的都是上面这样的回应，你会有什么样的感受呢？是不是会感到心里很堵？可是明明大家都很关心你啊，都在动之以情、晓之以理，为什么我们却不会好起来呢？因为所有这些回应，都没有顾及到我们此时此刻难过、委屈、气愤、伤心的感受。当我们有这么多复杂的感受时，我们不想听大道理，不需要别人给我们出主意，我们只希望有人能明白我们经历了什么，能耐心听我们倾诉，能理解我们的感受。

如果有情绪的时候不能表达，生气的时候被告知不能生气，想哭的时候被要求坚强不能哭，很多情绪就会积累在心里。我们不断积累情绪，终于有一天只是因为一件小事情我们就爆发了。可是爆发之后我们又后悔，觉得自己不应该发脾气，于是又再度压抑，不断积累，下一次又重新来一遍，就这样陷入循环。

我们平时总想要"控制"情绪，其实情绪是没办法控制的，它会一直积累在那里，直到有一天我们反被情绪控制。因此当孩子情绪高涨的时候，我们要做的第一件事就是帮助孩子把感受表达出来。这种方法叫作"反馈式倾听"，帮助孩子表达感受、疏导情绪，并运用自己的智慧，找到属于自己的解决办法。

同样的场景，如果换成下面的对话，是不是孩子的感受会好很多呢：

孩子:"我的小兔子今天早上死掉了！"

妈妈:"啊，是吗？真没想到。你一定很伤心。"

孩子:"我昨天还教它玩游戏呢。"

妈妈:"你们在一起很快乐。"

孩子:"它是我的好朋友。"

妈妈:"失去朋友真的让你很难过。"

孩子"我还每天喂它菜叶呢。"

妈妈:"嗯，你很关心它。"

孩子:"妈妈，我想给小兔子画一幅画。"

妈妈:"好啊，画一幅画，想它了我们就一起来看看。"

孩子:"可是我还是很想哭，呜呜呜……"

妈妈:"是的，你现在一定很难过，难过的时候就想哭，妈妈会陪着你的。"

在这个过程中，妈妈没有试图安慰孩子，也没有讲什么大道理，只是去倾听孩子，去跟随孩子的感受。当孩子可以自由地表达、感受得以自由地流动时，他就会慢慢平复下来，也能够逐渐学会面对自己遇到的问题了。

我们的大脑在平衡状态时，一半是情绪，一半是理智。当我们的情绪温度升高时，就会把理智的那一半挤得只剩下一点点，这个时候我们是没有办法好好思考的。很多父母会发现，平时和孩子讲道理，孩子都答应得好好的，但是一遇到事情，就什么道理都没用了。那是因为孩子不是不知道这些道理，而是在那个当下他做不到。因为情绪上来的时候，没有理性思考的空间。而倾听就是在帮助孩子释放情绪，让大脑恢复平衡状态，让理智回来。

反馈式倾听,或者叫共情,是去切身体会孩子内心的感受,帮助他表达和疏导。在倾听的过程中,除了要注意听到孩子所说的事情发生的经过之外,还要听到孩子没有说出来的感受。这一部分的潜在信息,是了解孩子内心的关键。

倾听的时候,我们要保持专注,全然地和孩子在一起,这样会让孩子感觉到被尊重、被重视。倾听除了要听到孩子所说的事实之外,还要帮助孩子表达感受。通过这样的表达,给到对方的是一种理解性的回馈,同时传递出的是同理心与接纳。

有一位妈妈分享了她家的案例:妈妈白天要上班,每天早上离开家的时候,孩子就会一边哭一边抱着妈妈的腿,缠着妈妈不让她走。之前妈妈会说:"不要哭了,妈妈下班马上回来陪你啊。这有什么好哭的啊。妈妈必须要上班挣钱啊。"可是孩子哭得更厉害了。这些回应就是一种无效沟通。因为妈妈讲的道理其实孩子都知道,但在那个当下,他就是有这样伤心难过的感受。孩子需要的是感受被理解,情绪得以表达。

后来有一天早上,妈妈尝试了一下反馈式倾听。当孩子哭着说不要妈妈上班的时候,妈妈说:"你不想妈妈出门。"孩子哭着说:"嗯,我不想妈妈走。"妈妈说:"嗯,你希望妈妈一直待在家里陪你。"孩子就说:"是的,你走了我好没意思,都不好玩了。"妈妈说:"你希望我不上班,就可以在家陪你玩,这样你就不会孤单了。"孩子点了点头,不哭了。妈妈说:"我也很想在家陪你,但我必须得去上班。有什么办法可以既不影响我上班,又能让我快快陪到你呢?"孩子想了想,说:"妈妈,你下班不要坐地铁,你坐火箭回来,那样我就不孤单了。"妈妈:"啊,我明白了。好,我下班会以最快的速度回家,一进门就可以陪你啦!"

在这段对话里，妈妈没有安慰，没有讲道理，也没有转移孩子的注意力，而是陪伴孩子去经历他的感受。当孩子发脾气的时候，情绪占据了大脑，思考能力只剩下一点点。此时父母要做的就是倾听孩子的心声，帮助孩子表达感受，减少他的情绪，恢复他的思考能力，让他用自己的方法解决自己的问题，而不是去责备孩子。等孩子的情绪完全表达之后，孩子会逐渐平复下来，这个时候你邀请他一起来想办法，他也就能想到自己的方法了。

很多时候，孩子很难表达自己的情绪和感受，他只会发脾气，只会说"我偏不！""我就要！"他不知道这些感受叫作失望、沮丧、难过、委屈、愤怒等等，孩子不会分辨这样的感受。如果他被倾听了，下次再遇到这种情况的时候，他会知道发生了什么事情，也会尝试寻找自己解决问题的方法。

在这样一次又一次的练习中，孩子慢慢学会了用语言来表达不同的情绪和感受，这也是心智化的重要过程。很多时候孩子一不如意就哭闹、发脾气，甚至摔东西、打人，一大原因就是他无法用适当的语言来表达自己。如果父母们能够理解孩子的情绪，并帮助孩子疏导表达，就能促进亲子关系，增加双方的信任和理解，也会为今后的沟通奠定良好的基础。

站在人的角度看问题，
而不是用带着问题的眼光看待人

有一句话叫"对事不对人"，它的意思是，我们不能因为某件事情而评判一个人。这在面对孩子的时候很重要。我们不能因为孩子忘带作业就说他丢三落四，也不能因为孩子不愿和陌生人打招呼就说他胆小内向。这个部分我相信已经有很多文章论述过了，我也不再赘述。但同时，当我们面对孩子的时候，有另外一个视角也很重要，那就是"关注人而不是事"。这两个平行视角，一个客观中立，一个以人为本。

有一次，在小区里的儿童活动场地，有两个孩子因为争抢玩具而引发了推搡，继而都大哭起来，引得两边家长都加入了争吵。一位妈妈把孩子拉在面前不停追问："这个玩具是谁的？是谁先动手的？为什么不遵守谁先拿到谁先玩的规则？妈妈平时在家是怎么教你的？"对方奶奶把自家孩子拦在背后，也吵吵着说："对啊，把事情说清楚啊！"而另一位爸爸在高声要求："怎么还推人了呢？凭什么说我家孩子先动手？敢不敢去找物业查监控视频啊！我倒要看看究竟是怎么发生的！到底是怎么回事！"

双方争执得不可开交，而这个时候，两个孩子虽然被家长拉在一旁，却没人关心他们现在怎样，感受如何。孩子们惊恐地看着这一切，不知所措。

看起来好像每个人都在关注这件事情，可是，谁在关心这两个孩子？孩子经历了这一切，他们会有什么样的感受？表面上似乎所有的人都在关心这件事,但实际上每个人都在自己的头脑里面只看到了事情,却没有顾及到当时的孩子。

孩子在外面发生打闹哭着回到家,无论你是义愤填膺地想要去评理,还是冷静地和孩子分析谁对谁错,都没有看见眼前这个委屈、害怕、伤心、难过的孩子。

所有的分析、所有的总结,都要在处理完情绪之后再进行。当事情发生时,我们首先要做的不是去评判谁对谁错,应不应该,而是要先安抚孩子的情绪,理解孩子的感受。父母要让孩子知道,无论外面发生了什么事情,都比不上眼前这个孩子对我来说更重要。这就是我们说的"关注人而不是事"。

曾经看到过一篇新闻报道:一个13岁的女孩,在小区超市拿了一些巧克力以及生活用品没有付钱,被店主发现后通知了家长。女孩的妈妈认为"偷东西"是一个不可饶恕的行为,一定要严厉教育,好让孩子接受教训。于是她在赶到超市后先是打了女孩一个耳光,随后在和店主交涉的过程中也不断打骂孩子。妈妈以为这下孩子应该知道错了,以后再也不敢犯了。可是女孩在离开超市一小时后就从楼上跳了下来。

不得不说这是一个悲剧。妈妈知道孩子"偷"东西之后无比恼怒,一心想要教育孩子,要是这样继续下去以后长大了还了得?可是她恰恰忘了,孩子此时此刻那种惊慌失措、羞辱绝望的心情。她不知道妈妈会怎样对她,也不知道事态会如何发展。会报警吗?万一警察来了怎么办?如果学校的老师和同学知道了又怎么办?这一切恐慌和羞愧的情绪让孩子无法承受,此刻她需要的不是责骂和讲道理,而是她最亲的人能站在她身旁告诉她,即便你做错了,我也愿意和你一同弥补和面对。

我没有指责这位妈妈的意思，她也是悲剧的受害者。然而如果妈妈可以先不问对错，而是先安抚孩子的心，哪怕只是简单地问一句："你还好吗？有没有被吓到？"也许结局就会完全不同。能真正让孩子感受到自己生命美好的，是来自于父母的爱，我们要为孩子搭建爱的堡垒。

这些年我在咨询和讲课的过程中，经常会遇到父母想送孩子来咨询。我遇到过好几个青春期的孩子休学，把自己关在家里颓废抑郁，可父母来咨询时问的却都是怎样才能尽快让孩子去上学。当我试图向父母们转述孩子的痛苦时，父母却还是着急地说："马上就要高考了，这时间耽误不起，你能不能想办法让他赶紧去上学？如果不能，我们就去找别人了。"

这时候我就会很无奈。父母眼中只有不上学这个"问题"，没有孩子这个"人"。我没法让他们明白，孩子为什么不肯上学、沉迷网络、有各种所谓的问题行为，是因为他内心没有住着一个能给他爱和力量的人。能不能不要只关注学习、关注成绩呢？能不能也看看眼前这个迷茫、无助、挫败、绝望，却还在摸爬滚打、已经疲惫不堪的孩子呢？

我们总说孩子需要挫折教育，但很多时候我们只给了挫折，没给教育。挫折教育不是我们人为地制造出困难，挖个坑让孩子掉进去，如果他爬不出来，就说他缺少挫折教育。真正的挫折教育，是当孩子遇到困难挫折的时候，我们能够帮助他缓解情绪，梳理思考，共同面对困难，并在必要的时候提供适当的协助。

其实孩子每天遇到的挫折已经够多了，来自于父母的控制、学习的压力、同伴的困扰、社交的忧虑、自我的怀疑、认知的疑惑等等，只是很多时候我们并没有识别出来。我们认为这些不过是很小的事情，很正常，每个人都是这么过来的，没什么好烦恼的，都是因为孩子心理素质差，才小题大做。但用我们三四十年的生活阅历去看孩子的行为，就仿佛开启了上帝视角，这对于孩子来说是很不公平的。

我们总喜欢给孩子讲述宏大的叙事，告诉他们将来的社会竞争多激烈，生活多艰苦，少壮不努力，老大徒伤悲……但孩子的生活阅历让他们体会不到那么远，他们看到的是眼前堆积如山的作业习题、父母老师不断施加的压力、一直被压缩的个人时间、无法做自己喜欢的事情……父母们认为只要熬过学习的关键几年就轻松了，孩子们面对的却是日复一日的上课、补习、刷题，似乎永无尽头。

每当看到有孩子自杀或离家出走的报道，就会有很多人说现在的小孩太娇惯了，心理素质差，抗挫折能力低。其实不是因为挫折少了，恰恰是因为挫折太多了，孩子已经绝望了。这些挫折不一定是外界多大的打击，而是内心一直被否定的感受。孩子感觉不到爱和接纳，看不到任何美好，才会失去活下去的勇气。

其实孩子不是没有勇气面对挫折，而是没有勇气面对父母的态度和责罚。孩子在家庭里感受不到价值和归属，就会封闭自己，不再信任父母。家，本应是无论你走多远，都心心念念想要回去的地方；是无论你在外面遇到多少挫折，一想起来就觉得温暖的地方。

父母的爱是一张安全网，当孩子遇到挫折跌落时，只要有这张网在，他就不会受伤。他有支持，能复原。可现在很多父母在孩子遇到困难时的回应如同带刺的钢板，孩子遭遇挫折跌落下来，反而被扎得鲜血淋漓、遍体鳞伤。

只有储备足够的温暖，才经得起严寒的侵袭。人的心灵也一样，只有得到很多快乐、温暖和幸福的滋养，才能经得起外界的挫折、严酷和伤害。良好的依恋关系才是孩子最大的抗挫力。我们能不能让孩子相信，无论外面发生了什么事情，在父母眼里，这个孩子都是最重要的。如果父母可以让孩子信任，孩子敢于表达自己的需求和感受，那么无论在外面遇到什么事情、什么打击、什么挫折，他都知道还有父母会给他支持，还有家这个港湾可以给他依靠。就算再走投无路，他也有一条路可以走，那就是回家的路。

事情永远不如我的孩子更重要。即便孩子可能会犯错，我们也可以带着满满的爱，去看看他需要什么帮助，而不是指责他、否定他、教训他。

当我们否定孩子的感受和需求时，孩子也就逐渐学会了掩饰和压抑。当孩子小的时候，他会对我们说"妈妈我要你陪我"或者"妈妈我好害怕"。可是我们给孩子的回应往往是指责和拒绝，"这么大了还要人陪？你又不是小孩子。""这有什么好怕的？太胆小了，男子汉勇敢一点！"慢慢地，孩子就不敢表达感受和需求了。

也许他还会谈想法："妈妈，周末我想去同学家玩。"但很多时候我们连他的想法也要否定："玩什么玩，一天到晚就知道玩，要玩也和成绩好的同学一起玩啊，别总是跟那些调皮捣蛋的混在一起。下周就要考试了，你作业写完了吗？复习好了吗？"如果孩子的想法经常被否定，他慢慢就会知道，和父母谈想法是不安全的，是会被批评的。于是他就学会了隐藏自己的想法，把父母关在了心门之外，父母不再有机会走入孩子的内心世界。

有多少青春期的孩子，回家后就躲进自己的房间把门一锁，无论父母问什么都不想回答。很多父母会问："为什么我的孩子不和我沟通呢？"那是因为在孩子小时候，缠着我们叽叽喳喳的时候，被我们一点一点推开了。孩子的心是从内到外一步一步离家出走的。

为什么有些孩子不愿意和父母沟通？因为对于孩子来说，他愿不愿意和你说话，不在于你爱不爱他，而在于和你说话是不是安全，会不会遭到否定、批判、指责，甚至打骂。如果我们能够暂时抛开事情的对错，而仅仅是专注地倾听，了解孩子行为背后的需求和感受，孩子才会感到被尊重、被接纳，觉得自己很重要、有价值。在这种情况下，孩子是愿意和我们沟通的。如果要问："如何才能走入孩子的内心？"那么方法就是：给予孩子这样一种倾听的品质。

用带着问题的眼光看待人，就会认为对方是错的，是需要改变的，仿佛他一身都是问题，想要解决问题就得去修理这个人。这样只会把双方越推越远，彼此敌对，无法调和。无论发生任何事情，请站在人的角度去看问题，人永远比问题更重要。即便我们之间有冲突和分歧，我们也不是站在对立面上；而是我们站在一起，面对问题，共同解决。

先处理情绪，再解决问题

有一位妈妈来咨询，说她上初三的孩子一直以来都能按时作息，但有一天忽然因为妈妈叫他起床而大发雷霆。于是妈妈不再叫他，让他体验迟到的自然后果。谁知孩子不但没有吸取教训，反而爆发了更大的情绪。妈妈很是困惑，不知为什么孩子会有这么大的反应。

自然后果法是非常常用的一个手段，很多父母在孩子两三岁时就开始使用。不愿起床？那就迟到自己走去学校；不想吃饭？那就饿着什么都不许吃。这种方法也许很有效，但它永远是辅助，而不应该成为我们管教的法宝。如果成人带着"我要教训一下你"的心态对待孩子，无论是隐性的还是显性的，都会造成孩子的对立和抵触。家庭不是军营，迟到了自己承担后果是没有错，但孩子的情绪呢？他为什么如此不愿做这件事？他遇到了什么困扰？他当下的感受和需求是什么？这些才是我们需要去思考的问题。

当我们说"怎么办"的时候，我们很容易直接去想解决办法。遇到问题要想办法解决，这是我们的思维习惯。但为什么总是"道理都懂，就是过不好这一生"呢？因为我们忽略了真正影响我们解决问题的一个重要因素，就是我们的情绪。情绪如果一直被压抑，我们就会忽略内心的感受，而只是试图用头脑去解决问题。于是很多时候，我们会发现自己很不情愿地去做一些我们认为"必须"去做的事情。

孩子："又起床！又上学！我困死了你知不知道！"

妈妈:"谁让你昨晚那么晚睡啊?困死了今天早点睡。"

孩子:"你以为我想那么晚睡啊!那么多作业怎么写得完!"

妈妈:"别人也一样多作业啊,别人怎么写得完?你要提高你的学习效率啊,别总是开小差,东搞搞西搞搞,时间就是这么浪费的。"

孩子:"你有完没完?有本事你来写写试试看啊!你知道我们有多少功课多少作业吗?"

妈妈:"那初三就是这样的啊,是你学习又不是我学习。辛苦完这一年,后面就轻松了。别啰嗦了,有这时间都写完好几道题了。"

孩子"砰"的一声把门关上了。妈妈也很委屈,明明想要好好说,可这孩子怎么就是不懂道理呢?

我们想想看,这是一个初三的孩子,他不是三岁,不想上幼儿园,于是撒撒娇、发发脾气。回想一下我们的中学生涯,难道我们不知道要按时上学吗?难道我们不知道迟到了会被老师批评吗?我们在学习压力特别大、而又不被父母理解的时候,是不是也会感到非常委屈、无助、脆弱?

这个孩子是因为太累、太辛苦了,升学压力那么大,课业那么繁重,似乎永远看不到尽头。他并不是因为早上被叫醒而发脾气,而是这么长时间的压力积累,他的情绪无处宣泄,委屈、无助、焦虑、渴望被看见,但从来没有人真正走进他的心。请设身处地把自己放在这个孩子的位置,想象一下自己就是这个孩子,能感受到他疲惫不堪却一直坚持的心情吗?

回想一下我们高考前奋战的日子吧,或者我们刚参加工作时不断拼搏却又迷茫的时候,我们想得到的是什么呢?当我们在乱石中、泥泞中、荆棘中摸爬滚打的时候,我们需要什么呢?是别人提供的帮助吗?是一杯水、一个面包?是别人拍拍我们的肩膀说"加油!我相信你能做到"吗？似乎不是。我们想要的其实只是一个眼神，一个肯定的眼神，仿佛在说："是的，我看见了，我看见你在那乱石中、泥泞中、荆棘中摸爬滚打了。我看见了你的不易，你的委屈，你的艰辛，你的坚持。是的，我看见了！"相信就是这样一种"看见"的力量，会让我们泪流满面。

这位妈妈听了之后恍然大悟："啊，真是深有体会啊！我当年也是这样，我妈妈同意我继续睡不去学校，但我的心情并没有好起来，反而觉得很失落。"是的，因为深层次的感受和渴望没有被看见，表面上似乎解决了问题，但孩子的情绪没有得到疏导。而父母可能会更委屈："我都让你继续睡了，你怎么还不高兴？"

如果妈妈去倾听孩子的感受，孩子的情绪得到释放，他知道有人能够理解他，就不会感到那么无助，那么孤单，也就可以慢慢地自己走出困扰了：

孩子："又起床！又上学！我困死了你知不知道！"

妈妈："你看起来真的是很累啊。"

孩子："我肯定累啊！我昨晚一点多才睡啊！那么多作业！"

妈妈："是啊，那么多作业，晚上要熬夜，早上还要早起，任谁都要崩溃了！"

孩子稍微平静了下来："可是不写不行啊，马上又要考试了。"

妈妈："要完成那么多功课，还要面对考试，压力一定很大，我看着也很心疼。"

孩子不再发脾气了，妈妈也沉默着陪伴了一会儿，孩子嘟囔着说："算了！我再眯一会儿就起来，谁叫我是初三生呢！"

很多时候孩子的叛逆、抱怨、顶撞，并不是我们认为的"不懂事"，而是他们内心积压了太多委屈、愤怒、难过、压抑的情绪。父母向孩子传递出一种理解、接纳的状态，传递一种相信的力量。孩子的情绪在得到释放和疏导后，大脑才有思考的能力。虽然该做的事还是得去做，也并没有变得轻松，但在被理解之后，我们才更有意愿坚持下去。

另一位妈妈遇到了一个演唱会的难题。孩子上高三，想去参加一场明星演唱会，但时间和学校安排的模拟考试冲突了。妈妈询问朋友们该怎么办，一部分人说学生还是得以学习为重，千万别一时放纵耽误了大事。还有一部分人说要尊重孩子去演唱会的想法，应试算不了什么，青春就应该多彩。没错，因为我们被应试害苦了，我们的青春全都奉献给了升学和考试，所以我们不希望自己的孩子和我们一样。

"我绝对不让孩子过我小时候那样的生活"，这种做法，其实也是一种投射，无意识地剥夺了孩子自主思考和选择的权利。这样做孩子当时可能会很高兴，但事后也有可能抱怨："妈妈你为什么不阻拦我呢，我错过了模考的机会，结果高考都没考好，正好考到了模考里的知识点啊！我不懂事，难道你也不懂事吗？"可是如果要求孩子去考试，给孩子分析不去考试的利弊，孩子又会觉得你是在讲道理，想要说服他，从而产生抵触。即便最后去参加了考试，也完全达不到考试的效果。

别忘了这是个高三的孩子，十八岁了，有自己的判断能力和思考能力。我们要做的是去寻找孩子的感受，用身心去跟随，和孩子同频，帮助他梳理思绪。这样，即便孩子选择去看演唱会，他也会有替代的备选方案，因为是他自主做出的选择，就会愿意为这个选择负责。

这是妈妈尝试帮助孩子表达感受的对话：

孩子："学校居然在演唱会那天安排了考试！简直太过分了！"

妈妈："啊？这样啊！你一定很生气。"

孩子："是啊！气死我了！我等了这么久就为了这一天！"

妈妈:"一直在等,结果有考试,如果是我,肯定失望极了!"

孩子:"那当然啊!你是不知道,上次演唱会那叫一个火爆啊……"

妈妈:"真的啊!听你这么一说,我都能感受到现场那种热烈的气氛了!"

孩子:"要不我干脆不去考试了,就说生病了,溜去看演唱会。"

妈妈:"嗯,听起来是个办法,去听演唱会,不参加模考。"

孩子:"……可是,这是最后一次模考,不参加就再没机会检验自己的掌握程度了……"

妈妈:"的确是个很难的选择啊!又想去演唱会,又不想错过考试,真是让人纠结啊!"

孩子:"啊啊啊,到底该怎么办啊,烦死了!"

妈妈:"哎,确实挺让人头疼的,哪边都不想错过,哪边都担心会有遗憾。"

孩子静了下来,思考了一会儿,说:"算了,我还是去考试吧,反正再过几个月邻市还有一场演唱会,那时候我已经考完了,我可以坐高铁去。"

妈妈:"真是个不错的主意,到时候别忘了多拍点视频回来给我看看!"

这个案例里的妈妈没有做任何评判,也没有分析去考试的利弊,更没有给孩子出主意,甚至在孩子提出要逃课去看演唱会的时候,也没有立刻否定孩子的想法,而是一直帮助孩子表达感受、处理情绪,并留给孩子自己思考的空间。同时,在孩子表现出考试也很重要的犹豫时,妈妈也没有趁机对孩子进行说教,最后是孩子通过自己的思考做出了决定。

也许有人会担心孩子不按套路来怎么办?他就是坚持要去演唱会

怎么办？别着急，倾听孩子的感受，帮助他把情绪温度降下来，等他有思考空间了，你们可以一起想一个双赢的办法，去满足双方的需求。有的孩子可能会提出，把试卷拿回家，在妈妈的监督下自己模拟一次，然后打分；有的妈妈可能会接受给孩子请单独的课程辅导等等。每个家庭是独一无二的，每个孩子是独一无二的，那么你们想出来的解决办法也会是独一无二的。无论最后的办法是什么，关键是孩子自己参与决策。"选择"这个行为本身对于孩子的意义，远远大于选择的结果。它带给孩子的是一种自主感，让孩子感到他是在积极地解决问题，而不是制造问题。

先处理情绪，才能更好地解决问题。孩子因为考试而紧张，孩子担心考不好而畏缩，这些都是孩子的情绪，是孩子需要学会自己去面对的功课。无论我们是安慰他不用紧张，还是着急地给他提各种建议告诉他应该怎么做，都是越过了界限，剥夺了孩子自己面对问题的权利。当孩子遇到困扰的时候，我们不应把注意力全都放在事件上，更重要的是我们要看到孩子内心的感受和渴望。父母倾听孩子的感受，同理孩子，在他需要的时候提供帮助，而不是一厢情愿地替他解决问题。孩子的情绪得到理解和疏导，才有理性思考的空间，也才能找到最合适的解决办法。

然而我们总是控制不住自己，总是想给孩子提建议、想办法。当我们给别人出主意的时候，潜台词是：我比你强。这个信号被对方接收到，对方要么抵触，坚决不接受；要么更加觉得自己不行，依赖外在的答案。其实真正解决问题的人只能是自己。然而我们经常无心地剥夺别人独立解决问题的能力，尤其是对孩子。

我经常会听到这样的提问："我的孩子总是和小伙伴闹别扭，昨天还玩得好好的，今天就说要绝交。我要怎么引导才能让她学会处理人际关系呢?""我的孩子考试没考好,就说不要上学了,我要怎么引导才能让他爱上学习呢?""不是说父母是孩子的领路人吗?那我应该怎样引导孩子,才能让他少走弯路,养成正确的生活方式呢?"

类似这样的提问有很多,太多焦虑的父母,总是想着要如何"引导"孩子,担心自己的做法究竟会给孩子造成什么样的影响。我们一看到孩子遇到问题了,就忍不住扑上去,告诉他"正确"的方法,好让他可以找到"捷径",必须要给孩子正向的"引导",否则孩子就会误入歧途……

但是,我们真的有足够的智慧,可以做孩子的人生导师吗?我们真的有足够的远见,去为孩子规划他的人生吗?我们用"过来人"的眼光去看孩子,就仿佛开了上帝视角一样,很容易觉得孩子不够成熟,就应该按照我们说的做才能少走弯路。但有些经验,就是得自己亲身经历才能学会。因此,不必直接给他们解决办法,而是帮他们铺路,让他们自己找答案。很多时候,我们都太急于解决问题,但其实,答案永远在自己心里。

我们总说言传身教很重要,其实孩子不是听我们怎么说,甚至不是看我们怎么做,而是在学习我们是一个什么样的人。因此在日常生活中,我更愿意采用的是一种分享的方式,而不是把自己放在一个高高的位置上去教导对方。分享和教导是有区别的。分享是:我知道一些经验,我毫无保留地分享给你,是否采纳完全取决于你。教导是:我知道的东西比你的更好,你必须听我的话,照我说的去做,才能过上更好的生活。分享是不强迫,相信对方会为自己的生活负责。教导是我先进,你落后,你得按我说的来,否则你就没能力解决这个问题。

分享是出于爱,我对自己有满满的爱,我对你也有充分的信任,我们彼此之间互相陪伴,互相协助。教导往往是出于恐惧,给孩子灌输一大堆的"应该"和"必须",要么担心孩子离开了我们的引导就会误入歧途,要么担心自己做得还不够,没能对孩子起到教育作用。要么担心孩子表现得不够好,要么担心自己做得不够好。

其实每个人的内心都蕴含着力量,都有自己的内在智慧。孩子天生就有着美善的内核,我们要做的是给他们提供一个充满爱的环境。父母对于孩子的意义,并不是每次在孩子遇到难题的时候直接给他一个正确的答案;更重要的意义,是帮助孩子了解自己的情绪,获得爱的感受和温暖的连接。

我们要相信孩子有自己解决问题的能力。正是因为日常生活中我们包揽了孩子太多事情,我们不愿意孩子遇到困难,走所谓的"弯路",一遇到这些情况父母比孩子还着急,要么出一堆的主意想让孩子照着做,要么想方设法引导孩子按我们的意愿来。而这恰恰剥夺了孩子去经历、去体验的权利。孩子失去了面对困难挫折的机会,于是就渐渐变得依赖父母。等到该独立的时候,由于没有经验,他一定不容易走出父母的羽翼。这时候父母又开始抱怨孩子怎么没有主见。

父母把寻找解决问题的方法的权利交还给孩子,这一点非常重要。父母的任务是协助孩子按照孩子自己的节奏完成解决问题的步骤,而不是代替孩子完成整个过程,更不是列出一个时间排表来催促孩子解决问题。很多时候,我们总是把自己当成正确的化身,然而只要我们全然地信任孩子、在他需要的时候给予恰当的协助,当孩子的情绪可以自然流动的时候,他的内在智慧就会开始呈现。这种由内心深处生发出的美好,将会是孩子未来面对一切困难挫折的力量源泉。

当一个孩子确信自己能够通过自己的能力面对生活中的困难时,他就拥有了最稳固的安全感和力量感。这种根植于内心深处的力量,将会支持他去面对未来一切可能的艰难困苦,在遇到挫折时不轻易否定自己,在遭受失败之后仍能重新再来,即便暂时失意也不放弃坚持的梦想,哪怕是在谷底也依然能看见希望的曙光。

你眼中的问题行为，恰恰是他人的解决办法

萨提亚有一句名言：问题本身不是问题，如何应对才是我们需要学习的。这句话有两层含义，一层含义是此刻产生的问题并不可怕，关键是我们如何去应对；另一层含义是我们现在看到的问题都不是真正的问题，而是我们应对真正问题的一种方式。

例如妻子抱怨老公酗酒，想要解决他喝酒成瘾的问题。但在系统的视角下，我们看到的实际问题是，丈夫酗酒是为了逃避什么？也许是逃避工作的压力，也许是麻醉生活的不如意，也许是想逃离喋喋不休的妻子等等。酗酒，就成了这个丈夫应对这些问题的办法。

如果一个孩子逃学，这对于父母来说可能是个很严重的问题，但其实这只是个表象问题，是这个孩子想出来的解决办法。他可能是想逃避在学校里被欺负的状况，可能是无法面对考试带来的焦虑，也可能是为了反抗父母给自己的高压等等。逃学，是这个孩子应对这一切的解决办法。

很显然，酗酒和逃学都不是好办法，但那是当事人在他面临的情况下所能做到的方式。我们眼中所有的问题行为，都是那个人在当下唯一能想到的解决办法。我们要做的不是去批判这个解决办法，而是帮助他拓宽选择，找到核心需求，才能发展出更合适的处理方式。

有这样一个比喻：一个人吃树皮充饥，如果我们跟他说吃树皮不好，树皮没营养，树皮不卫生，吃树皮伤身体等等，都没用。不要去

跟树皮较劲，无论再怎么批判树皮、禁止树皮，都无法改变他的行为。要看到这是一个饥饿中的人，他吃树皮是为了活命。如果我们调整他的饮食，均衡他的营养，等他的身体恢复健康状态而不是饥饿状态时，他自然也就不会吃树皮了。

同样，很多人发展出一些问题，一些成瘾的行为，父母或家人就想纠正他的这个行为，但很可能正是这些"问题行为"才让这个人能继续活下去。

曾经有一个青少年告诉我，她是寄宿生，因为成绩不好总被老师批评，和父母倾诉时父母只会让她反省自己，专心学习。她一边承受着每天高强度学习的巨大压力，一边又被同寝室的同学排挤，每天晚上都躲在被子里哭，却又不敢太大声，怕被老师同学指责。这个时候她就会幻想自己最喜欢的明星，站在她面前对她说："你要加油，你可以很优秀的，等你考上大学来看我的演唱会。"就是靠着这种幻想的力量，这个孩子努力撑着。可在父母和老师眼里，追星是必须改掉的坏毛病，正是因为追星才导致她学习成绩下降。她收藏的海报被撕毁，攒钱购买的专辑被砸烂。表面上看起来这些问题行为都被禁止了，可孩子并没有变"好"，反而出现了更为严重的心理问题。

再拿父母们深恶痛绝的网络游戏来说。当孩子沉迷游戏、影响学习的时候，父母往往会严令禁止、没收手机，苦口婆心地给孩子讲各种道理。但孩子们往往不买账，反而引发激烈的反抗。这时父母们就会视网络游戏为罪魁祸首，认为孩子沉迷都是它害的。但是我们有没有想过，孩子为什么这么喜欢网络游戏？他们从中获得了怎样的乐趣？父母们有试着从孩子的视角去了解游戏带给他们的体验吗？

作为心理咨询师，我曾经陪伴过很多沉迷游戏而休学的孩子们，听他们给我讲述游戏带给他们的乐趣，那是他们在生活中从未得到过的乐趣。网络游戏是有不同类型的，有的孩子喜欢玩打打杀杀的，有的孩子喜欢玩组队任务的，有的孩子喜欢玩角色扮演的，有的孩子喜欢玩世界搭建的……不同的孩子从游戏中吸取的东西也不一样。我一边听他们讲述，一边思考：有的孩子在游戏当中是一个孤胆英雄，总是独自去冒险，那么他在生活中最想做的冒险是什么呢？有的孩子在游戏里扮演一个和自己生活中完全相反的角色，那么他扮演的又是谁呢？哪个才是他想活出的样子呢？有的孩子喜欢在游戏中创建属于自己的世界，那么他希望创建的内心世界又是怎样的呢？这些都是孩子们给我带来的思考。

这些孩子们告诉我，当生活和学习压力太大的时候，他们就会躲到游戏里去放松一下。父母的唠叨、老师的批评、考试的焦虑、学习的枯燥，压得他们无法喘息，只有在游戏中才能不想这些。在那个虚拟世界里，他们有朋友，有归属，有即时的奖励。他们一起组队去做任务，每个人都是不可或缺的重要角色，挑战成功之后全团欢呼。那种成就感、意义感，被需要的感觉，和对自己角色的掌控感，让他们一遍遍研究游戏攻略，一次次失败后重新再来，再怎么辛苦都乐此不疲。

父母们经常说，这些孩子要是把游戏中的劲头用在学习和生活中该有多好。那我们可以问问自己，孩子在现实生活中能体会到这些成就感、归属感、掌控感和价值感吗？如果他不玩游戏，他还能做什么？是不是只能好好学习、锻炼身体、阅读名著、辗转各种培训班？但凡有一点自己的兴趣爱好，也必须得到父母的认可，否则就会被归结为浪费时间、影响学习。在虚拟世界中断了他的精神来源，在现实世界中又没有帮他建立起来。有时我都想问问父母们，如果让你们和孩子互换身体，过一过孩子每天的生活，你能坚持多久呢？

孩子在现实中一次次遭受打击和批评，一遍遍体验挫败和无力，只有沉浸在虚拟世界里的时候，才能暂时忘掉这些痛苦。可是沉迷久了之后，势必导致现实生活和学习的进一步失利，于是更加焦虑，只能继续躲起来。这种循环因果，父母们意识不到，孩子们无力打破，只好继续逃避。

能对抗网络游戏乐趣的，只能是另一种乐趣，而不是痛苦。父母要让孩子感受到现实生活的丰富多彩、其乐无穷，孩子才不容易沉迷虚拟世界。从小带着孩子去尝试各种不同的体验，见识不同的生活面相，发现和感受生活中的各种趣味；父母和孩子之间有着各种各样的共同话题，天南地北畅聊各个领域，天文地理、历史传说、社会新闻、偶像明星……而不是除了学习、成绩、分数之外就没有任何可以说的了。如果父母们愿意在和孩子的生活互动和共同话题上花些功夫，孩子们也许不会觉得这么孤单吧。

不要妄图通过讲道理、说教，通过所谓的沟通就能让孩子明白父母的一片苦心。很多时候我们认为我们在和孩子沟通，实际上都是在自说自话。沟通的一切方法和技巧，都是建立在关系的基础之上的，而良好的亲子关系离不开陪伴、理解、尊重、信任，以及日常生活中的情感交流。离开了这些最基础的部分，所谓的沟通技巧就变成了一种话术，再好的技巧也无法深入孩子内心。就算我们把每句话都说得像教科书一样完美，但孩子依旧不愿意听。

如果一个人的内在有很多需求无法在生活中得到满足，那么他就会通过沉迷网络、小说、追星等方式来弥补。然而父母们看到的往往是孩子的表象行为，看不到他们内在的心理状态和需要。于是我们就很容易把这些问题行为归因于外在因素，把电子产品、明星、小说等视作洪水猛兽。可是就算没有手机，还有电脑；没有电脑，还有电视。

即便是我们小时候，那时也有武侠和言情的漫画、电影……于是我们用粗暴的方式去干预、管控孩子，以为只要剥夺了这些，孩子就能好好学习、不受影响了。可如果内在的根源没有解决，外在的问题就会层出不穷。

不要和玩手机、电脑，看小说、追星这些表面行为较劲，就像之前那个例子，不要和树皮较劲一样。问问自己，我们在平时的关系基础方面做得怎么样？我们有没有给到孩子精神所需？如果孩子不做这些，我们提供了什么其他有趣的事情呢？

解决问题的办法往往在问题之外。每当我们面对一个问题行为的时候，与其问该怎么办，不如先去看看，这真的是一个问题，还是他发展出来的一个应对问题的解决方法？我们要探索的是，他发展出这个问题行为是为了满足什么？为了应对什么？隐藏的核心需求究竟是什么？

问题行为也是一种解决办法，是有功能的。当我们有这样的视角时，我们的注意力就从"如何改变对方的行为"转到了"我能做些什么帮他建立同样的功能"；我们的思路也就从"他不应该追星、逃学、沉迷网络游戏"变成了"为了实现同样的功能，我们还有哪些新的选择可以尝试"。

问题行为隐含着需求，它不是我们深恶痛绝的恶习，而是我们走近对方、了解他内心的通道。只有透过表面的问题行为看到对方内心深处的渴望，才能真正理解行为的原因，也才能找到合适的方法去应对。

每个人的需求都值得被尊重

在生活中我们经常会遇到和孩子意见不一致的时候，当我们想要这样做时，而孩子偏偏想要那样做，这时候我们和孩子之间就有了分歧和冲突。遇到这种情况，父母们往往会不知所措。要么就使用权威，强行要求孩子听从自己的安排，但孩子强烈反抗，结果闹得鸡犬不宁；要么就是妥协退让，只要孩子不吵不闹，啥都由着他，但这似乎又和溺爱没了区别。

其实分歧和冲突在生活中很常见，尤其是家庭成员之间，经常会有不一致的意见产生。分歧并不可怕，如何应对和处理分歧才是我们需要学习的。

我们每个人做一件事一定有一个出发点，也就是动机，这个动机就是为了满足自己的某些需求。例如我们要吃饭，是因为不吃会饿，这是生理需求；我们看育儿书，是因为想通过学习成长，获得和孩子之间良好的亲子关系，以及和谐的家庭氛围。同样，孩子的行为背后也有着他们的需求。如果孩子的某些行为我们不能接受，与其单纯地去控制孩子的行为，倒不如去看看孩子行为背后的需求是什么。不是去要求他应该怎样做，而是去思考他为什么不这样做。

一个三年级的孩子，每天晚上写作业都磨磨蹭蹭，一会儿要喝水，一会儿要上厕所，总之就是很难坐在那里集中精力写作业。妈妈想了各种办法，讲道理、催促孩子、制定时间表、通过游戏的方式等等，刚开始貌似有效，但很快就又回到老样子。有一天妈妈终于找了个时间，和孩子好好地谈了一次，通过倾听，终于明白了孩子为什么写作业会是这个样子。

因为在一年前，妈妈刚生了二宝，于是全家人的注意力就都放在了二宝身上，而老大已经八岁了，大家都认为他是大孩子了，懂事了，于是什么都要求他自己做。这个时候他发现，只要他写作业困难，妈妈就会花很多心思在他身上，要么陪他一起写，要么用游戏的方式想让他写作业，总之就是会增加对他的关注。于是这个孩子潜意识里就不断为自己争取这样的机会，写作业尽量磨蹭，拉长作业时间，总是遇到难题。因为一到写作业的时候，妈妈就会让其他人带二宝，自己单独陪老大。原来这才是行为背后孩子真正的需求。

通过倾听和沟通，妈妈明白了孩子想要的是妈妈的关注和单独陪伴，而妈妈希望的是孩子能独立完成作业，不占用全家人一起活动的时间。于是他们就想了个办法，孩子每天完成作业之后，临睡前的一个时间都有妈妈一对一的陪伴。孩子知道只要完成作业，每天都有和妈妈单独一起玩儿的时间，于是写作业再也不磨蹭了，反而会尽快写完，来争取更长的玩耍时间。

如果父母在遇到问题的时候想到的是要如何去满足孩子的需求，那么这个问题也就更容易解决了。如果孩子想要妈妈关注和陪伴的需求没得到满足，他就会不断地争取，即便是你让他写作业不磨蹭了，他可能吃饭又变慢了；好不容易调整了吃饭问题，他可能晚上又不肯睡觉了。因此在我们不知道孩子行为背后的原因时，我们去针对行为做很多事情，可能都不会奏效。

当然，并不是所有写作业磨蹭的孩子都是这个原因，一百个不想上学的孩子背后可能有一百种不同的原因。但无论是何种情况，透过表面行为去看深层次的需求都是处理冲突的关键所在。

如果一个人感觉很渴,你跟他说,现在不是喝水的时间,这个时候不应该喝水,喝太多水不好,这个水太烫,这个水不干净……你说再多道理可是他还是渴,还是会吵着要喝水。这个时候我们只要想办法怎么样能让他赶紧喝到干净水就可以了。所以如果孩子有某个行为困扰到我们,真的要去看到孩子行为背后的需求是什么。针对这个需求去做一些改变,才有可能解决问题,否则就是按下葫芦浮起瓢。

其实很多时候我们达不成一致,是因为我们一上来想的都是解决办法。孩子要买玩具、孩子要玩手机,这些都是解决办法,而不是需求。那么要如何将需求从解决办法中分离出来呢?就是问自己一个问题:"这样做能给我带来什么好处?"这个好处就是需求。

比如我想买一辆新车,买车不是需求,这只是一个解决办法。那买车可以给我带来什么好处呢?有可能是方便,不必天天挤公交;也可能是节省时间,可以代步;还可能是有面子,满足我的虚荣心等等。这一些才是需求。只要能够满足需求的办法就都可以选择,也许不一定非得买新车才能解决。

因此,如果在遇到冲突的时候是从需求出发,我们看待问题的角度就会不同。

一对夫妻要去蜜月旅行,丈夫想去新疆,妻子想去三亚。这个问题乍一看好像无法调和。于是通常我们会使用妥协的办法:这一次先去新疆,下一次再去三亚。可是被牺牲掉的那个总是心不甘情不愿的,觉得不公平。也有可能会谈条件,妻子可能说:"我可以同意跟你去新疆,但是你得给我买个名牌包包。"好吧,这可真是现实版的"包"治百病啊。

这其实是一种"商务谈判",每个人都在出各自的价码,希望把自己的利益最大化。如果我们用这样的方式对待孩子，实际上就是在教会孩子谈条件。如果你的条件不足以吸引孩子，那他自然也不会愿意按照你的方法去做。长此以往，总有一天孩子的条件会越来越大，你终将无法承受。

但如果我们从需求出发，我们可以问问丈夫为什么想去新疆。丈夫回答，因为他希望找个有挑战的自然环境徒步。知道了丈夫的需求，我们再问问妻子为什么想去三亚。妻子回答，因为想享受阳光、沙滩、海浪、海鲜。这样我们就把夫妻二人各自的需求从解决办法中分离了出来。后来这对夫妻选择去了一个半开发的海岛，有着非常美丽的自然风光和未被破坏的环境，既可以让丈夫徒步探索，又满足了妻子对于海边风景的向往。最后双方都非常满意，蜜月也开开心心。

当我们遇到冲突的时候，不去把精力用于彼此之间的对抗，计较谁输谁赢；而是把注意力放在如何解决问题上，寻找一种方法，让我们每个人的需求都得到尊重。当我们用这样的方式去面对冲突的时候，双方是一种协作关系，而不是服从关系。我们呈现的仅仅是差异，而不是对错。

有些时候，孩子想要做一件事，我们不同意，于是冲突就产生了。但如果我们能从需求入手，问题解决起来也要容易很多。

叶儿三岁的时候，有一天晚上我需要准备第二天的讲座。给叶儿讲完睡前故事后，我告诉他："妈妈要备课，不能陪你们一起睡，你先睡觉，妈妈备完课就来。"

叶儿不干，哼唧，一定要陪。他说："妈妈，你不在这里我好孤单的，房间这么黑，我会想你，想得都睡不着了。"

我倾听了一会儿他的需求，待叶儿情绪平复一些后，我邀请他一起来想办法。

我的需求：准备明天的课程，同时早些休息，不熬夜，不影响明天的精神状态。

叶儿的需求：妈妈陪伴。

我先提议：叶儿自己睡，我去书房备课。（未满足他的需求，他想让我陪。）

叶儿提议：妈妈陪着，等他睡着了之后，我再去书房备课。（未满足我的需求，我不想熬夜了。）

我又提议：我在卧室的隔间里备课，叶儿不会干扰到我，同时能看到我在隔间里。

叶儿不置可否，同意试一试，于是我坐在隔间里备课。但我很快就发现，叶儿总是从床上爬起来，走到隔间门口看我在干什么。把他送回床去，但很快又来了。反复几次之后，我开始有情绪了。刚想发脾气，忽然想到，叶儿之所以会重复这个行为，一定是他的需求没有被很好地满足。

于是我跟他确认："叶儿，我看到你总想来看我哦。"叶儿说："是啊，妈妈，我觉得你离我好远。"我说："哦？你想离我近一些？"叶儿点点头。看来刚才这个解决办法，其实是没有满足他的需求的，他需要的不仅仅是睡前陪伴，而且是妈妈近距离的陪伴。

于是我们重新开始一起想办法，我说："嗯，你很想妈妈就在旁边陪你，这样你会睡得比较踏实。可妈妈今晚确实有工作需要完成，我们还能想到什么办法，既能让你开心，又能让我放心呢？"叶儿忽然眼珠一转，说："妈妈，有啦！你可以坐在床边备课，开台灯，这样不会照到我的眼睛。你戴上耳机，我躺在床上不说话，不会吵你。"我听着觉得不错，于是就同意了。

当晚我完成了备课，叶儿在我备课的过程中睡着了。我备课结束后也睡了，没有熬夜。第二天课程结束后，我对叶儿表达了肯定："你昨晚自己睡觉，让我有时间能够准备今天的课程，也不用熬夜。我休息好了，觉得今天上课很有精神，也更有信心了。妈妈很喜欢自己的工作，所以我会很认真，希望可以做得更好。"结果他后来上瘾了，每天晚上都不要陪睡了，让我去备课，还说要赶快长大，学好本领，因为他也要做自己喜欢的工作。

我们并不提倡父母为了孩子一味地牺牲自己的需求。孩子有权要求自己的重要需求得到满足，但同时父母也是有需求的，也有权要求自己的重要需求得到满足。当我们用这样的方式和孩子一起想办法的时候，其实也是在告诉孩子：下一次你遇到这样的困扰时，也可以来和我一起想办法，因为每个人的需求都值得被尊重。

消除影响，
而不是禁止行为

当孩子出现了我们不能接受的行为时，无论怎么说，孩子都不听，该怎么办？这大概是很多父母的困扰了。"我都说了一百遍了，可是他就是不改！"说了一百遍，孩子还是不改，这不但不能说明孩子有问题，反而恰恰反映出我们这种"说"法根本不起作用。我们应该调整的是我们的表达方式，而不是去控制孩子。

根据悉尼·乔拉德的自我表露理论，人与人之间互相真诚敞开和表达自己的感受和需求，是能够促进双方关系发展的。原本以为通过沟通能增进双方的情感连接，结果发现在现实生活中却往往是一表达关系就完蛋。因为我们平时表达的时候都是在说"你要……""你应该……""都是你……"，这样的话语里暗含了指责的意味，似乎都是因为对方没做好，才造成了现在的结果。但是没有哪一个人愿意承认是自己做错了，自己不够好，所以对方会通过反抗来表达不认同。如果想避免这种情况，当我们向对方表达我们的不接受时，不妨换一个角度，从"我"的方面来表达，就是从自己的角度出发，表达的是这件事情对我们的影响，以及我们自己的感受。

有一次我开车去商场购物，在停车场停车的时候，旁边的一辆车占用了我的车位一些空间，我就很难把车停进去。停车场的管理员就对那个司机说："你怎么停车的啊，会不会啊？你看你停个歪的，让别人还怎么停？"那辆车的司机听了后很不高兴，就想发火。

我生怕他俩吵起来，就更没法解决问题了。于是赶紧下车查看了一下情况，对那位司机说："这个车位宽度有限，现在我这边的空间有点小，我就不方便把车停进去了，我技术也不太好，万一刮到我的车，还是挺心疼的呢。"

那个司机听到之后，明显火气降下去很多，很快把车摆正了。这样的沟通方式就是从指责"你"，变成了表达"我"，话语里不包含任何的攻击和责备，所以不容易引起抵触。它其实是在向对方表达：我现在遇到了一个问题，希望能得到你的理解和配合。

有效的沟通，能够给事情带来有益的变化，同时可以维护他人的自尊，维持彼此的关系，还能够提升双方共同解决问题的能力。而当我们去批评、命令孩子的时候，虽然有时也能改变孩子的行为，但是这样的方式会伤害孩子的自尊，影响父母和孩子之间的关系，同时剥夺了孩子主动解决问题的机会，显然是无法达到我们希望的效果的。如果我们去指责孩子，就很容易引起孩子的抵触，根本不听我们在说什么。而如果我们坦诚地表达自己的感受和需求，则可以避免对方产生对抗情绪。

例如孩子把音乐声音开得很大，如果我们说："没看到我在工作吗？你开这么大声音是不对的，是不懂事的，是不体贴人的。"此时孩子接收到的是指责和批评，他心中升起的是罪恶感。但如果我们从自己的感受和需求出发来表达："你的音乐声音开得很大，我就不能集中精力专心工作了，完不成工作，我觉得很着急。"这时候孩子感受到的是："哦，原来我把声音开得太大，是会吵到别人的，我的行为会给别人带来这样的影响。"明白这一点，孩子会升起一种责任感。因为没有感到被指责，这时孩子会更有意愿配合，调整的可能性也会更大。他会知道，如果自己把声音调小，别人会更放松、更舒服，从而自发地把声音调小，消除他的行为对你造成的影响。

不少妈妈发现，当自己不再使用批评的方式对待孩子后，孩子感受到了被尊重、被理解，也会很愿意配合。但有时候我们也会有一些误解。我们认为我们表达了自己的想法，孩子就应该理解并乖乖听话。这实际上是把有效表达的方式当成了控制孩子的工具。沟通是为了让孩子的行为不造成不良影响，而不是通过沟通的方式温柔地控制孩子，让孩子只能按照我们的要求做。

有一位妈妈说，她的儿子在厨房里用小桶和瓶瓶罐罐玩水，于是她说："宝贝，你在厨房玩水，桶和瓶子放在地上，妈妈可能会绊倒，也不方便准备午饭了呢。"孩子听了后说："那我去厕所玩。"妈妈说："你在厕所玩也会把水弄到地上啊，等一下我还要收拾。"孩子说："等一会儿我跟你一起收。"妈妈继续说："你又收不干净，还不都是我来弄。"孩子就发脾气了："不行！我就是要玩！"于是妈妈很疑惑，我已经真诚表达自己了，孩子为什么就是不听呢？

这里其实我们可以看到，孩子一直在配合妈妈想办法，消除自己的行为可能带来的影响，但妈妈真正想要的是孩子停止玩水这个行为。当我们表达自己的感受和需求的时候，将对方的行为对我们造成的影响告知对方，是在邀请对方做出一些调整，从而消除这个行为对我的影响，而不是完全禁止对方的行为。

所以我们一定要知道，当我们不能接受对方的行为时，这件事情对我的影响究竟是什么，是什么原因导致了我不能接受对方的行为。因为同样的行为，对于不同的人来说，影响也是不同的，我们的表达自然也就会不同。

例如妻子在家里准备了一大桌的饭菜，但丈夫下班后没有按时回家。对于有的妻子，她可能会这样表达："老公，你说好六点回家吃饭，现在八点才回来，我准备了好多菜都没能和你一起吃，我觉得好失落哦，因为我很想和你一起共进晚餐。"丈夫感受到了妻子爱的需求，可能会回答："噢，真是抱歉，我下次一定早点回来。"

而对于另一些妻子，她们知道丈夫是因为工作原因导致不能按时回家，确实不是能改变的，对于她们来说，这个事件的影响可能是，丈夫回来晚了，妻子得重新热一遍饭菜。如果是这种情况，这些妻子的表达方式可能就会是："老公，你说好六点回家吃饭，后来八点才回来，我就得重新热一遍饭菜。这段时间晚上我需要固定听课学习，这会影响我时间的安排，我觉得有些为难。"这时如果老公回答："那下次我回来晚了就自己用微波炉热一下饭菜吧。"这其实也是帮助妻子消除了晚归这件事对她的影响。

我们做内外一致的自我表达，是为了告知孩子这件事情对自己的影响，同时邀请他一起来想办法，消除这个影响。这时候孩子会有选择，有路可走，也就更愿意配合，事情也就得到顺利解决了。而不是要求孩子必须按照我们的意愿来，倘若他不配合，那我们就只能带着落空的期待，独自失望了。如果直接禁止孩子的行为，孩子感到路被堵死了，那自然会强烈反抗，坚决不听。

如果我们清晰地表达自己的需求，那么孩子也会明白，妈妈不同意我的这个行为，并不是因为我不够好，而是因为我的行为可能给别人造成什么影响。由此孩子自发地调整行为，这也是在培养孩子的责任心。

一位妈妈分享了她和四岁儿子之间的对话：

妈妈："宝贝，你在家里玩扭扭车，车头很容易刮坏墙壁和柜子。要是柜子弄花了，墙不好看了，妈妈要心疼呢。"

孩子想了想，说："是不是只要我不刮坏墙壁，你就同意我玩扭扭车呢？"

妈妈原本是想着就不能在家里玩，但听孩子这么一说，觉得很有道理，于是回答："对哦！如果不弄坏就可以玩啊。"

孩子立刻跑进房间，找了个棉花套把车头包了起来，还真的就不会刮坏墙壁和柜子了。

这是孩子主动想办法，配合妈妈消除影响。而妈妈想要的只是墙和柜子不被破坏而已，并不是完全不允许孩子玩扭扭车。因此，当我们能够和孩子一起想办法，而不是禁止孩子的行为时，孩子通常也会很配合。因为他知道，只要不影响到别人和环境，他就可以做这件事，那么他就会积极开动脑筋想办法，并形成这种思维模式。下次再遇到类似问题时，孩子也会主动考虑到父母或他人的感受，用一种不影响别人的方式去实现自己想要的。

什么样的规则孩子更愿意遵守

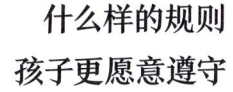

如果我问，孩子需要规则吗？估计大家会马上回答：当然！没有规则那不就成了放任溺爱了吗？

没错，规则是非常重要的。孩子们都知道，如果做游戏不遵守规则，游戏就无法进行下去。同样，生活中如果没有规则，事情就会乱套。尤其是当孩子进入社会之后，不守规则会寸步难行。所以，规则的重要性是毋庸置疑的。

但现在一些推崇"自由教育"的父母们，误以为规则是自由的对立面，是对自由的限制和束缚，为了给孩子最大的自由，不去对孩子的行为做任何约束。其实这是对规则和自由最大的误解。规则是大家共同制定并遵守的、保护所有人自由和权利的共同约定。规则的存在，不但不是对自由的限制，反而是一种保护。

我家小区正对着一个十字路口，每天我们过马路的时候，都会在人行横道根据红绿灯的指示通行，车辆和行人都遵守交通规则，井然有序。后来由于路面维修，有近一个月的时间红绿灯失灵，行人和车辆都变得非常"自由"。然而这时路况就变得拥挤堵塞，而我们在过马路的时候，也会特别担心随时呼啸而过的车辆。没有了规则，大家反而觉得担心害怕，无所适从。

同样，对于孩子来说也是如此。规则带来的是有序的生活，是内心的安全和安定，也是孩子走向集体、走向社会时维护自己和尊重他人界限的前提。然而现在很多父母走进了一个误区：只定规则，不讲道理。这里的"不讲道理"，并不是说规则本身没有道理，而是父母们并没有明白规则存在的意义。如果给孩子制定的全部都是限制性规则，他们就会认为规则是在剥夺自己的权益，那自然会心生抵触，不愿执行了。

曾经听到一位妈妈说："我们家的规则是自己的事情自己做，东西从哪里拿就要放回哪里去，按时吃饭睡觉，不可以打人，不可以未经同意拿别人东西，玩具玩完了要归位，不可以在规定的时间外吃零食，别人在休息时不可以大声喧哗……这些规则全部都列成清单贴在了墙上，如果没有做到，那就是有后果的，只有这样才能让孩子学会自律。"

我听了有些头皮发麻，于是问："那执行效果怎么样？"这位妈妈说："大部分还能遵守，只不过每次都需要花点力气去压制。而且孩子可狡猾了，总是喜欢钻空子，总能找出还没有写到的地方。所以每周都会有一些新的规则，要补充一次清单内容。"

听了这番话，我似乎脑补出了一张越来越长，直至覆盖整面墙的规则清单。这似乎已经不是规则了，而是惩罚条例。规则不应是由一方制定，另一方没有选择，只能执行。这样的规则只可能有两种结果：要么孩子不敢反抗，只知服从；要么偏偏不服，于是不断挑战、钻空子，以至于你不得不在规则线上下和孩子斗智斗勇。结果规则越定越多，条例越来越细，你得不断紧盯着孩子的一举一动，最后身心俱疲、两败俱伤。

通过规则让孩子学会自律，这本身并没有错，然而自律并不是靠我们单方面的规定就能形成的。如果孩子只能服从规则，做不到就要受惩罚，那就会让孩子把注意力放在如何不被抓住上面，这样形成的只能叫作"他律"。自律，是无论有没有人监督，都在心里知道自己要做什么和不做什么，是一种自我约束的能力。这显然不是仅仅通过制定和服从规则就能达到的。

自律的人的约束行为是"道德感"驱动，是发自内心觉得自己不应该做任何对不起家人、社会、自己的事情，即使没人看到也不能做亏心事，否则就会受到良心的谴责。而他律的人的约束行为是"羞耻感"驱动，也就是说不管做了什么亏心事，只要别让人抓住就行，抓住了丢人，没抓住就没关系。这种说法虽然不见得全面，但确实形象地说明了"自律"和"他律"的区别。

譬如早些年发生的北京野生动物园老虎袭击人的事件，尽管有参观协议、注意事项、安全警示牌和广播通知，可是这位游客还是无视这一切，打开车门走下车。而造成这一悲剧的很大一个原因就在于对规则的漠视。同年宁波动物园一名游客为逃票翻越围墙进入虎园，最后命丧虎口的事件，再次将遵守规则的话题推向舆论顶峰。这两名游客并没有意识到动物园制定的这些规则都是为了保护游客自身的安全，他们可能仅仅把这些规定当成了一种限制，和从小到大一直以来受到的限制一样。因此只要不被抓到，那稍微违反一下也没关系。然而最终带来的，却是以生命为代价的惩罚。

这就是不理解规则存在的意义的悲剧。如果规则被等同于限制，等同于对抗，这无疑是可悲的，也是父母们不愿意看到的情况。如果规则带给双方的是更多的对抗、更多的情绪、更多的烦恼，父母不得不花更多的精力在控制上，那这种规则就是需要去质疑的。以强硬的态势去压制孩子，收获的只会是反抗。即便是给孩子立规矩，也不是去跟孩子较劲。一旦陷入了和孩子争输赢的局面，无论最后结果是什么，都是你输。

规则意识的建立，不在于你的声音有多大，不在于你可以如何惩罚，而在于你是否真正考虑到了双方，在于孩子是否信服你，在于你是否能够共同执行规则并自觉遵守。因此，我们可能要看得更深一层的是，我们为什么要给孩子立规则。

前面说过，规则是大家共同制定并遵守的、保护所有人权利和自由的共同约定。规则的作用是为了保证我们的日常生活可以顺利进行，是为了维护双方的感受和满足大家的需求，这样的规则才是合理的、人性化的、容易执行的。我们不是规定"不可以打人"，而是让孩子知道，打了别人对方会疼，同样也没有任何人可以侵犯你的身体；不是规定"不可以抢玩具"，而是"玩具被抢了，小朋友会伤心"，同样你的玩具你也拥有所有权，未经你的同意其他人也不可以擅自拿走；不是规定"不可以大声喧哗"，而是帮助孩子明白，过大的声音会影响别人休息，同样你也拥有不被他人打扰的权利……

例如我在工作的时候，如果叶儿进来打扰我，我不会跟他说："妈妈工作的时候不可以打扰，这是规则。"而是告诉他："你现在很想妈妈陪你一起玩，妈妈还有一点工作没有完成，你在这里我就不能集中精力了，我觉得有点着急。我希望可以尽快完成工作，这样就有更多的时间陪你玩了。"

这时孩子会明白，自己的感受和需求很重要，对方的感受和需求也同样重要。孩子通过自发地调整行为来满足双方的需求，这也是在培养孩子的同理心和责任感。同样，孩子也会知道，如果他不打扰我，我就可以更快地完成工作，反而有更多的时间陪伴他。而且，当他在做自己感兴趣的事情时，也有权利要求自己不被其他人打扰。那么，遵守规则其实也是在维护他们自己的需求。如果遵守规则可以保护自己的权益而不是剥夺权益，那孩子自然也会愿意去执行。

我带孩子们去淘气堡玩的时候，有一条滑索是孩子们的最爱，每次都排很长的队。于是我就饶有兴致地在一旁观察孩子们的状态。在旁边没有成人维护的情况下，一群四五岁的孩子，自发地排队等候。每个孩子滑下去之后，会从一旁的楼梯走上来，自动排在队伍的末尾，几乎没有插队的现象。很偶然地会有新来的小朋友站到前面，这时其他小朋友就会告诉他要排队。

我不由得惊叹孩子们自发形成的规则意识。在我们的印象中，四五岁的孩子，在家里可能需要我们不断提醒才会心不甘情不愿地遵守规则，可是为什么在没有大人监督的情况下，反而更能形成自己的规则呢？因为孩子们内心很清楚，只有遵守规则，游戏才能进行下去。如果自己插队，看起来好像暂时排在了前面，但这也意味着其他人也可以插队，那最后的结果就是乱成一锅粥，谁也别想好好玩了。

因此在规则方面，我比较赞同国际上通用的"三不原则"：不伤害自己；不影响他人；不破坏环境。这三条原则在最大程度上维护了双方的感受和需求。而在此规则之内，孩子就享有充分的自由。只有这样，规则才是有意义的，也是大家乐于遵守的。

我家那两只"雄性幼崽"，年龄只相差两岁。男孩子精力充沛，攻击性强，如果我规定"不可以打架""不可以抢玩具""要互相谦让"等等，那估计"不可以"会越来越多，而我也早就累坏了。与其制定那么多规则，不停地查漏补缺，还不如从小教会他们为自己的感受和需求负责，同时尊重他人的感受和需求。

在经历了多次冲突和调整之后，弟弟学会了如果想玩哥哥的玩具，就要用自己的去交换，而不是直接动手抢；同样，哥哥在计划周末活动的时候，也会考虑弟弟喜欢玩的项目，给弟弟做好安排，最大程度地保证自己想要的行程不受影响。

如果一个孩子总是不愿意遵守规则，我们可能要先质疑一下规则的合理性，以及制定方式和执行难度。若规则太过僵化，或者只是父母单方面的规定和压制，那孩子自然不愿意遵守。孩子会更乐于遵守那些他们自己参与制定的，并且真正顾及到自己需求的规则。

同样，在制定规则时还要考虑到孩子的年龄，有一些在我们看来非常简单、理应做到的事情，对于年幼的孩子来说却是很有难度的。这时候也需要我们做出适当的调整，进行步骤分解，协助孩子共同完成。

如果规则本身没有问题，但孩子偏偏总是违反，这个时候我们可能要去看看，是不是平时我们和孩子的关系出现了问题。倘若孩子感受不到关爱，心里充满了压抑和愤怒，那他很可能会通过挑战规则的方式来表达自己的反抗。这种情况如果我们只是一味地给孩子制定规则，是不会有好效果的。这时候应该先去理解他行为背后的情绪和需求，修复和孩子之间的关系，让孩子重新感受到爱的连接。

对于家庭来说，规则就是一个大框架，是为了维护所有人的感受和需求。当孩子们学会表达自己的感受和需求，同时考虑他人的感受和需求时，他们会自发自觉地遵守规则，甚至自己制定规则。

家有俩宝，如何调停无休止的纷争

随着生育政策的放开，越来越多的家庭有了两个以上的孩子，而这对于我们这一批已经习惯了独生子女生活的父母们来说，无疑是一个巨大的挑战。

很多书籍和文章都强调，父母们应该对所有的孩子一视同仁，绝对平等，这样才能让孩子们感觉公平。然而这个概念其实是很误导人的，也使得父母在对孩子的情感出现不同时会感到内疚，甚至产生罪恶感。我们经常说做父母的对待两个孩子要公平，要一样；但是，真的可能一样吗？对于两岁的孩子和十岁的孩子，你的态度肯定是不同的，而他们的需要也是不一样的。如果只是为了公平，一味地去追求一样、相同，其实并不是真正从孩子的需要出发。

同样，他们是完全不同的两个人，我们对他们的欣赏和喜爱也一定是不同的。就好比孩子既爱爸爸，也爱妈妈，但是他对于爸爸和妈妈的爱，也是不一样的。我们不会去比较孩子对父母的爱，既然如此，也没有必要要求自己对每个孩子都完全一样，但这并不妨碍我们去爱他们。

何况，即便是我们跟孩子强调，我们对他的爱和对弟弟的爱是一样的，孩子恐怕也不会这样认为。父母对孩子的爱是怎样的，孩子有自己的判断和感受，不是我们强调或要求就能达到效果的。

如果总想着要公平，那在每件事情上你都会想要去当法官，因为要公平嘛。但是，爱的重点是质量，而不是相同。对于多子女家庭，要传递的是父母和孩子之间独有的爱的连接，而不是绝对的公平。不要拿两个孩子互相比较，我们要让孩子知道，他在这个世界是独一无二的，我们对他的爱不会因为任何人而改变。父母对每个孩子的爱都是唯一的，因为孩子自身就是独一无二的。

家里有两个以上的孩子，冲突是不可避免的。但我们不必过分担心，因为这也是孩子们建立关系的必经过程。孩子们之间的冲突并不是每一次都需要父母的介入，很多时候他们是可以自己处理的。通过冲突，他们也在建立属于他们自己的连接，同时也在逐渐形成自己的社交能力。

通常情况下，我对于孩子们之间冲突的介入标准是两点：第一，孩子是否求助。第二，是否会有危险，或出现较大的肢体冲突。如果孩子来寻求我们的帮助，我们当然不能袖手旁观，但不代表所有的事情都由我们去替他们解决，而是看看我们能够做些什么来协助孩子。同样，如果发生了较大的肢体冲突，我们也需要将孩子们暂时分开，做好保护。

有时候虽然孩子们之间有冲突，但他们会自己尝试解决。父母不必一看到孩子争执就立刻扑上去替他们想办法、摆平一切，这样其实是在剥夺孩子面对冲突、解决问题的机会。有时候孩子并没觉得有多大的事，被父母们一搅和，反而觉得事态严重了。

对于多子女家庭来说，每个孩子都渴望拥有父母的爱，如果对爱的需求没有得到满足，那么对物质的争夺就会永远无止无休。表面上争的是东西，其实争的是爱，是理解，是关注。当孩子们发生冲突的时候，父母要做的不是去评判对错，而是帮助双方表达自己的感受和需求。

有一次，叶新吃一块蛋糕，吃了一半，把剩下的放在茶几上就去玩了。叶儿走过来看到了，就把蛋糕吃完了。过了一会儿叶新回来，发现蛋糕被吃了，立刻哇哇大哭，并冲上去打了哥哥一拳。哥哥还手，两人打成一团。

我走过去把他俩分开，一只手搂着一个。叶儿气冲冲地说："弟弟打我！所以我就打他！我要打他一百天！"

我说："嗯，弟弟打你，你很生气，恨不得打他一百天才解气。"接着转过头对叶新说："你打哥哥，哥哥会疼。"

叶新喊道："谁叫他吃我蛋糕了！我不同意！打死他！"

我："嗯，哥哥没经过你同意就把你的蛋糕吃了，你觉得特别生气。"

叶儿嚷着："他把蛋糕放在那里，我又不知道，我以为他不吃了。"

我："原来是这样，你以为弟弟吃完了，于是你就把剩下的吃掉了。"

叶新："可是我还没吃够呢！"

我："还没吃够，要是还有就好了。"

叶新哭咧咧："可是已经没有了。"

我："是啊，没有了，真可惜。"接着转过头对叶儿说："弟弟的蛋糕被你吃了，他很难过。"

叶儿看了看弟弟快要哭的样子，小声说："我是真的不知道，我也不想他这么难过的。"

叶新听了哥哥的话，身子似乎软了下来，说："你下次能先问我一下再吃吗？"

叶儿点点头说："好的。"随后走回自己的房间，拿了一块饼干和一个玩具，出来递给叶新，说："这是我送给你的，我们一起玩吧。"

我并不会跟孩子强调"哥哥应该让着弟弟",或者"做了错事必须道歉"。孩子之间都是平等的,不存在谁该让着谁。年龄大不是强迫他吃亏的理由,年龄小也不应该成为被纵容的借口。同时,如果孩子心里并没有歉意,强迫他去道歉是没有任何意义的,甚至有可能会让孩子把道歉当成挡箭牌,觉得反正我已经道歉了,你又不能拿我怎么样。真正的歉意,是能够体会到对方的感受,从而由内心生发而出的。这时即便是没有口头的道歉,孩子也会通过行动来表达。

在两个孩子的冲突中,袒护任何一方都是不公平的,但也不必为了追求公平而把家庭变成法庭。介入孩子的矛盾中时,我们应该是协调者,而不是法官或者陪审团。争执对错并不重要,重要的是孩子们在冲突中学会了什么。帮助他们把各自的感受表达出来,当我在倾听一个孩子的感受时,其实也是在对另一个孩子传递表达信息。只有双方都了解彼此的感受,被理解也理解对方,才有可能生出体谅之心。

孩子是在冲突中学习交往的,而不是靠提前制定的规则。我们可以试想一下,即便是我们提前规定"自己保管好自己的东西",或者"吃东西之前先问一下归属"等等,孩子也不一定能够马上理解、记得并自觉执行。而体验是最好的学习,在这次的事件中,不需要我的说教,他们也知道了东西不乱放、拿东西之前要询问,以及做了错事要道歉。

当两个孩子发生冲突的时候,先帮助他们彼此表达感受,再协助他们共同解决问题。当孩子的感受可以自由表达的时候,孩子会觉得被理解、被尊重,这时他们也会更积极地投入想办法的过程中。

除了表达感受之外,父母在协调孩子之间的冲突时,也要让孩子们明白双方的需求,然后从需求入手,和他们一起来寻找大家都满意的解决办法。

叶儿五岁生日的时候,爸爸送了他一辆滑板车,这下两个小家伙可热闹了,都抢着要玩,谁也不让谁。看着他俩每天都要为滑板车争执,总是得调解,我也有些郁闷。于是有一天看他俩刚吃完饭心情还不错,我就叫上他们一起,看看有什么办法能够解决这个问题。

我:"滑板车是送给哥哥的生日礼物,但你俩都想玩,有的时候就会打架,这让我觉得很为难。给弟弟玩吧,但车是哥哥的;不给弟弟玩吧,又觉得有些不忍心。你俩总这样争来争去的,我也协调不过来。可是我也不想再买一辆滑板车,总是买两件一样的,妈妈的钱包也受不了。"

叶儿:"车是我的,我要说了算,我让他玩他才可以玩,我不让他就不能玩!"

我:"哦?你是想自主安排自己的东西,你有决定权。叶新你呢?"

叶新:"我只想玩。"

嗯,听起来叶儿的需求是拥有物权,独立自主。叶新的需求是有机会玩车。而我也有需求,我不想花太多钱买重复的东西。于是我说:"好啊,那我们一起来想想办法吧,看看有没有什么方法,让我们大家都开心呢?"

叶儿听了,呱唧呱唧一口气说了好几个:"我让他玩他就玩,我让他停他就停。""我白天上幼儿园的时候他可以玩,我回来了就还给我。""我们可以一起玩,但我要来控制方向。弟弟站前面,我在后面掌舵。""妈妈你去买个双脚滑的滑板车,和这个不一样,我俩换着玩。"

我又问叶新有没有什么办法,叶新说:"我坐滑板车,哥哥推我。"过了一会儿,又说:"我用飞艇和他换着玩。"

每个人都七嘴八舌地说了一堆后,我们就一起来看这些想到的办法。第一个叶儿说的"我让他玩他就玩,我让他停他就停。"叶儿听了后自己说:"弟弟肯定不会听我的,让他停的时候不停,那我又要打他了。"接下来叶儿提出来的"可以一起玩，但我要来控制方向。"这一条又被他否定了，他说弟弟太重，两人一起会摔跤。

最后剩下来几条：哥哥上幼儿园时，弟弟玩车；买一个不一样的滑板车，两人换着玩；弟弟坐车上，哥哥推；弟弟玩车时哥哥玩飞艇。这几条是我们都同意的，于是当天我们就开始执行。

白天叶新玩够了滑板车，到了晚上似乎也不怎么想和哥哥抢了。等哥哥从幼儿园回来，两人一会儿互相推，一会儿滑着滑板去接飞艇，玩得不亦乐乎。很快叶新生日时，我又买了一辆蛙式滑板车，于是两个孩子每天吃完饭后，各自骑一辆在小区里游戏追逐，互相交换，别提多开心了。当然，毕竟他俩年龄小，有时还是会有争抢的现象，那时候我就再次邀请他们一起来想办法，通常用不了几分钟，两人又嘻嘻哈哈地玩开了。

有人可能会疑惑，干吗费这个劲呢，直接买两个一模一样的不就解决了吗？确实，这也是一种方法。但在现实生活中，我经常听到父母们说，即便是买一模一样的，孩子们还是会觉得对方的比自己的好，要么这里新一点，要么那里亮一点，依旧觉得不公平。而且，你并不可能所有东西都永远买两个一模一样的。如果不想总是陷入纷争，教会孩子解决问题处理冲突的方法，比每次都买双份更有效。

如果两个孩子都很喜欢同一款玩具，我也会毫不犹豫地买给他们。但如果只是看到对方有，自己就想要，这时候即便买了回来，玩具很快也会被丢在一旁，孩子又开始为其他事情争吵了。经过几次这样的问题解决方法之后，我家俩娃很快就发现，他们各自选择自己喜欢的玩具，哪怕不一样也没有关系，因为他们既得到了自己最喜欢的那款，又可以互相交换玩耍，比每次买一样的可要划算多了。

想办法并不难，难的是我们能不能转变我们的态度，把孩子也包括进来，成为解决问题的一员。虽然有时候孩子想的办法可能天马行空，压根不可行，但重要的是让孩子觉得他是在努力参与解决问题，而不是制造问题。

带着孩子一起想办法，而不是我们去吩咐、命令孩子。这样，我们也在教会孩子们如何参与解决问题。帮助孩子形成这样的思考方式，无论是现在，还是将来，无论是在家里，还是他们进入复杂的社会中，这样的方式都能让孩子受用。

第三章

家庭环境，
给孩子爱与支持的氛围

童年得到的爱，
是未来生活中的光

很多妈妈给我留言说，在有了孩子之后，她们就开始了自我成长的道路。确实如此，孩子的内心是最纯净透明的，它就像一面镜子，能够映照出我们内心曾经的伤痕、黑暗的角落、和不被我们察觉的行为模式。对于妈妈来说，有了孩子之后，仿佛一下子被拉回了自己的童年记忆。那些早已遗忘的伤和痛重新被勾起，在不经意间提醒着我们，还有功课没有完成。这也让我懂得，所有的妈妈都是带着两个孩子负重前行，一个孩子是眼前的娃，一个孩子是过去的自己。

心理学里有一个现象叫作强迫性重复，说的是我们很容易在潜意识的驱使下，不知不觉中重复某一类型的经历。强迫性重复可以理解为一个人小时候形成的关系模式的不断复制。这种重复又被称为原生家庭轮回的链条，而很多时候，我们以为它是命运。形成强迫性重复的原因很复杂，其中有一个原因是，我们从小被植入的各种信念和规条，在我们长大之后依旧无意识地运作着，影响着我们的生活。在我们觉察之前，就会受它们的影响和束缚。

有一次我带两个孩子去泡温泉，驱车一百多公里，到了目的地之后，叶儿忽然告诉我他忘记带游泳镜了。那个温泉有一个配套的温泉水上乐园，两个孩子都说要有泳镜才好玩。而我在出门之前就把他的泳镜放在门口的鞋柜上，还提醒了他好几次。所以当我刚一听到他说他忘带泳镜的时候，简直都要气炸了。我首先冒出来的念头就是："我都提醒你那么多次了,你居然还忘,你有没有一点责任心啊?没带活该,谁让你自己不记得,那就自己承担后果吧!看你下次还长不长记性!"

这番话语是在我头脑中第一时间冒出来的,我还没有说出来,叶新就说:"妈妈,你给哥哥买一个吧,温泉这里就有卖的,没有泳镜哥哥就不好玩了。"叶新并不知道我头脑中的那些声音,而是最直接地表达了一个解决问题的办法。可是我根本听不进去,我的大脑被一个声音充满了:"忘带了就买一个?那不知道接受教训怎么办?以后都可以不记得带咯?"

于是我不同意,忍着脾气想敷衍过去,就对叶儿说:"下次再带,这次就算了。你和弟弟共用一个,两人轮换着用。"可我们进入温泉乐园后,叶儿一直闷闷不乐。我以为他看到各种水上游乐设施会很开心,但他一直在纠结泳镜的事情,完全没有了玩的心情。我看到后,心里满是怨气:"我这么好心好意带你们出来玩,花了这么多钱,开了这么远的车,你们居然不开心!真是不领情,小兔崽子白眼狼!"

我憋着一肚子的气,走到柜台前一看,一个很普通的泳镜在外面买只要一二十块钱,在这里买要六十八块。我瞬间火又起来了,脑海中一下子响起了另一个声音:"果然出来玩就是浪费钱,还不如在家待着,没这么多事儿。以后哪儿也别去了,真是花钱找罪受!"

这句话我实在是太熟悉了,所以一蹦出来的时候立刻就惊到我了。这是我父母的话,在我脑海中响起的是我父母的声音。我没和他们在一起生活已经十多年了,可是遇到这样的事情时,我的头脑中第一时间响起的还是他们的声音。我在原地顿了顿,稍微消化了一下,然后开始审视自己的这个念头。

在我小时候,家里经济条件不是很好,父母很少能带我出去玩。

我很羡慕别人家的孩子可以和爸爸妈妈一起出去旅游,去游乐场。但当我提出我也想去的时候,他们就会对我说,旅游就是浪费钱,吃得差,玩得不开心,到处都是人,出门就是花钱买罪受,还不如在家里看电视里的风景,还更清楚一些。

小时候的我无力辩驳,于是慢慢地我也就接受了这个解释。但我没想到的是,我不单是接受了这个解释,我还把这个观念直接内化了。想起前几年出去玩,明明我已经工作挣钱了,可是只要外出我就特别节省,能不吃的就尽量不吃,能不玩的就尽量不玩。以至于明明是去旅游的,但什么特色小吃、特色景点我都没有体验,都只是看看,走个过场,拍些照片,然后安慰自己:看啊,我也到处去玩了,多好。现在想想,表面上这是在节省,但实际上是对路费和时间的极大浪费啊。

再想想眼下这件事,我们几个人花了近千元的门票,又驱车一百多公里来泡温泉,可谓是下了大成本。现在因为一个几十块钱的游泳镜,要搞得这一次出游的所有人都不愉快,这才是最大的浪费。

而且说实话,我也并不觉得孩子通过这件事情就能记住教训,今后永远不会再忘。因为我们成年人偶尔也会忘记带东西,并不是我们不知道后果,而是有的时候就是会疏忽。如果我用这件事情的后果来惩罚他,他更可能记住的是这个超级不愉快的经历,而不是我想让他接受的教训。

所以,如果去掉我头脑中的各种声音和演绎出来的各种剧情,事情就变得很简单,就是要不要买一个泳镜。想到这里,我的气就消了,给他买了个泳镜,叶儿非常开心,后面的时间都玩得很尽兴。回家之后,他从鞋柜上拿了忘带的泳镜,和新买的放在一起,小心地收好。而我也很庆幸自己没有因为一时赌气,毁掉一次全家外出度假的愉悦。

我曾经在一个工作坊里演过即兴舞台剧,展现不同的养育风格,我领到的即兴表演角色是扮演一个虎妈。那一次我惊奇地发现，我完全不需要准备时间，不需要排练，也不需要想台词，就可以非常流利地对着扮演孩子的伙伴说出一连串的指责、批评、讽刺、各种大道理等等，还完全不带重样的。扮演孩子的同伴完全没有招架的空间，被我整治得服服帖帖。表演结束后大家纷纷说我演得特别真实，有共鸣，但其实他们不知道我那就是本色出演。

在我小时候，听到的这样的话语实在是太多了，就像有一个存储量巨大的数据库一样，不限量下载，我根本不需要思考，随便就可以信手拈来，滔滔不绝。如果我没有开始学习，不断觉察，那我恐怕就是这样的母亲，想想还真是挺可怕的。

看到这里可能有人会问，那孩子就是丢三落四怎么办？难道都不用他承担后果吗？其实帮助孩子建立良好的习惯是我们平时的功夫，比如带着孩子一起整理书包，收拾房间，外出旅行准备行李，提前列一个清单对照着去安排等等。然而生活中经常是我们包办了孩子的很多事情，当孩子年龄还小的时候，我们怕他做不好，怕他会忘记，于是全权负责，安排好一切。等到我们觉得孩子已经足够大了，就忽然变为要求孩子自己收拾好一切，带好所有东西，记得每天的安排。

孩子需要的是经验，在他小的时候我们带着他一起去做，他就会从经历中学习。带着他做的次数足够多之后，就自然形成了习惯。同时要允许孩子有时候做不到，在做不到的时候，他更需要我们的帮助，而不是斥责和挑剔。

不必为了让孩子接受教训，就故作凶狠地对他们说："连这么点小事都做不好，你还有什么用？""这次再出错，看我怎么罚你。"被这样对待的孩子，也许他能记住，下一次会更小心，但他也记住了那种恐惧的感觉。这样的孩子将来很有可能遇到一点小事情就会全面崩溃，因为他的抗压抗挫能力已经过载了，他只会看到自己又做错了，又没做好，将会遭到严厉惩罚。

这些孩子，战战兢兢、小心翼翼地避免犯错，却不曾被温柔相待，不曾有人告诉他："没关系，办法总比问题多，我会和你一起面对。"我们往往过于依赖惩罚的效果，而不敢相信"相信"的力量。内心被信任和爱灌注的孩子，才有力量在遇到困难时不被压倒，不会陷于恐慌之中，而是会开始思考："我遇到了一个困难，那我们来一起想办法吧。"

我们在生活中的每一点一滴，都是在告诉孩子，遇到事情可以怎样思考。孩子就是我们的镜子。

有一次我买了一袋草莓，和叶儿一起坐车回家时，路上遇到另一辆车突然调头。司机赶紧一脚急刹，叶儿的背包倒了下来，刚好压在草莓上，草莓就被挤扁了。当时是孩子拿着草莓，所以他特别难过。

我在安抚了他的情绪之后，对他说："有一个词叫不可抗力，你听说过吗？"

他摇摇头，很好奇地问："什么叫不可抗力啊？"

我说："就是在一件事情里没有任何人做错，但结果却不那么尽如人意，不是我们能控制的，就叫不可抗力。"他听了以后似懂非懂。

后来这件事过去很久了，我都已经忘记了。有一年叶儿过生日，想去滑冰。我家离滑冰场很远，开车绕了大半天才到，走到前台一看，因为机器坏了需要维修，滑冰场暂停营业。当时我是挺失望的，因为那天是孩子生日，我们花了好多工夫大老远赶过来，花费的时间不说，本来抱着那么大的希望兴冲冲的劲头，结果却滑不了。我正在组织语言，想着要怎么跟孩子解释这件事，怎么安抚他的情绪，因为在我看来他是肯定会哭闹的。

叶儿看了一眼停业通知，又趴在栏杆上望着空无一人的冰场发了会儿呆，扭过头来对我说："妈妈，你还记得你以前告诉我的不可抗力吗？这大概就是不可抗力吧。"我忽然一下子好感动，也有点惭愧，因为我默认了他是会发脾气的。

我挺不好意思地对他说："哎呀，这么大老远跑过来，却没有滑成冰，我以为你一定会不高兴呢。"他回答："以前我打烂了草莓，你也没有怪我啊。而且你不是说了吗，不可抗力就是谁也没有做错事情啊。"

我还在感动当中，一时没接话。叶儿又说："好了妈妈，我们去楼下吃冰淇淋吧，生日就是要吃好吃的呀。"于是我俩跑到楼下，一起吃了一个超级大的冰淇淋，然后开开心心地回家了。

孩子真的是一种神奇的生物，你给他一点爱，他就回报给你巨大的爱。

曾经有一个提问："什么可以促使一个人改变？"有人回答是爱，有人回答是对美好事物的追寻。在各种五花八门的答案中，有一个选项一直高居前列，那就是：孩子。我们总是渲染母爱有多么伟大，但真正伟大的，是孩子对我们的爱。这份爱是那么全然，那么纯粹，那么义无反顾。

很多妈妈都会发现，自从有了孩子以后，自己似乎脱胎换骨，变了一个人。这正是因为，孩子给了我们无条件的爱，融解了我们内心的坚冰，唤醒了我们的灵魂，重新赋予了我们爱的力量。在这个过程中，我们的孩子一直都在陪伴我们，帮助我们，照见我们。

有这样一句话："幸运的人一生都在被童年治愈，不幸的人一生都在治愈童年。"一个人曾经体会过多少爱，内心储存了多少幸福，就有多少力量抵御外界的挫折和痛苦。童年得到的爱，是未来生活中的光。你现在为他心灵所搭建的每一砖一瓦，都是将来他抵御生活中困难挫折的城墙和堡垒。

由育儿引发的家庭大战，争的究竟是什么

叶儿刚出生的时候，我就像护崽的母兽一样，看谁都不顺眼。月子里，叶儿爸把叶儿抱在手上，好奇地颠过来倒过去，一会儿给他翻个身滚几圈儿，一会儿又抻抻胳膊拉拉腿。我咆哮了："别碰他！这么剧烈的运动怎么行！万一伤到筋骨怎么办！"之后叶儿爸每次试图接近叶儿的时候，我都会虎视眈眈地盯着他，生怕他一个闪失，就会伤到这个稚嫩的宝宝。叶儿爸自觉没趣，就干脆每天窝在书房里玩电脑。我也不觉得有什么不对，正好不给我添乱，他也落得个清闲。于是就创下了一个记录：叶儿六个月了，爸爸抱他的时间加在一起不超过六小时。

随着孩子慢慢长大，我自以为看了几本新概念养育的书籍，整天把爱和自由、接纳、尊重挂在嘴边，似乎全世界就只有我最懂孩子了。家人若想插手，我通常开头一句就是："你别……，这样会给孩子造成……"大道理满天飞。

时间长了，我觉得这样的家庭氛围一点都不是我想要的。既然我能接纳每个孩子都是不同的，为什么我不能接纳家人对待孩子的方式也会有不同呢？既然说允许生活的多样性，为什么又不允许家人用他们的方式来爱孩子呢？

叶儿从小就非常喜欢爸爸，特别乐意和爸爸在一起。但叶儿爸一直在外地工作，因此父子相聚的时间就更为珍贵了。于是我尽可能地

创造机会让他们父子俩单独相处，哪怕是叶儿爸用我不那么认可的方式对待叶儿，我也不再生硬地阻止，而是去营造一种机缘，创造一些机会，让他们一起去做一些有趣的事情。

因为叶儿爸有着大老爷们儿的粗线条，所以叶儿也曾由于爸爸照顾疏忽而生病、磕得额头乌青，但他还是义无反顾地亲近爸爸。我终于明白，爸爸有权用他的方式来陪伴孩子，那就是他们父子的互动方式。无论如何，爸爸在叶儿心中的地位，是我这个做母亲的无法替代的。

当我们学习了新的育儿理念时，会特别希望家人也能来和我们一起学。有时候妈妈们会强行拉老公来参加课程，或是要求老公读育儿书，画重点，还要发表读后感。因为我们会有一个观点：父母双方保持一致，才是对孩子好的教育。

而我们这样做，会给伴侣无形的压力，让他想要反抗，想要逃离。于是我们认为老公不上心，就继续施压、灌输理念，导致老公更加抵触，就这样进入了一个循环。我们从最开始抱怨老公"陪伴孩子的时间少，质量差，不接受新理念"，到后面就升级成为"无法沟通，不理解我，不关心孩子的成长"。然而，当我们如此热切地希望伴侣和我们一起学习的时候，我们要想一想，这究竟是孩子的需要，还是我们自己的需要？

当我这样问自己的时候，我首先想到的是，如果老公能来一起学习同样的理念，就证明了我的理念是正确的，我的育儿方式是最好的。这样我的付出就有意义、有价值了，我在育儿方面自然就拥有了话语权，我也就可以得到全家的认可了。这样想想，就仿佛找到了组织给我撑腰，而不是像现在这样，总是被否定被质疑。

其次，如果他也知道这些理念和方法，那么当我遇到搞不定的事情的时候，至少他能理解我，可以支持我、帮助我，我也就不至于又要管孩子、又要纠正家人对待孩子的错误方式，而总是把自己弄得焦头烂额了。

第三，如果我们秉承的是同一理念，我们就不会因为育儿而有那么多的争执和分歧了，我可以省心省力，我们的关系也可以变得更融洽了。

经过这样的觉察和思考后我发现，由育儿问题引起的我们对婚姻的焦虑和不满，是因为除了期待爸爸的参与能够让孩子更加健康地成长之外，我们自己还有着更深层次的需求和渴望。我们希望自己在家庭中的付出得到肯定和认可，希望有更加融洽的亲密关系、更加和谐的家庭氛围，以及基于这一亲密关系的自我发展和认同。当我们能够觉察到这一点的时候，也许就可以将关注点从爸爸育儿的观念和方法上移开，去看看我们可以做出哪些改变和努力，来实现自己内心的渴望。

如果我们总把视线盯在是非对错上，认为自己是对的，老公的做法是错的，我们的内心就已经下了这样的一个评判。然而对于老公来说，他也认为他是对的，我们才是错的。但如果我们把视线从对错上面收回来，看到我们和另一半的不同，只是不同，不是对错，那么我们就从二元对立，来到了多元。我们之间只是差异，而不是一定要争个谁对谁错，谁好谁坏。

真实的生活，是父母们各自做真实的自己。孩子可能会看到父母之间有矛盾、有差异和分歧，但同时他也会看到父母是如何处理这些差异和分歧的，这对于孩子来说是非常好的情商和爱的教育。孩子会看到，爸爸是这样的，妈妈是那样的，那我也可以有我自己的样子，我可以和别人不一样。

孩子也会因此而知道：妈妈陪我讲故事是爱我，爸爸带我玩游戏是爱我,奶奶给我买零食是爱我,爷爷让我看动画片是爱我。所有的人都很爱我,只是大家爱我的方式不一样。每个人表达爱的方式都不同,孩子也有权去经历他自己生活的多样性。人们是因为相同而连结,因为不同而成长。正是因为人和人之间的不同,才构成了这五彩斑斓的世界。

说起夫妻在养育方式上的分歧,现在流行一个词叫"丧偶式育儿",说的就是现在很多家庭教育中父亲缺位的现象。有些时候是因为爸爸还没有习惯父亲这个身份的转变,这需要爸爸们意识到自己新的身份,担负起应有的责任,给自己的妻子以支持,从而给孩子一个父亲的形象。

而另一种情况,是父亲们有参与育儿的意愿,但因为没有经验,做不到让妻子满意,被批评了几次后,积极性受到打击,就干脆不参与了。妈妈们都很希望爸爸能够多参与孩子的生活和教育,可是一旦看到爸爸带孩子的方式不如己意,就开始批评、唠叨、指责和抱怨,不但没有达到自己想要的效果,反而将爸爸越推越远。

例如我的一个学员,她老公带孩子的方式比较粗放,会让孩子在地上滚,或者玩土玩沙,甚至去爬树,经常把孩子弄得脏兮兮的,也偶有磕碰受伤。于是她就总是唠叨,当爸爸和孩子在一起的时候,她总会叮嘱这个也不行,那个也不能做,时间长了,爸爸就不愿带孩子了。

要想让父子之间建立起亲密的关系,就要让爸爸们有意识地参与照顾孩子的工作,多创造一些机会,给爸爸和孩子单独相处的空间,让他们一起去做一些有趣的事情。当爸爸体会到带孩子玩耍的乐趣和成就之后,自然也会更乐意参与了。

叶儿三岁时和爸爸单独出去玩了七天。最开始,叶儿爸发信息来炫耀:"我把儿子骂哭了,我要他不准哭,他说,我就哭一会会儿就不哭了。"我咧咧嘴,把内心呼啸而过的一万匹马压了回去。隔了两天,又发来一条:"我又把儿子骂哭了,我说,哭一会会儿就别哭了啊。他说,不行,我要哭好长时间!"

我没忍住哈哈大笑,父子二人都在调整自己的方式啊。要是以前,我一定会抓心挠肝,担心会不会对孩子造成伤害啊,会不会有心理阴影啊,然后就开始埋怨。但现在,我分明看到一个从不允许哭到可以哭一会儿的爸爸,和一个敢于明确表达自己需求和情绪的孩子。父子二人都在这样的互动中彼此学习,共同成长。

如果遇到较大争议时,我会尽量以尊重和爱的态度去沟通,去处理分歧。这样既营造了家庭成员之间爱的氛围,也会让孩子看到你是如何处理自己和别人的不同。有时,我也会邀请孩子一起来想办法,我会对他说:"嗯,这件事情在妈妈这里是没有问题的,但是爸爸不同意,因为爸爸可能会有一些担心。妈妈很在意你,也很在意爸爸,你们的感受同样重要。我们能不能一起来想个办法,既能让你高兴,也能让爸爸放心呢?"这样既表达了对爸爸的爱和尊重,又表达了对孩子的理解和支持。孩子就是在这样的过程里,学会如何处理自己和他人的分歧。

没有谁天生就会做父母,爸爸们也需要在和孩子的互动中学习。在这样的过程中,他们才能建立情感连接,学会彼此之间的相处方式。即便爸爸照顾孩子的方式可能不那么细致,我们也不应去指责、批评,而是去做爸爸与孩子之间的桥梁。放松心态,不要因为担心爸爸会给孩子带来伤害,就一直将孩子护在身后,将爸爸隔离。只有精神放松了,父母的状态才会好起来,才能相应地带动孩子的状态好起来。

与其强行要求一致,不如让孩子看到真实的关系和生活。不同的观点并不可怕,真正可怕的是整个家庭成员都不允许有分歧而只能服从某一方。这种被强制的统一,才是画地为牢的禁锢。分歧不是问题,如何处理分歧才是我们需要学习的。家人之间处理矛盾甚至冲突的方式,也是在向孩子展示如何内外一致地表达自己,如何有效地和他人沟通,如何既保有自我又尊重对方,以及如何共同合作、达成目标。

曾经有一位学员来参加课程,在第一天分享时说起老公的不支持,很是伤心。老公认为她来参加学习是加入了什么传销组织,被洗脑了,于是一直很反对。

三天课程结束后,这位学员很疑惑地问我:"老师,咱们的课程是自带能量场吗?我这几天回去也没来得及对老公使用你教的方法,甚至因为我忙着复习预习都没怎么和他说话,可为什么他整个人好像都变了呢?我晚上回家的时候,他已经买好了菜,还提醒我第二天上课别迟到。究竟发生了什么?"

我当然不知道原因。后来过了一段时间,这位学员又找到我说,她终于明白了为什么老公会忽然发生那么大的变化。

原来在她第一天课程结束后,她老公趁她不注意时翻看了她的学员手册,因为担心她真的加入了什么传销组织,想要看看她一整天都在学什么。在课程开始时,我曾经带她们做了一个练习:写下现在最困扰你的、你最想解决的问题,以及为自己的学习设定一个目标,希望通过学习达到一个什么效果。

这位学员的孩子年龄还很小,所以她写的都是想改善和老公的沟通问题,她写道:老公每天下班回家都看起来压力很大的样子,我想帮他分担,但不知道要如何开口。而她所设定的目标是:希望有良好的夫妻关系,有和谐的家庭氛围,以及等到年老之后,孩子们都离开家了,可以和老公一起相濡以沫,携手游历大好河山。而这一切,都被老公看到了。虽然她老公嘴上没说什么,但内心的触动可想而知。

人不会因为指责而改变，我们愿意改变，是因为爱。

只要整个家庭的氛围是融洽的，即便是看待事情的方式有不同，也不会影响家庭成员之间的感情。这对于孩子来说反而是一件好事，因为他能够获得更多的视角，也会有自己的选择。他会明白每个人都是不同的，生活可以是灵活、开放的，不同的意见都是值得被尊重和考虑的。而这所有的不同，都不会影响我们之间的爱。

你对孩子的教育，
究竟是出于爱，还是出于恐惧

如果我问："你相信自己的孩子吗？"你一定会回答："当然相信！"可是，真的吗？我们在意识层面都知道，孩子是独立完整的个人，他们和我们是平等的。然而在潜意识层面，我们却往往给孩子贴上一个"小孩"的标签。他们是小孩，我们是大人，小孩当然应该听大人的。

因此，我们对待孩子和对待大人的方式也是不同的。如果你的朋友跟你抱怨说她不想上班了，你也许会很关切她发生了什么，最近状态如何，遇到了什么烦心事等等。但如果孩子说："我不想上学了。"我们可能就没法这么平静了。各种担心、焦虑扑面而来，内心万马奔腾：啊？这么小就不想上学了？那以后考不上好中学怎么办？上不了好中学，进不了好大学怎么办？将来找不到好工作怎么办？难道一辈子啃老？那我这脸可往哪放啊？

于是，我们从孩子一句简简单单的话语中，就仿佛看到了他悲惨暗淡的一生。我们不相信孩子，看不见真实的孩子，我们只看到自己内心的恐惧，一直在头脑里上演着这样的"科幻恐怖大片"。

一位妈妈忧心忡忡地问："我儿子才四岁，一发起脾气来就说要打死这个打死那个，还要把谁谁谁打成肉酱。他才这么小就这么暴力，要是不严加管教，将来岂不是要去杀人放火？"这样的担心其实很典型，孩子的语言引发了我们自己的恐惧，在这个恐惧下去揣测孩子的行为。我们内心有太多恐惧，所以第一反应是："如果不严加管教，这个孩子将来肯定完蛋了。"为了避免这样的事情发生，我们会采用各种手段，比如说教、讲道理、惩罚，或者干脆把孩子打一顿，让他知道错了。这样的教育，就是出自于恐惧。

但如果我们对孩子的教育是基于爱、基于信任，我们首先看到的就是孩子的愤怒。这时候我们的反应是："发生了什么事情让孩子这么愤怒呢？"基于这个反应，我们才会去了解事情的起因，去看看孩子的内心经历了什么。

其实我们自己有时候也会说一些充满情绪的话，例如："我不想上班了，我要辞职！""这老板有毛病吧？真想踹死他算了！""啊！好烦躁啊，好想死啊！"但我们并不会真的这样去做，而只是在宣泄情绪。情绪并不等于行为。

很多时候我们混淆了孩子的情绪和孩子的行为，误以为孩子的话就是他即将要去做的事情，但其实并不是这样。孩子说这样的话，并不代表他真的要这样去做，他只是在表达他的愤怒。他需要我们去倾听，去帮助他缓解情绪。但我们会害怕，会担心，会以为他说的就是真的。这就是我们的恐惧，是我们对孩子的不信任。

有一位妈妈说，她的儿子十岁，在学校不愿意和同学一起玩，而是一个人看漫画。最开始妈妈总是纠结："这孩子是不是在学校受了排挤啊？""这么不合群，长大也不懂得人际交往，以后会吃亏的！""是不是被老师批评了？还是被同学欺负了？这心理素质不行啊，一点小挫折都受不了，今后到社会上怎么办呢？"这就是妈妈的纠结又跑到了头脑中，拿着头脑编出的故事自己吓自己。

在这样的恐惧驱使下，妈妈想通过沟通改变孩子。

妈妈："老师说你下课一直在看漫画，你怎么不去和同学一起玩呢？"（质问）

孩子："不想和他们玩。"

妈妈："你怎么这么不合群呢？你要多和同学打交道，多结交朋友，学会为人处世。你这么内向，以后到社会上可怎么办！"（指责）

孩子不说话。

妈妈："你不能总看漫画啊，看那些能学到什么？你看你上次考试排名都退后了，你不能总这样下去啊！你是学生，要把学习放在第一位，你到底知不知道学习的重要性啊？"（说教）

孩子："知道了，烦不烦。"

妈妈："你这是什么态度？再这样下去，所有的漫画书全部没收！"（威胁）

孩子转身走进自己的房间，"砰"的一声把门关上了。

类似这样的拉锯战在家中持续了很久，妈妈觉得孩子不合群，总想让他多参加集体活动，同时又担心他沉迷漫画，为此绞尽脑汁，可是孩子依旧我行我素。慢慢地，妈妈发现自己的方法需要调整，开始学习改变沟通方式，并不断修复和孩子之间的关系。母子二人的亲子关系越来越好，孩子也逐渐愿意表达了。有一次，妈妈尝试通过倾听走进孩子的内心。

妈妈："老师有跟我谈起过，这段时间你下课时和放学后都是一个人在教室里看漫画，几乎从来不参加集体活动，我有些好奇，不知道发生了什么。"

孩子："和他们玩没意思。"

妈妈："哦？你觉得和同学一起玩没意思。"

孩子："嗯，他们现在都在玩××卡牌，我看了几次，那个规则很难。"

妈妈："规则很难，你担心自己玩不好。"

孩子:"如果我玩不好,他们肯定不愿意带我玩的。"

妈妈:"是哦,如果玩不好,大家不带你玩,你一个人被落在旁边,一定很孤单。"

孩子:"他们肯定不会带我玩的。妈妈你不是说,无论做什么事情都要做到最好,要不然就干脆别做了嘛。那我现在做不好,我也不要做了。"

妈妈:"(停顿了一会儿)我平时这样要求你,让你觉得压力很大。"

孩子:"对啊,反正我什么都做不好。"

妈妈:"你觉得自己总是做不好,这种感觉一定不好受。"

孩子:"谁叫你总是表扬哥哥,哥哥什么都做得好,我什么都做不好!"

妈妈:"(沉默)妈妈这样做,让你觉得很不公平。"

孩子:"我也有做得好的地方啊,为什么你从来都看不见?"

妈妈:"你做得好的时候,我没有肯定你,还总是拿你和哥哥比较。"

孩子:"是的,一点都不公平。为什么事情必须要做好才能去做?如果我不去做,我怎么知道我能不能做好呢?"

妈妈:"是啊,不做怎么知道做不好呢?"

孩子:"说不定我要是试了,也能很厉害呢。"

妈妈:"对哦!"

孩子:"我找鹏鹏去,他上次说可以教我玩的,我学会了就可以和大家一起玩了!"

妈妈:"好啊!"

在这次的对话里,妈妈没有说教、讲道理,没有指责、贴标签,而是全然地倾听孩子,体察孩子话语背后的感受,带着满满的爱,带着关切,去看看孩子是不是遇到了什么困难,自己可以做些什么来帮助他。当妈妈带着这样的心和孩子交谈时,孩子也逐渐变得清晰通透起来。当孩子不被评判,而是可以自由表达想法和感受的时候,他才不会把力量都用在对抗上,才能开始思考,接下来才会知道要如何去做。而只有通过倾听,我们才会知道孩子内心的想法究竟是什么,究竟是什么在困扰孩子。

有一次我在讲课时举了我孩子的一个例子,一位爸爸说道:"老师,你相信你的孩子是因为你的孩子值得信任。我的孩子不一样,他不值得我信任,我不能相信他。"我听了后觉得很奇怪,就问道:"你为什么觉得他不值得信任呢?"这位爸爸说:"因为他总是做出错误的选择。如果他能选对的话,我也会放心交给他选啊,但他总是选不合适的那一个。"

我听完之后很感慨。这位爸爸虽然表面上给了孩子选择,但其实在内心早就做好了自己认为最合适的决定。而当孩子的选择和自己想的不一样时,他就会收回给孩子的选择权。这其实是搞反了因果。不是因为孩子值得信任,我们才相信他;而是因为我们相信他,他才会变得值得信任。同样,不是因为孩子能做出正确的选择,我们才放心让他选;而是因为我们愿意尊重他的选择,他才能慢慢学会做出适当的选择。

要知道,"正确"的选择是从经验里得到的,而经验恰恰是从"错误"的选择里摸索出来的。从小尊重孩子的选择,让他们有探索承担的自由,并和孩子一起面对选择的结果,共同探讨其他的可能性,这样孩子才能由内而外生发出责任心和自我负责的意识。

如果我们不信任自己的孩子,就会生出各种担心、各种"万一",这时候我们的注意力都在自己的恐惧里,迷失在自己的想象中,根本看不见眼前的孩子内心的真实渴望是什么，他究竟是在为什么事情而困扰。这个时候我们和孩子是背离的。而如果我们相信孩子，就只需要去感受孩子的感受，倾听他、陪伴他、帮助他，孩子会在爱里向着光成长。

我们对孩子的教育，究竟是出于爱，还是出于恐惧，区别是很大的。同样，我们对待孩子的方式，让孩子感受到的是爱，还是恐惧，这个区别也是很大的。

如果我们倚仗自己的权威，对孩子使用命令、威胁、指责、打骂……孩子也可能会服从，但那是出于恐惧。当有一天这些恐惧不再有威慑力的时候，我们的权威也就荡然无存了。而如果我们带着关心，去看到孩子行为背后的感受和需求，孩子体会到的则是理解和尊重。当亲子关系是建立在理解和尊重的基础之上时，反抗自然会化于无形。我不希望孩子服从我是因为害怕我，我希望孩子愿意考虑我的感受是因为爱。

穿越头脑的恐惧，
看见真实的孩子

我们总是说要看见自己、看见对方，可是很多时候我们只看到了事情的经过，却忽略了事件背后的细节；很多时候我们只看到孩子的行为，却漠视了行为背后隐藏的渴望。

看见，听起来是那么容易，但真正做起来却很难。回想我们的成长经历，有多少次我们觉得自己的想法和感受被父母、老师、伴侣真正理解了呢？当我们的需求、想法和感受被漠视的时候，我们实际上在对方面前是不存在的，于是我们的心门就关上了，开始学会用头脑生活。

生活中的我们很擅长用头脑分析，这件事为什么不该做，那件事为什么要这样选择。但在咨询中做自我探索时，当我问对方："发生那件事情的时候，你的感受是什么？""当你有那样的想法时，你的内心感受有什么变化？""你的渴望是什么？""说这番话时，你此刻的感受是什么？"这时候大家回答我的往往都是想法和观点，是评判和对错，而不是感受。我们很难说出自己的感受，无法用语言描述出自己的真实感觉，我们的头脑和心是背离的，我们感受不到自己的感受。

分析是我们最擅长的，当一件事发生的时候，我们会自动化地开始分析这件事，这是我们的逻辑习惯。遇到问题要分析，却没有顾及到自己内心真正的感受。我们总以为头脑能掌控一切，却很少去遵循自己的内心。头脑负责观点，而心负责感受。心被压抑了，心里有了情绪却试图用头脑去解决。于是我们给自己讲一堆大道理，不断压抑自己的感受和需求，把每件让我们不舒服的事情都合理化。因此，很多时候我们会发现自己很不情愿地去做一些我们认为必须去做的事情，却很少去思考，我真正想要的是什么？我想过什么样的生活？

回到我们和孩子身上，当孩子出现状况的时候，很多时候我们的注意力会被事情的对错所吸引，而忘记了孩子内心真正的感受和渴望。我们会用自己代入对孩子的评判，我们认为孩子理应和我们拥有一样的想法和感受。

有一位学员曾经跟我分享过她印象非常深刻的一件事：在她很小的时候，每天早上妈妈总是会煮一锅很烫的粥，并催促她快点吃完去幼儿园。她有好几次都告诉妈妈粥很烫，可妈妈会尝一口，然后说："哪里烫了？一点都不烫啊。"她说了很多次，然而妈妈并不以为意。但是她真的觉得非常烫，于是吃得很慢。妈妈着急，就会喂她吃。一大勺浓稠的热粥灌到嘴里根本化不开，她被烫得说不出话，又害怕被妈妈责怪，只能忍着咽下去，而马上下一勺热粥又填了进来。

有一天早上赶时间，妈妈又在很急地喂她吃粥。滚烫的粥让她觉得整个嘴里都很疼，实在咽不下去，她再也忍不住了，大哭起来。妈妈诧异地问："你哭什么啊？"她抽泣着说："粥，粥实在太烫了！"妈妈觉得莫名其妙，嗔怪道："烫你就说啊，这么点儿事有什么好哭的呢？说一声不就行了！"当时这位学员觉得特别委屈，因为她之前已经说过无数遍了，可是妈妈并不相信，因为妈妈不觉得烫。直到她被逼得大哭，妈妈才终于把粥放凉一点。

也许这就是很多家庭亲子之间无法顺畅沟通的原因吧，当孩子心平气和地向我们表达感受和需求时，总会被我们认为无理取闹、小题大做、矫情、作……我们体会不到孩子的感受,于是就认为它们根本就不存在。我们随意否定孩子的感受,直到有一天,孩子只能通过歇斯底里、大哭大闹的方式向我们表达诉求,我们才会觉得这件事情可能确实需要调整一下。但同时又会责怪孩子,有什么事情不能好好说呢?干吗非要闹这么大动静。可是,孩子已经说了很多很多次了!

如果我们不能放下自己头脑中先入为主的判断,我们就很难看见真实的孩子。于是我们对孩子说我们"认为"正确的道理,说我们觉得他"应该"有的感受……而当太多太多的"我认为"汹涌而来的时候,孩子就被淹没了。我们没有看见孩子,我们只是在重复自己头脑中的声音。如果我们能清空这些嘈杂的干扰,去听听孩子真正想说的是什么,看见孩子内心的需求,你就会发现,很多时候都是我们头脑中的恐惧和担心在左右我们的判断。

叶儿刚上一年级的时候,当时叶儿爸在另一个城市工作,两个城市很近,也就两三个小时的车程,通常周末爸爸就会回来陪两个孩子一起玩。有一次因为爸爸周末要出差,就周四回来了,于是周四晚上我刚一回家,叶儿就对我来了一句:"妈妈,爸爸回来了,我明天不想去上学了。"我那天正好心情不好,听他这么一说,就直接回了一句:"你想得美。"叶儿一下就不高兴了,说:"我不要上学,偏不去!"我瞪了他一眼,恶狠狠地说:"不可能,你以为你还是在幼儿园吗?想不去就不去?做梦吧!"

叶儿很委屈,瘪瘪嘴哭了起来,径直跑进房间,缩在床角上哭。我当时也在气头上,没去管他,先进洗手间开始洗脸刷牙。一边洗漱就一边想:"这孩子,这么小就不想上学了,今后不好好读书,天天不想上学怎么办?"我狠狠地漱了一大杯水,继续怨气冲天:"还找理由说爸爸回来了,那以后每次爸爸回来都不要去上学了吗?什么想在家跟爸爸玩，都是借口，还不就是想拿爸爸的手机玩。爸爸也不管管，这以后要是染上网瘾，可怎么得了？"我一边刷牙一边气鼓鼓地想这些，手上用的劲儿也越来越大，感觉牙刷毛都快被我刷秃了。

刷完牙之后用冷水洗了把脸，我稍微清醒了一点，站在镜子前面深深地吐了一口气，然后开始审视自己的想法。我发现我被各种各样的念头和预设填满了，我可以密密麻麻罗列出一大堆"现在不怎么样，将来就怎么怎么样了"类似这样的论调。而这样的句式通常反映的都是我们内心的恐惧和焦虑。在这么多的恐惧和焦虑下，我没有去听孩子究竟想说的是什么，我完全没有了解他的想法，就被自己的担心遮住了眼睛，又哪里还看得见孩子呢？

识别出这部分之后，我问自己，我头脑中的声音说的是真的吗？我的想法就是绝对正确的吗？我以为的就是事实吗？我担心的事是一定会发生的吗？

问完自己这些问题，我已经基本平静了下来。我走到房间去，看到叶儿还在床上躺着，小声抽泣。我对他说："刚才我那么大声凶你，你一定很难过吧。"

他很委屈地说："就是！"

我说："我都没给你机会说话，就直接拒绝了你，还冲你嚷嚷。"

孩子说："对呀，你知道什么呀，爸爸说现在博物馆有个埃及文化展，他想明天带我去，因为周末他不在，而且周末人太多了，根本看不到什么。"

我听了一愣，确实这个是我不知道的，我只知道他那段时间对埃及木乃伊很感兴趣，但我不知道有这个展览。而我在了解事情原委之前，就已经跑到了自己的预设里，我认为他就是想逃学好在家里和爸爸一起打游戏。

于是我对他说:"原来是这样啊,你是想明天和爸爸一起去看埃及文化展。"

他说:"这个展览是全世界巡展的,每个城市就停留很短的时间,如果我这次没看成,那它不是白来了吗?"

我回答:"对哦,那可不就是白来了嘛。"

叶儿本来一直缩在床角,听我这么一说,忽然坐了起来,然后爬到我坐的位置,坐到我腿上,对我说:"所以我明天不想去上学了,你能跟老师请假吗?"

我说:"好,我觉得你说得很有道理,我去和老师请假。"

叶儿听我这么一说,忽然用双手环住我的脖子,对我说:"妈妈我好爱你!"我也顺势抱了抱他。

我没有跟他说我的担心和焦虑,也没有问他会不会这次请假了以后就总是找理由让我请假。因为那些焦虑是我的功课,我要在自己这里消化,而不是强加到孩子头上。

这件事情过去到现在已经很多年了,叶儿再也没有出现过不想上学要请假的情况,就算是爸爸要出差什么的,他也没有提过要请假。我的担心根本就没有发生。相反,孩子非常通情达理,有一次聊天的时候他对我说:"妈妈,你还记得上次我们吵架的事吗?以后要是我们又有不同意见了,我们不要吵架,我们来商量吧。上次我说得更有道理,你就听我的了,那下次如果你有道理,我也愿意听你的。"这个刚上小学的孩子,用他稚嫩朴实的语言告诉我,尊重和理解是相互的。只有被倾听的孩子,才会倾听他人的意见;只有被理解和尊重的孩子,才会愿意理解和尊重他人。

孩子并不会因为我们的包容和接纳而得寸进尺,他只会感受到他是被爱的。那些因为溺爱而变得毫无责任心的孩子,其实是因为溺爱往往伴随着包办，目的还是为了控制孩子。于是就把对孩子的满足变成了一种条件："我都对你这样了，你还不怎样怎样？"或者"好好好，我答应你，只要你不怎样怎样。"这一些满足都附带了条件，孩子认为这一切都是交换得来的，当然不会领情。而无条件的爱并不是无条件满足孩子的一切，而是在满足的时候不讲条件，在不能满足的时候真实坦诚。

很多时候，我们对外在世界的看法，就是我们内在世界的呈现。当孩子出现某个行为的时候，我们对这个行为的解读，就是我们内心的投射。看到孩子不收玩具，我们就会想，哎呀，这养不成好习惯可怎么办？孩子偶尔玩玩电脑游戏，就会担心，这以后要是沉迷网络怎么办？孩子想要买玩具，就会纠结，这以后看到什么就要买什么，不知道勤俭节约怎么办？孩子一哭一闹，又会担心，以后凡是不满足的就都用哭闹来要挟我怎么办？于是，我们根据孩子现在的一些阶段性行为，就开始编写他未来的人生剧本。有这么多的担心和恐惧在，我们就很难看到现实中的孩子。

如果希望孩子养成归位的习惯，就带着他一起去做；如果觉得过多使用电子产品不好，就以身作则树立榜样，同时给孩子提供其他更丰富的体验和环境；如果感觉和孩子交流有问题，就积极调整状态，创造有效沟通；同时看到养育是一个整体，偶尔的放松不会导致孩子行为偏差走上歪路。如果你觉得一种生活状态是好的，那就活出这种状态来，而不是莫名地焦虑不安。

有些父母对孩子非常严苛，紧盯着孩子的一举一动，生怕自己没有严加管教，孩子就会误入歧途。他们制定严格的规则，孩子必须遵守，否则就严厉地惩罚。还有一些父母，可能又走进了另一个极端。他们小心翼翼地跟在孩子后面，不敢约束，一味放纵，生怕自己哪里没做好，就会给孩子留下无穷大的心理阴影。这两种态度其实都是出自内心的恐惧，只不过前者是恐惧孩子不够好，后者是恐惧自己不够好。这一切，都和爱没有关系。

这些年我在全国各地讲课时收到了父母们的各种提问，其中被问到最多的类型就是："孩子要买玩具，答应他今后会不会贪得无厌？""要不要让孩子吃些苦，否则会不会太娇惯？"还有"要不要现在提前给孩子一些挫折教育，这样他将来会更成功。"最开始我还会比较正式地去回答这些问题，后来发现，根本回答不完。因为这些观点背后都是深深的恐惧和焦虑。父母如果陷在头脑的恐惧中，无论我们举多少例子、讲多少道理，都无法打消他们内心的疑虑和担忧。

当我们有这样类似的担心的时候，不如回过头来问问自己，为什么我们那么害怕满足孩子？我们是什么时候被灌输了"满足孩子就等于宠坏孩子"这样的概念？为了不宠坏，于是就不满足，这个逻辑成立吗？同样，为什么我们对于"为了将来能成功，现在一定要吃苦"这样的论调深信不疑？为什么现在市面上众多看起来完全不着调的训练法，只要一暗示"有助于孩子将来成功"，父母们就会趋之若鹜？现在吃苦了，将来一定能成功吗？如果不成功，我们要如何面对孩子、面对自己的失望呢？成功又是由谁来定义的呢？

还有一些父母总是很喜欢问"怎么办"。针对孩子的一个行为，希望我能给一个具体的方法，只要回去照着做了，孩子的问题就解决了。当我向他们解释孩子这种情况的成因时，他们又会说："你不用说这么多，你就直接告诉我要怎么办就行了。现在孩子大了，我们学习也已经来不及了，你就告诉我怎么把问题解决了吧。"

可是我没办法指挥父母们应该怎么办，养育孩子不是程序输入，不可能说出一二三，你回去做了，孩子就四五六了。"怎么办"其实已经到很后面的步骤了，之前还有很多基础要打扎实，很多铺垫要做好。例如亲子关系决定了孩子是否愿意和你沟通，家庭氛围决定了孩子内在的安定和稳固，有效陪伴和以身作则决定了孩子行为习惯的建立等等，这些都需要父母们运用自己的智慧，在生活中慢慢地发现和领悟。

我们所有的学习都是去学习另一种思路，另一种视角。需要我们在现实生活中，运用自己的智慧，去面对真实的孩子，用属于我们的独一无二的方法，解决我们独一无二的问题。如果仅仅是去照搬别人的方法，你会发现方法总有用完的一天，而问题似乎层出不穷，越来越多，最后束手无策。

养孩子不是使用电器，没有现成的说明书去操作。即便你阅读了再多的育儿书籍，也是为了回到你自己的内心。书籍是帮助你从更多的角度了解孩子，而不是代替你去思考、去行动。无论读了多少书，一定要记得，所有的知识和方法都是为协助你理解孩子而服务的，最终还是要看你真实的孩子，而不是照搬书上的道理。

如果被恐惧蒙住双眼，我们就很难听到孩子内在的声音。如果我们能够听到孩子内心有什么样的感受，他才可能和我们一起分享内心的渴望。你不一定要完全接受孩子的行为，但至少要能听到他的内在发出了什么样的声音。如果不能面对我们自身的恐惧，我们就会不断去抓取、去控制孩子。生活是成长修行的最好道场，在你的恐惧没有化解之前，任何具体的方法都不能让你安心。

我们要时刻保持思辨的思维，觉察自己的内在。这样我们在和孩子相处的过程中才能不被头脑的妄念带走，才能看到眼前、当下这个真实的孩子。每个孩子的情况都不同，听到不同的孩子内心不同的想法和感受，才能用一种宏观的视角，看到养育的整体。

所有的方法都是
帮助我们找到爱

不知大家是否会发现，有一些父母，他们没有学习过什么育儿知识，也不知道那么多方法和技巧，但是他们对孩子所表现出来的那份爱，是那么天然，那么不着痕迹。

我曾经看到过一篇教师记录，这个记录里的故事深深地打动了我。做记录的这位老师在一所贫困山区的小学支教，带那里的孩子一起做手工、绘画、游戏等等。这位老师的课是每天下午放学之后半小时开始，来上课的是四五年级的学生，自愿报名参加。在一段时间之后，这位老师发现，有一个名叫小石的男孩，每次上课都会迟到五分钟。

老师觉得很奇怪，这个课程是自愿参加的，如果不喜欢，可以不来。可是为什么这个孩子报了名却每次都要迟到呢？但是他并没有先入为主地下判断，也没有因为迟到而批评小石，而是带着这个疑问，每次上课之前，站在走廊上观察小石的活动。他想看看，放学之后小石在干什么。

他发现，放学后小石在一年级教室外的走廊上来回踱步，一会儿在墙上蹭蹭，一会儿在窗户上抠抠，显得有些焦急。大概二十分钟之后，从教室里面会出来一个小女孩。小石一把拉起这个小女孩就往学校外面跑，十五分钟之后，他会回来。也就是说，当小石和小女孩离开学校的时候，离手工课开始只有十分钟了，而小石会离开十五分钟，所以他每次都要迟到五分钟。

老师发现这个现象几乎每天都会出现，但考虑到小石性格腼腆，他并没有直接叫孩子过来询问，而是去向其他老师了解情况。在走访的过程中他了解到，这个小女孩是小石的妹妹，每天放学后，小石要先把妹妹送回家，才能赶回来上手工课。而从学校到小石家往返需要十五分钟，这才导致他回来上课会迟到。

可是老师还是有疑惑，放学之后到手工课开始，有半个小时的时间，为什么不能一放学就把妹妹送回家呢？通过进一步走访，老师了解到，小石家很穷，没有通电，而他居住的地方采光不好，妹妹回家后写作业没有光，所以小石要先等妹妹在学校把作业完成，才能送她回家。

了解到这些情况之后，这位老师在下一次的课上，对小石表达了自己的肯定和欣赏。他说："我知道你每次都要先把妹妹送回家，才能来上课，所以才会迟到。但即便如此，你还是会坚持来上课，我每次看到你来，都会觉得很开心。"

小石听了以后，低着头，脸涨得通红，小声说："老师，明天我还是会迟到的。"老师说："没关系，我会先复习上节课的内容，等你来了之后，我再分组做练习。"

但是第二天，小石没有迟到。后面连续好多天，他都没有迟到。老师觉得很吃惊，于是就去问他："我发现你最近一直都没有迟到，我很好奇，你是怎么做到的呢？"小石听了之后很开心，把脸扬得高高的，笑着说："我告诉妈妈，我很喜欢这门课，我再也不想迟到了。于是妈妈把我和妹妹叫过来，我们一起想了一个办法。放学之后，我会先把妹妹送到离学校最近的同学家做作业，等我下课后，再去接她回家。"

当我在复述这个故事的时候，我仿佛看到了小石脸上灿烂的笑容。

很多时候，当孩子的行为不符合我们的期待和标准时，我们就会认为孩子有错，急着要纠正，希望他能尽快改变，变成符合我们要求的好孩子。而我们先入为主的判断，会迷惑大脑，遮蔽双眼，看不见孩子行为背后的原因。

是关注孩子的行为问题，还是关注行为背后的原因，会决定我们采用不同的思路和做法。当孩子的行为不符合我们的期待时，也许我们可以问问自己："这个孩子遇到了什么困难？在他身上发生了什么？我可以做些什么给到他支持和帮助？"而不是考虑："我要怎样做才能让他表现好？"

这个故事真正打动我的，并不是他们最后用了一个完美的方法来解决问题，满足了各方的需求。真正打动我的是，这里面所有的人，他们并没有学习过什么高深的育儿方法和技巧，然而他们身上所散发出来的浓浓的爱，深深地触动了我。

当老师发现一个孩子每次上课都迟到的时候，他并没有像我们认为的那样，去批评、惩罚或要求孩子，而是深信孩子的行为背后一定有不为人知的原因，他愿意带着好奇去探究这个原因，并给予帮助。这是一个老师对于自己学生的爱与职守。而小石，他在走廊上焦急地等待妹妹，却从不催促，更不推脱，这是一个哥哥对妹妹的爱与责任。同样，当小石对妈妈说他再也不想迟到的时候，妈妈并没有指责他不懂事、不知道体恤家庭，而是把儿子和女儿叫到一起，共同来想解决办法。这是一个妈妈，在艰难的生活环境里，依然给予两个孩子充分的爱与关怀。而最小的妹妹，她宁愿去其他同学家里做作业，也希望哥哥上课能够不再迟到，这是一个妹妹对哥哥的爱与支持。

这才是真正打动我的地方：所有的一切，都是出自于爱。我们为什么想要学习育儿的理念，我们为什么想要改变沟通的方式，都是因为我们想要表达爱，我们想要成为爱。因为爱，就是一切的基础。

然而现在的父母们似乎陷入了一个怪圈，到处学习各种方法和技巧，只要看到孩子出现某种行为，就开始按图索骥，见招拆招。可是孩子压根就不会按照书上写的那样出招，这时候父母们就傻眼了，心想这熊孩子怎么不按常理出牌啊？于是就不知道接下来该怎么办了。经常如此，父母们的挫败感就会越来越强，总是会担心，自己是不是倾听失败啊，是不是又说错话了啊，孩子说了这一句，我下一句要怎么接啊。

很多父母非常热衷于学习各种育儿知识，但越学习就越焦虑："呀，这里我又做错了。啊，那个关键期我又没抓住。"这样其实是错把方法当成了目的。我们学习各种理论和方法，是为了获得和孩子之间良好的亲子关系，而不是为了把所有的技巧都使用正确。

如果你要成为一个正确的妈妈，你就会想方设法消灭掉所有的错误，而这些"错误"，就会被投射到孩子身上。于是你就会想要去纠正，想要去改变。而一旦只为追求正确，那就只能看见方法和技巧，看不见真正的孩子。技巧总有用完的一天，到最后你会无奈地发现，你的育儿方法越"正确"，你的亲子关系越糟糕。

孩子所感受的，是父母的内在状态。孩子不需要一个完美的父母，他需要的是真实的关系。当我们去协助孩子解决问题的时候，我们的注意力应该放在孩子身上，去倾听他的感受和想法，去看看他遇到了什么困难。可现在，我们的注意力都在自己身上，总是会担心，我这样做会对孩子产生什么影响啊？够不够一个好妈妈的标准啊？我接下来要对孩子说些什么啊？

这些担心，都反映了我们内心的恐惧。而当恐惧和担心占满了我们的内心时，我们就看不见眼前的孩子了，我们只是为了把技巧用对，只是为了达到自己"好妈妈"的标准。然而在对孩子的养育中，与孩子之间建立起良好的关系，比采用所谓"正确"的技巧来得更为重要。

当我们倾听孩子的时候，就全心全意与孩子感同身受，而不是心猿意马地想："我要怎么说，孩子才能不哭？"当我们表达自己的感受和需求时，就一心一意与自己同在，而不必担心："我表达之后，孩子不干该怎么办？"

不必担心后面会怎样，只要在那个当下，做你能做到的最好选择，尽最大能力内外一致地真诚表达，不指责，不评判。每一个人的需求都值得被尊重、被满足，但不一定所有的需求都能同时得到满足。当你无法满足的时候，无论是调整接受，还是表达拒绝，你的出发点，你的态度，你的心，始终是最关键的。

成为父母后，我们急切地发现自己需要学习和成长，但我们不是去学习所有的理论方法和技巧，而是学习如何去爱。所有的育儿理论和方法，都是来帮助我们思考的，而不是捆绑束缚我们的。技巧和方法，带不来爱。只有心中有爱，才能通过恰当的方法表现出来。我们学习的所有理论和方法，都是为了帮助我们找回自己内心深处的爱。

很多时候，我们总想着要掌握多少科学知识，运用多少技巧，学习各种理论来武装自己的头脑。但其实，养孩子走心远远胜于用脑。沟通，是心灵与心灵的拥抱，不需要那么多"理论"和"知识"，只需要真诚地敞开和接纳。就是生活中这样一点一滴的细节，滋养着我们，用心去感受，让我们内在丰盈，获得那一份宁静和快乐。

隔代育儿，如何减少纷争

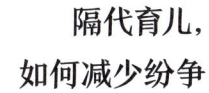

前面谈到了如何处理夫妻在育儿方面的分歧，除此之外，困扰我们的还有我们和老一辈之间的关系。尤其是当父母长辈和我们同住的时候，家庭大战更是一触即发。对于父母辈来说，我们可以遵循的原则是"关系大于教育"。如何让家中充满爱的氛围，比纠正他们的育儿方式要重要得多。

有一本书叫《爱的五种语言》，书里介绍了五种我们渴望爱以及表达爱的方式，分别是：肯定的言辞、精心的时刻、服务的行动、礼物、身体的接触。

在平时的日常生活里，我们可以通过这些不同的爱的表达方式，来向我们的家庭成员传递爱的信息。每个人都有自己最希望得到的爱的方式，同时也有自己比较擅长的表达爱的方式。如果我们能够找准对方的爱之语，就可以达到事半功倍的效果。

例如我们的父母辈，他们向我们表达爱的方式，可能更多地采用的是"服务的行动"这一种。他们会帮我们带孩子、做家务，提醒我们增减衣服，让我们早睡早起、保持良好的生活习惯等等。可是很多时候我们并没有接收到这份爱。我们总是会挑剔他们带孩子的方式不科学，做家务没有按照我们的标准来，嫌弃他们的叮嘱太啰嗦……我们忽略了这其实是他们在试图向我们表达爱，尽管他们的表达方式可能不是我们想要的。

而我们的父母最渴望得到的爱的方式,恐怕要属"肯定的言辞"了。他们为我们做了这么多,是希望能得到我们的肯定和认可的,他们也需要实现自己的价值感和归属感。然而我们给到他们的却往往是批评和挑剔。如果是这样,双方就很容易陷入一个拉锯战。越是得不到的,就越是要在每一件事情上都争取。

最开始,老人们会想尽一切办法证明自己是对的。他们可能会说:"别人家都是这么带娃的啊,那孩子可听话了!""我不就这么把你带大的吗?你看你现在不也挺好?"而我们更加需要维护自己在家庭里的正确地位,于是我们反驳:"听话不见得是件好事!""谁说我挺好了?你知道我有多少心理阴影吗?"

老一辈被否定之后,他们无法证明自己是对的,于是就会转而指向:好啊,既然不能证明我是对的,那我就攻击你是错的。他们可能会说:"你说的那一套根本行不通,你不在的时候孩子还好带一些,你一在孩子就哭起来没完没了。""都是因为你给孩子穿少了,现在可好,感冒了吧!"

可是一旦陷入了这种"我对你错"的争执中,事情本身就变得不那么重要了,重要的是,最后谁会赢。我曾经观察过一些夫妻或者父母子女之间的吵架,争吵开始五分钟之后,基本就已经完全听不出他们最开始是因为什么而产生分歧了,吵架的内容已经离题万里。但所有的人都在力争一件事,那就是确保自己最后获胜。

如果我们平时可以通过爱的方式去表达,看到父母或者伴侣做得好的地方,并予以肯定和欣赏,他们的价值感和归属感得到了满足,也就不会在每一件事情上都和我们争个输赢了。

也许有时候我们会郁闷:"我想和他沟通啊,我也表达了我的意愿了,可他从来不配合啊!"这时候我们可能要看看,不一定是你的表达方式错了，而是你们之间的关系出现了问题。想要顺畅地沟通并得到对方的理解配合，需要你们之间有爱。如果是因为关系的问题导致了沟通无效，我们要先修复关系，再解决问题。

有一位学员一直以来都备受婆媳关系的困扰，和婆婆同住的十年里，无论是生活习惯还是育儿理念，她们总是分歧不断。用她的语言形容是："小区上方经常回荡着我们家的哀号声。"在课程快要结束时，当我们彼此之间表达感谢的时候，她忽然意识到，这十年里她从来没有下过厨房，一直都是婆婆在为全家准备饭菜，并帮她收拾家务，而她从来没有为此向婆婆表达过感谢。

当天晚上回到家，一进门看到的又是婆婆系着围裙在厨房里忙碌的身影。婆婆见她回来，也像往常一样叨叨着："回来啦？赶紧去洗手，换身衣服。再等一会儿啊，过十分钟饭菜就上桌了。"如果是平时，她就会"嗯"一声，走回自己的房间。但这次她把手上的东西放下，走进厨房，走到婆婆身后，站了好一会儿，鼓起勇气说："妈，这么多年一直都是你在照顾我们，帮我们做这做那，都没有好好休息过。其实这本来不是你的义务，你是因为爱我们，才任劳任怨。而我还总像一个小孩子一样冲你发脾气，实在是不好意思。妈，真是谢谢你！"

她说完这一大堆话，长长地舒了一口气，仿佛完成了很困难的一件事情，因为这种表达的确是平时不习惯的。她原本以为婆婆听了之后会丢掉锅铲委屈流泪，或者又开始诉说自己这些年的不易。谁知婆婆继续平静地炒着菜，回头轻轻拍了拍她的手说："傻孩子，你也知道你像个小孩子一样啊，可是我一直都在等你真正长大啊。"

听到这一番话，她感觉内心仿佛有一块坚冰开始融化了。双方都开始了善意的调整，她经常借着孩子的口吻对婆婆进行肯定和赞赏，而婆婆在获得了成就感和价值感之后，也愿意接受她的一些理念和方法了。即便偶尔还是会有分歧,但婆婆不再像以前那样一定要争个输赢了,而是会说:"别以为你们小年轻学了点儿新东西就了不起,好嘛好嘛,就按你说的来,我看也没什么大不了的。"虽然嘴上还是不让,但实际行动是接受的。

还有一位学员告诉我,她一直以来跟父亲的感情都很疏离,印象中父亲总是板着脸,不苟言笑,也很少陪伴他们。家里还有其他弟妹,作为长姐,她几乎从小就没有感受过父爱的温暖。她很怕爸爸,平时也很少会主动和爸爸联系。

有一次,她鼓起勇气给爸爸打了个电话:"爸爸,有个问题我一直想问你。你还记得吧,我刚毕业那会儿,因为值夜班时睡着了,单位进了小偷,损失很大。我那时候很害怕,只能打电话给你,后来都是你帮我处理所有的事情,和公司交涉,还去公安局做笔录什么的,从早上忙到下午都没吃饭。你知道吗,那时候我简直吓傻了,但看到你在那里,就好像有了依靠一样。我以为我惹出这么大的事,一定会被你骂,但你什么都没说。我一直不敢问,你那次为什么不骂我呢?"

她爸爸在电话里瓮声瓮气地回答:"我干吗要骂你,你是我女儿啊,出事了我不护着你谁护着你啊!"就这一句话,让这个姑娘瞬间泪流满面。她从来都没有想过,那么严厉、那么疏远的父亲,在那一刻,眼里只有她这个女儿。

那天晚上,她和弟弟妹妹一起回了家,和父亲一起炒了几个小菜,喝着小酒聊起了小时候的事情。她说,原本以为父亲对他们的成长根本不关心的,但他们小时候的很多细节,爸爸竟然都记得,原来那份爱一直都在。一句深藏已久的问候,换得从未有过的深情。

关系大于教育,家庭氛围重于评判。无论是对孩子还是对其他家人,我们带着爱和关心去修复关系,重新建立情感连接,在平时相处时多使用爱的表达,把我们和家人之间那个储存爱的箱子填满。当双方爱意满满的时候,很多问题自然而然就解决了。

为两个孩子
许下爱的承诺

当我知道自己怀上二宝的时候,叶儿还不满两岁。面对这个突然到来的新生命,我在喜悦的同时,也有着不少担心。原本是想着等叶儿上幼儿园之后再考虑生二胎,现在比计划提前了这么多,我能让两个年龄相差这么小的孩子彼此接受吗?

随着时代的发展,越来越多的父母们选择了生二胎。可是,我自己都是个独生女,刚当上母亲才两年,我能做好两个孩子的妈妈吗?当我在代替另外一条生命做出如此庄严神圣、不可逆的决定时,我可有足够的勇气和力量?我可有足够的智慧和真诚?

也许还没有,但我愿意去努力学习。没有人天生就会做父母,我会尽自己最大的力量给予他们爱和温暖。虽然不能事事尽如人意,但至少无愧于心。不同的选择会带来不同的生活,是否生育二宝,并没有绝对的好坏对错,只是当我们在做选择的时候,要清楚地意识到这份选择带来的责任和承担。

曾经有父母询问,生二胎必须要征得老大的同意吗?不必须。决定要不要生二胎,是父母的责任。家有两宝,相处得再好,也有争执的时候。如果把二胎选择交给孩子决定,到时候难道父母要说:"当初是你同意要生弟弟妹妹的,现在怎么不学会照顾他呢?怎么又欺负他呢?"

年幼的孩子没有能力承担不属于他的责任,因此父母一定要牢记,生二胎是我们自己的选择。既然是自己的选择,就要为自己的选择负责。不必征得老大的同意,但不代表不沟通、不管不顾。正因为要二胎是我们的决定,我们才更应该担负起这份责任,帮助老大做好心理建设,并在之后的生活中建立他们之间的情感连接。

做两个孩子的妈妈,可不是一加一等于二的工作。因为我们和孩子之间、孩子和孩子之间,不是简单的一对一的固定程序。虽然我做了很多心理准备,但当叶新真的出生之后,我依然会手忙脚乱、焦头烂额。亲兄弟之间"血浓于水"是肯定的,但可千万别指望他们俩能"一见钟情"。他们的感情同样需要培养,需要我们做很多准备工作。

知道怀孕后,我开始有意无意地告诉叶儿,妈妈肚子里有个小宝宝,等小宝宝生出来了,叶儿就是哥哥了。我也买了一些这方面的绘本,例如《小猫当当》系列中的《有妹妹真好》,《小兔波力》系列中的《我当哥哥了》,亲子共读时讲给叶儿听,让他觉得当哥哥是一件很了不起的事。

最开始叶儿对此没什么概念,毕竟当时的他也是个刚满两岁的宝宝。随着我的肚子慢慢大起来,他的奇思妙想就显现了出来。他会说:"等弟弟生出来了,弟弟坐车我来推!""我倒牛奶给弟弟喝!""我抱着弟弟一起听故事!""弟弟睡这一边,我睡那一边!""我给弟弟换尿片!"等等。

有一天,叶儿问我:"弟弟一生出来就能和我一起玩吗?"我才猛然意识到,他可能没有初生婴儿的概念,他把即将出生的弟弟想象成幼儿园的玩伴。于是我每天带他看两段他小时候的视频,有刚出生时洗澡的、有两个月玩摇铃的、有一百天啃毛巾的、有半岁拍小鼓的……

通过观看自己的成长视频,叶儿对小婴儿逐渐长大的过程有了概念,并且知道了小婴儿会有些什么表现,都需要父母哪些照顾。这样,在叶新出生后，他就不会对小家伙的哭闹、吃奶、拉屎等行为觉得奇怪或烦躁了。同时，重温自己的成长过程，也让叶儿心里再次充满了爱：原来，我小时候妈妈也是这样照顾我的；我曾经在妈妈怀里幸福地吃奶；妈妈曾这样陪我一起玩……

我也会带着叶儿一起准备新生儿的衣物，拿着小小的衣服在叶儿身上比画，小家伙立刻觉得自己长得好大了，是大人了。我和叶儿一起组装婴儿床的时候，叶儿就会特别憧憬弟弟出生后的日子，他觉得自己就要当哥哥了，这是一件非常骄傲的事情。

当我的肚子已经很明显的时候，叶儿就喜欢玩手指毛毛虫。他经常趴在我身边，用食指一勾一勾地在我肚子上爬，边爬边坏笑着说："爬爬爬，弟弟说好痒好痒！是谁在挠我痒痒啊？"于是我也配合着他，晃动肚皮说："好痒好痒！是谁在外面呀？"叶儿就自豪地笑着说："我是哥哥！"

后来，叶儿问了我一个问题："为什么你生出来的刚好是我和弟弟，而不是其他的小朋友呢？"哈哈，这其实是一个哲学问题哦。

我说："叶儿你知道吗？每个孩子在出生前，都会在天上选妈妈。当你还是一个小精灵的时候，躲在云朵里，看见我在祈求上天赐给我一个孩子。你相信我会是一个好妈妈，于是就坐着彩虹滑梯，来到了我的肚子里。经过十个月的等待和期盼，你就出生啦！"

叶儿听了后，扑闪着大眼睛说："啊！我知道了！所以弟弟也是从彩虹那边来的，他也知道你是一个好妈妈，而且他也看见了我，他也选了我做他的哥哥！"

是啊，叶儿，谢谢你们的选择，让我有机会陪伴你们成长。每一个孩子，在选择来到我们怀抱的时候，都是那么义无反顾。

叶新出生的那天，我告诉叶儿，弟弟马上就要生出来了。叶儿显得有些兴奋，也有些紧张。叶新出生后，叶儿来到婴儿床前，把头倚在围栏上，就这样一直一直注视着那个小小的宝宝，目不转睛。这个他也在陪伴、等待的小生命，终于跟他见面了。

叶新出生后，经常会有亲朋好友前来探望。如果有朋友来时叶儿也在场，我就会悄悄拿出预先准备好的小礼物给客人，让客人以他的名义送给叶儿。这样，叶儿就不会觉得大家只送东西给弟弟了。

叶新出生的那天是周末，周一叶儿去幼儿园时，我托家人送了个大蛋糕过去，并且和主班老师电话沟通了一下，希望班上能给叶儿举行一个仪式，所有小朋友们一起吃蛋糕，庆祝他成为哥哥。那天晚上放学回来，小家伙兴奋地说："妈妈，你知道吗？我们整个班的小朋友，就只有我一个人有弟弟，他们都没有。我好厉害！"

从医院回到家里的那一天，我拿出了早就准备好的礼物。有叶儿最喜欢的消防员山姆的木星号，有黑猫警长的手枪，有托马斯立体轨道火车，有大型飞机模型，还有几套绘本，和一箱零食。这些都是叶儿特别喜欢、一直念叨的玩具。

我对叶儿说："这些玩具和绘本是弟弟送给你的，他很高兴来到我们家，也很感谢你做他的哥哥。"出乎意料的是，叶儿看到那么大一堆礼物，并没有马上扑过去，而是走过来看了看弟弟，问："他为什么要送给我呀？"我说："因为他爱你。"叶儿好像害羞了一样，把头埋到我胸口，过了一会儿抬起头来，小声说："我也爱他。"看着他眼里晶亮晶亮地闪着光，我的心都要被融化了。

感谢上苍赐予我两个孩子，这如水晶般澄澈的心灵，让我无论遇到什么，都心存感恩。这两个孩子将来无论有多么千差万别，都不会影响我对他们的爱和关怀。因为在我选择养育两个孩子的时候，就对他们都许下了爱的承诺。

我的选择，
无需孩子证明

很多年以前，我曾给一个幼儿园的家长们介绍和孩子沟通的方式，谈到了打骂不能起到教育孩子的作用。分享结束后，其他家长都陆续退场了，一位妈妈义愤填膺地找到我说："孩子皮起来根本不听话，不打怎么办？你们这些宣扬不打不骂教育孩子的，你们的孩子都养得很成功吗？我看你儿子在院子里玩了半天，也没看出他有什么过人之处啊。"我愕然："是啊，他就是一个普通孩子啊。您为什么生这么大气呢？"

她没回答我就走了，但她的话却引起了我的深思。我的孩子，需要成为我作为一个合格母亲的证明吗？甚至要成为检验一种育儿理念的标本？让这样无辜的稚子来背负主流和世俗的评判，难道就真的能够说明问题吗？

不知从什么时候开始，我们变得崇尚"唯成功论""唯结果论"，孩子的成功等同于父母的成功，孩子的荣耀等同于父母的荣耀。孩子考上了名牌大学，父母就可以全国巡讲，介绍自己的成功经验。更有人直言不讳："要知道一种理念是好是坏，就看在这种理念下成长出来的孩子是不是比其他孩子更优秀，是否个个都有成就。"

在这种论调下，孩子变成了父母的"军功章"，父母拥有决定孩子命运的"上帝之手"。更有甚者，孩子成了父母"好坏"的证明。如果你的孩子不比别人家的孩子优秀，那么你就没资格谈论"爱与自由""无条件养育""安全感"等这些乱七八糟的理论。

这个论调的背后是一个简单粗暴的逻辑：你宣讲新教育理念，那么你的孩子每一个当下的状态就都是这个教育理念水平的反映。所以，你的孩子应该通情达理、深明大义、懂事自律、成绩优异。而这样的评估标准背后，实际上是主观的、片面的。我们不可能从一个简单的片段来推测一个孩子的状态，更无法从他现阶段的某些表现去预测他的未来，从而去评判他的家庭教育模式。

但是，这样的想法长期存在于每个人心里，看上去似乎无懈可击。难道不是吗？一种教育模式好不好，就应该看孩子的状态，看孩子的成就，看孩子结出什么样的果子。可是，很少有人愿意给孩子足够长的时间，用客观的标准，以及毫无偏颇的眼光去看待他们。我们紧盯着孩子的一举一动，期待他们至少在某一方面有所成就，以证明我们的选择是正确的。只有这样，我们才相信自己是一个合格的母亲。如果不是，我们就会担心，是不是在孩子的什么关键时期自己没能给到关键帮助，是不是错过了孩子什么重要成长阶段，才没能让孩子表现得更好。

可是，一旦去追求"证明"，便会执着于结果，固着于成败。

于是父母们战战兢兢，不断地提醒自己责任和目标，认为孩子表现如何取决于自己，也代表了自己。我是妈妈，我就应该做到什么；他是孩子，他就应该表现如何。或者，我要把孩子培养成一个什么样的人，如果没有达到，那就是我教育失败。

这样的自我期待已经是"天经地义"甚至"理所当然"了。但如果总是有这样的自我期待和定义，父母的压力和担心就会很多，害怕自己不是一个好妈妈，害怕自己的某一个行为给孩子造成心理阴影，无法放松，对未来充满恐惧。

同样，也有人说："叶月幽你学了这么多东西，你的孩子一定特听话、特懂事吧？"或者："你一定不会遇到育儿难题，也没有家庭矛盾吧？"

其实不是。我成为一名心理咨询师和家庭教育讲师，是因为我通过一系列的专业受训和考核，能够从事这份职业，而不代表我做得就一定比别人好，更不代表我的孩子一定比别人优秀。更何况，"优秀"和"成就"的定义又由谁来评判呢？

虽然这些年我受邀在全国各地讲授课程，但我从不敢自诩为什么导师，我更愿意做一个分享者。我不是正确的化身，我所说的内容也不是真理。我希望我提供的是一种思路、一些视角，让大家可以多角度地去看问题，从而找到属于自己的处理方式。

其实，生活中的我，又何尝不是在摸索中前进、在曲折中迂回呢？

叶儿三岁多时，曾有一段时间我公公脑溢血住院，妈妈腰椎要做手术。叶儿爸在外地工作，我需要一天三次往返两家医院送饭、照料，而已经公布出去的课程和讲座也必须按时举行。我每天早早把叶儿丢到幼儿园，开始兵荒马乱的一天。晚上把俩娃都哄睡后，忍着困倦爬起来继续熬夜工作。再加上叶新数次夜奶，严重缺乏睡眠的我，血槽立马见底。

我开始对叶儿大呼小叫，被他的执拗气得七窍生烟，会因为他生病而碎碎念，恨不得把他丢到幼儿园再也不接回来了。有的时候也会感慨，三岁以前那个软软糯糯的小萌娃去哪儿了？他是怎么忽然变成现在这个赖皮猴的？是不是有人在晚上把他从我床边偷走换了一个娃？

叶儿发脾气的时候，我把他拉在怀里，在震耳欲聋的哭叫声中，一边倾听，一边坚持我的原则。每当这时，强大的无力感就会包裹住我。我无可奈何地想着,所有践行新教育理念的妈妈们,要有着怎样一颗备受打击又死磕到底的心啊!

晚上临睡前,我搂着叶儿,问:"你知道我喜欢你吗?"

叶儿说:"知道呀,我也喜欢你呀。"

我说:"我凶你的时候你也喜欢我吗?"

叶儿低声说:"你凶我的时候我好伤心的,但我还是喜欢你。"

我问:"为什么?"

叶儿把两手一摊:"因为你是我的妈妈呀!"

这是一个三岁多孩子给我的答案。我什么都说不出来,只是默默地搂紧了他。他翻身过来,在我的额头上轻轻吻了一下,然后像一条泥鳅一样,飞快地钻到了枕头下面。在那一瞬,我忽然有了一种力量和坚定。我养孩子,不是在搭建样板间,让别人夸赞我是一个多么牛的妈妈,以此来寻找存在感。我不需要叶儿的行为规范符合什么主流评判标准,我不需要他来证明我作为一个母亲的正确性。我的孩子,就是他自己,而不是某个教育模式的所谓代言人。他的特立独行,他的桀骜不驯,都是在向全世界宣告:"我不是你,我就是我自己,我不为任何人的梦想而生,我全然独立。"

是的,孩子和我们,是两个完全独立的生命,只不过孩子的生命是经由我们而来。生命,是一个历程。生命和生命是平等的,是一种相遇。亲子,只不过是我们和孩子相遇的形式;而亲子生活,是我们和孩子一起相处的时光,是人世间最温暖、最紧密、最深入的连接。

因为是历程,我们只需要陪伴就好,不必要求自己达到什么标准,也不必苛责孩子满足什么要求,你只要去爱他就好。两个独立的生命之间,因爱相遇,由爱成长。

因为是相遇,故而珍惜。总有一天,孩子会不那么需要我们;总有一天，我们此刻所有的纠结和焦虑都会成为回忆。到那个时候，那些让我们感念的，一定不是某一个荣耀是否达成；真正让我们感念的，是我们和孩子相处时的细节和温情。

我们都在以自己的方式成长着，即便有失误，即便有倒退，我们和孩子也一直在彼此陪伴、共同成长。我们坚持走在这条路上，不是因为这条路一定会通往成功，而是因为这是我们自己选择的路。我们选择用这样的方式对待孩子，不是为了培养什么"神童"，而是因为这是我们的生活准则，是我们的价值观，我们的孩子值得被这样对待。

第四章

自我觉察,
父母内心力量的成长

什么72变81难，
不过是在利用父母的焦虑

曾经有一篇阅读量数百万的文章《致家长：今天不逼孩子学会72变，日后谁能代他承受81难？》刷屏了朋友圈，父母们大量转发，凡是家有儿女的几乎都心有戚戚焉。

文中举了一期综艺《向往的生活》里的例子：小提琴演奏家吕思清从小被父母逼着学琴，训练非常严苛，他五岁就登台表演，后来被中央音乐学院录取，并获得了各种国际大奖。而王迅、杨颖和其他几位艺人，小时候也曾尝试学过乐器，但因为父母没逼着他们坚持，现在只能坐在一旁看吕思清表演。文章最后得出结论：父母的逼迫可以让我们成为更好的自己。

这个论调其实并不新鲜，当年郎朗红遍全球时，也有很多文章写他是怎么被父亲打骂威逼，甚至要用刀砍了他，才让他坚持下来的。而当时郎朗用头撞墙，宁可折断手指也不想练琴，这样的痛苦已经随着他的成名被忽略不计了。

《致家长：今天不逼孩子学会72变，日后谁能代他承受81难？》里有这样一段话："如果有人逼我一下，我就不会放弃学吉他；如果当初妈妈逼我学书法，我就不会字那么丑；如果当初妈妈逼我学英语，我的成绩也不会这么差；如果……"看到这样的抱怨，我真心想说，能说出这样的话的人，即便是你妈逼你学这学那，你长大后一样会说："都是因为我妈逼我，我小时候一点都不快乐；都是她逼我，让我连自己的兴趣爱好都没有；都是因为她，我不能做自己想做的事……"

这样的话语熟悉吗？只要不想为自己承担责任，你就可以无限甩锅，反正都是"我妈逼的"。父母逼着你学习，你说他们不顾你的意愿，没有平等民主自由；好，那尊重你的想法，你又说他们当初没逼你一下，害你一事无成。正所谓"成也萧何，败也萧何"。若成功了，是父母逼得对；若失败了，是父母逼得不对。那你自己呢？你的"自我"在哪里呢？大家都是成年人了，敢不敢为自己承担起责任？站在受害者的位置上怨天尤人，张口闭口"都是因为小时候"，只能说你现在也还没长大。

文章中还举了一些普通人的例子，他们羡慕同龄人小时候有人逼，会了各种才艺，现在可以在人前展示；而自己没能坚持，于是喟然叹息。但其实，这些人羡慕的并不是艺术本身，而是羡慕别人的风光、别人的荣耀。他们真的确定，如果当初有人逼，自己就能学出来吗？用这样的心态学习，本来也很难坚持。真正的热爱是不用逼的，不爱的东西，逼也没用。

詹姆斯和库里，罗纳尔多和梅西，这些极度自律的人，没有一个是父母逼出来的，驱使他们的是内心的热爱和向往，那才是真正的动力所在。而太多从小被父母逼迫的人，在脱离父母之后，觉得终于解放了，于是放任自己无所顾忌。

看到有人说："孩子，不是我要把你往'死'里逼，我只是想让你将来'活'得更像样。"我滴个乖乖，您敢不敢先给自己办张健身卡、报个英语班，看看自己能坚持多久？您咋不逼逼你自己，让你先活得更像样呢？打着这样的旗号要求孩子好好学习天天向上，无非是假借孩子之名满足自己的控制欲而已。

孙悟空是学会七十二变了，但菩提祖师逼他了吗？如果孙悟空是逼出来的,那菩提祖师的其他那么多弟子,怎么一个都没逼出来呢?以孙悟空的性子,还好没人逼他,否则还得再来一次大闹天宫。

用吕思清、郎朗的成功反衬其他人的失败,这个逻辑实在是不通。拿结果倒推原因,属于幸存者偏差,事后诸葛亮。如果这个逻辑成立,那些被逼到抑郁自杀的孩子们,无一不是活在高压、苛责之下,他们也可以倒推出同样的原因来,这又怎么说呢?

《致家长:今天不逼孩子学会72变,日后谁能代他承受81难?》之所以能成为爆款文章,是因为迎合了一些家长焦虑的内心。但其实也曾有另一篇爆红的文章:《你看不到的,是千万个被毁掉一生的董卿》,说的却是截然相反的内容。诗词大会让董卿成了知识女神,连她的成长故事《虎爸教育下董卿的童年》也成为了教育的成功案例。可是董卿在被采访时谈起这一段过往,却表现出抑制不住的悲伤,提到父亲给自己留下的童年阴影,一直以来优雅淡定的她忍不住潸然泪下。很多几近残忍的故事,只因为主人公最后的成名,就蒙上了一层光环。文章中说:"你看到的是一个走出来的董卿被无限放大,你看不到的,是千万个一生就此被毁掉的董卿。"成功和幸福并不是一回事,不能只看那些被逼成功的个例,却没看到绝大多数被逼失败的下场。

文中还指名批评了"快乐教育",说放养长大的孩子,虽然有了爱和自由,但长大后可能一事无成。这是不是对爱和自由有什么误解?为什么除了逼迫,就只剩放养了呢?这世界上不是只有这两个极端的。

举个例子:一个农民,把种子种下去之后,总担心它长不好,嫌它长太慢,于是一截截拔高。这是控制,是逼迫,是揠苗助长。另一个农民把种子种下去后就不管了,随便长成什么样,美其名曰放养。这不叫爱和自由,这叫不负责任,未尽监护义务。

真正的教育是什么?是农民不把眼光只盯在种子身上,而是观察了解幼苗的成长规律，为它松土、浇水、施肥、除虫，给小苗创造一个良好的环境，并提供其生长所需的营养；除此之外，不去纠结它怎么还不发芽、还不抽穗。因为你并不知道它需要多长的时间扎根。你只需要给它创造出适宜的环境，种子的成长取决于它自己。

我曾学钢琴十年，在这个过程中见到太多在父母逼迫下的孩子，在考取十级之后咬牙切齿地说："我终于完成任务了！"然后就再也不碰钢琴了。而真正能坚持下来的，都是热爱音乐、喜欢钢琴的孩子，虽然也会有倦怠退缩，但父母绝不是逼迫，也不是甩手不管，而是带着尊重和关爱，帮助孩子度过瓶颈期，让孩子体会到其中的成就感和乐趣。这样的孩子，才能发现自己内心真正想要的是什么。

唯有热爱可抵岁月漫长。无论是兴趣爱好，还是学习难题，能支持孩子们坚持下来的，是在这个过程中所得到的新奇体验和探索乐趣，是沉浸其中为之奋斗的归属感和荣誉感，虽然也会有气馁挫败，但最终会获得攻克难关时的成就感，以及一次又一次实现自我的价值感。父母要做的绝不是逼迫，而是协助孩子完成这个过程。在孩子遇到困难时提供必要帮助，在孩子有情绪时能够理解支持、给予温暖和抱持，在孩子畏难退缩时和他一起共同承担面对挑战，在孩子遭遇挫折时允许他停下来休整，并告诉他没有关系，内心的感受最重要。真正的教育是点亮孩子内心的火种，而不是挥着鞭子逼迫他们负重前行。

被父母逼迫的人生，只不过是在为父母而活，长大后发现没能活出自己，于是又开始逼迫自己的孩子。活不好自己，才会去逼孩子，一代又一代。但一个身体只能进驻一个灵魂。如果父母过多地干预和控制孩子的人生，孩子的灵魂就无处安放了。然而似乎所有人都在关心孩子将来怎样，却很少有人在意孩子现在怎样，他内心的声音是什么，他是不是真正的快乐。当内心的声音长期被压抑被掩盖，慢慢地，孩子连自己的能力都已经看不到了。

我曾看到一些很优秀很出色的明星或艺术家，在面对采访时说："我能取得今天的成就，都是因为父母严厉的督促，如果没有他们当初的逼迫，我肯定做不到，那就没有我的今天了。"其实听着有一丝丝的辛酸。这么优秀的人，却看不到自己的天赋和努力，找不到自己的动力，只是认为如果不逼自己就做不到。反观比尔盖茨、扎克伯格这样的人，从来不说他们的成功是父母逼的，他们说的是："感谢父母成为我的榜样，他们一直激励着我成为自己。"

扎克伯格的父亲养育了四个优秀子女，他直言道："我有很成功的孩子们，于是人们总是想仿效我的模式，但事实上，我们并没有采取什么特别的育儿方式。为人父母，我只能说，你的确可以为子女安排你想要他们过的生活，但这不一定就是他们想要的。"而正是因为父母的"不逼迫"，四个孩子按照自己的意愿，活成了自己的样子，独一无二的样子。

拿综艺节目中的王迅、杨颖和刘宪华、吕思清比较，这样的对比根本没有意义。如果他们小时候被逼着继续学小提琴，能不能成为艺术家不知道，但肯定不会成为现在的他们。干吗要拿不同的人生来做比较呢？

那些动不动就说如果现在不逼孩子，孩子将来就会成为没有竞争力的人，真的知道未来的竞争力是什么吗？是钢琴、舞蹈、奥数、书法……是这些技能吗？我们为什么想让孩子学习各种技能，并不是一定要让孩子成为钢琴家、舞蹈家，而是培养孩子在这个过程中形成的能力。我们往往把方法当成了目的，为了学技能而学，却破坏了孩子学习的兴趣，这未免捡了芝麻丢了西瓜。未来的竞争力绝对不是技能本身，而是在学习过程中所建立起来的独立思考的能力、学习理解的能力、合作精神、好奇心、主动性和创造力等等。这些能力绝不是靠逼迫得到的，而是早就包含在了我们的生活里，在我们和孩子相处的每一天。

但是《致家长：今天不逼孩子学会72变，日后谁能代他承受81难？》真的好火啊，不知道击中了多少父母的焦虑点。我甚至看到这样一条宣传语："当别人家的孩子在钢琴边、舞蹈房辛苦练习的时候，你家孩子在做什么？当别人家的孩子，虽然很苦很累，但识字算术突飞猛进的时候，你家孩子在做什么？当别人家的孩子，努力学习各种知识，不断取得更高分数的时候，你家孩子在做什么？你可能会说：孩子要快乐的童年，要无拘无束，要自由自在。可是，你怎么知道那些拼命努力的孩子就不快乐？"

很有煽动性对吧？看完立刻焦虑了。担心自己的孩子落后，更担心是因为自己没给到孩子最好的教育，耽误了孩子的一生。这时候如果有培训班的广告，那恨不得立刻掏钱报名了。其实，现在很多文章、很多机构，都是在利用父母们的焦虑。如果我们没有一个长远的眼光，没有一个整体的育儿观，就很容易被各种论调左右。

其实这样的焦虑体文章谁都会写，我也会。不信？看我反转一下："当别人家的孩子，在草地沙滩撒欢奔跑、探索大自然的时候，你在要求孩子争取些什么？当别人家的孩子，在做厨艺、种花草收获幸福感和自我价值感的时候，你在逼迫孩子学些什么？当别人家的孩子，在父母的陪伴下讲故事做游戏的时候，你在教育孩子拼搏些什么？你可能会说：孩子将来要生存，要竞争，要努力。可是，你怎么知道那些拥有金色童年的孩子，就没有竞争力呢？"

教育不是用世俗的成功与否来定义的，教育是让孩子们拥有感受美好的能力，释放生命的力量，创造生命不同的可能性，发自内心由内而外感受幸福。

　　让孩子从小就把人生当成"八十一难",那恐怕真的会一路坎坷。真正让孩子拥有底气的,不是被逼迫学会的"七十二变",而是父母永远在他们身后的支持和理解。带着孩子一起去体验生活的不同方面,和孩子一起去面对每一次挑战,那将是幸福,是成长,而不是被逼之下的佯装坚强。

警惕自己的育儿优越感

带着叶儿、叶新在小区里散步的时候,我发现小区的妈妈们都有自己固定的聚集圈子。走到第一个圈子旁边,听到大家在议论:"你看隔壁家那谁谁谁,这么大了还在吃奶,难怪不好好吃饭,又瘦又小。她家大人也不着急。"等走到下一个圈子旁边,听到的又是:"谁谁谁家娃从生下来就吃奶粉,现在抵抗力差,动不动就生病。那个妈妈也太不负责任了,谁不知道母乳好啊。"

走到操场旁边,听到一群妈妈在说:"我家娃上六个兴趣班呢,上个月还拿了个全省钢琴大赛一等奖。还是学学好,技多不压身,别等到上学了啥也不会,那时候就该自卑了,做父母的后悔可就晚了。"来到池塘边,又听到另一些妈妈在议论:"我家娃从来不上课外班,你看那些学这个学那个的孩子,多可怜啊,这么小连玩的时间都没有,以后长大了是要付出代价的。"

听着大家的议论,想起我刚生叶儿的时候,仗着自己看了几本新概念养育的书籍,又学习了一些课程,于是整天把爱和自由、接纳、尊重挂在嘴边,似乎全世界就只有我最懂孩子了。家人的各种做法都让我看不顺眼,觉得他们思想落后。走出去看到其他人对待孩子的方式也是那么粗糙,完全不懂得孩子的心理啊,简直就是错误一大堆,恨不得扑上去给对方上一课。

然而慢慢地我发现,当我抱着这样的心态去看待家人、看待其他父母的时候,我的内心是满满的优越感。我给自己冠上了"新教育理念"妈妈的头衔，把其他人自动划归到了"旧"的一类。似乎意味着我的方式才是最先进的，比你们的都要好。

在这样的心态下我们可能就会忍不住比较：看看，那个谁谁谁是虎妈式的方法，所以孩子胆小懦弱没主见。或者，那个谁谁谁家完全放养，一点都不懂教育，从来不管孩子，难怪孩子没规矩等等。这种比较方式，和我们看谁家孩子多背几首唐诗、多认几个字是一样的逻辑。这实际上还是一种攀比，是一种虚荣心。只不过当初是在比技能，而现在变成了比性格。

然而相对于技能而言，孩子的性格更为主观，更加没有一个统一的标准。可是只要有比较，就会带来焦虑，这种焦虑会干扰父母们看清真实的情况，很难做出客观理性的判断，于是就很容易在这样的比较中迷失。甚至同样的行为，我们会因为先入为主的评判，而做出不同的解读：如果孩子好商量，倘若他父母是奉行新教育理念的，我们就说他"体贴懂事"；若他父母是坚持高压教育的，我们就说他"懦弱服从"。如果孩子不好商量，倘若是自己的阵营里的，就叫作"有独立思想，坚持主见，敢于质疑权威"；若是在另一边的，就变成了"只考虑自己，不顾及他人，顶嘴没规矩"。

我们甚至不需要去看到孩子的全部生活，而仅仅是通过一些片段的表现，就已经在内心下了这样的判断。这样的比较之下，我们很容易陷入自我的优越感，同时另一方面也很容易落入对不确定感的恐慌。

比较心之下的我们，会不由自主地对孩子寄予一些期待。很多父母在学习了一些新的理念之后，以为自己对孩子已经放下期待了，但是内心还是会有纠结：我这么努力地用爱和自由的方式对待孩子，为什么孩子好像还是安全感不够？为什么孩子不像书上写的那样通情达理、内心强大呢？其实，这还是一种期待。我们期待用爱和自由的方式对待孩子，孩子就应该快乐健康、人格完整、内心强大、所向无敌。一旦发现孩子不是这样的，就会开始自我怀疑，是不是我哪里又做错了？是不是这一套理念压根就行不通呢？

于是我们小心翼翼地跟在孩子后面，紧紧盯着他的一举一动，期待他至少要在某一方面比别人家的孩子强，这样才能证明我们的方法是先进的，我们的选择是正确的，我们才有资格宣称自己是一个好妈妈。

而当孩子真的取得了某些成绩的时候，我们又会忍不住用自己孩子的优势去和其他孩子比较，以此来"增加"孩子的自信心。比如有时候我们可能会对孩子说："你看你坚持练琴，现在进步多快啊，隔壁家丽丽就不如你弹得好。"或者"我家孩子心态就是好，参加各种比赛从来都不紧张。你看小明，比赛输了还哭鼻子呢。"

我们以为这样的比较能够提高孩子的自信，似乎这样的方式也能让我们的孩子有一些优越感。然而在这种"优势比较"中成长的孩子很难有同理心，也不会有尊重他人的善意。同时他们也不会善待自己，因为一旦某一次他们落到"劣势"的那一方，他们也会无情地批判自己，认为自己一无是处。

无论是"为什么别人都能做到就你做不到"，还是"多考一分，干掉千人"，如果我们经常给孩子灌输这种比较心理，孩子就会把周围的同伴都当成自己通往成功道路上的阻碍，也就很难形成宽厚谦和、包容合作的品质，因为身边的人都可能是自己的竞争对手。

比较孩子的优势，虽然表面上看起来没有批评打压孩子，但这种强调也很容易让孩子执着于在比较中得到些许虚幻的自信和快乐。然而这样的自信是建立在外部评价上的，很容易就像泡沫一样幻灭了。真正的自信是建立在自我评价上的，它不依赖于外界，而是来自于孩子内心深处。自信是一个人对自己能力的认知,只有当一个孩子确信自己可以通过自己的努力达成一定的目标时,他才会获得坚实的自信心。

对于其他孩子也心怀善意,不去盲目比较他们。每个孩子都是独一无二的,有着自己的成长节奏。如果不能放下内心高低比较的评判,又如何能够如其所是地看到对方呢?既然我们能接受自己孩子的特点,也就能明白其他孩子也有自己的特性。不去要求自己的孩子符合别人眼中的标准,也不必拿自己认定的标准去衡量其他孩子。每个父母都有自己所信奉的教养方式,我们没有权利要求任何人遵从我们的育儿价值观。

父母焦虑的根源往往来自于比较之心,但人生不是一场竞赛,幸福也不在于我们赢过多少人,而在于我们运用有限的生命,创造出多少无限的可能性。坚持自己相信的道路,同时尊重他人的选择,看到我们彼此之间仅仅是差异。我们过往的生活经历决定了我们现在会有不同的观点,而并不代表我们之间就有高低优劣、先进落后。我们坚定地践行自己想要的生活,同时也包容接纳其他不同的方式,不去简单粗暴地评判,我们的孩子也会在这样的生活中多一分成长的自信与从容。

觉察自身情绪，
不做情绪的奴隶

在咨询中我经常听到有人说，自己总是因为别人的某句话或者某个举动就被激起情绪，做出一些不理智的行为，明知道这样做不对，但在那个当下就是控制不了。等情绪过后又会很懊恼，后悔自己为什么又没忍住，可是下次再遇到类似的情形，还是会进入相同的循环模式。这确实让人很无奈，似乎自己无法听从理智的指挥，总是在情绪的驱使下做出一些伤人伤己的行为。于是大家经常会问：怎样才能控制情绪呢？

其实情绪是无法"控制"的，如果抱着一种敌对的状态，总想压制体内的情绪，表面上看起来似乎有时会奏效，但被压抑的情绪日积月累积压下来，等到忍无可忍时统统爆发出来，我们就反被情绪所控制了。

我们总想保有正面情绪，消灭负面情绪，似乎这样就可以情绪稳定了。但其实无论是正面还是负面的情绪，都是我们自身的一部分。为了避免消极情绪而想要割裂这部分，其实也是对自身的一种排斥。没有人能够完全依靠理性来生活，一味地压抑情绪，只会让我们更容易爆发。

其实有丰富的情绪并不是一件坏事，它是我们在生活中真实而灵动的表现，也是我们感知和体验生活的重要途径。虽然每个人都喜欢正面情绪，但也要允许并承认负面情绪的存在。负面情绪不是洪水猛兽，它是我们生命中很重要的一部分。我们可以通过情绪这个窗口，不断觉察自己的内在，看到自己的固有模式。

"情绪行为反应"就是我们的固有模式，而这个反应往往与我们之前经历的事件有关。这就像是我们有某种"情绪按钮"，当别人的某句话或者某个举动触发了我们的情绪按钮，我们就很容易因为情绪爆发而失控。由此可以看出，情绪指向的是自我，反映了我们内心真实的需求。如果情绪经常爆发的话，说明我们有某些心理需求被过度压抑或者忽略了。

因此，我们不必批判负面情绪，而是要正视它，通过它了解自我，从而转化情绪。

首先，我们每个人都可以为自己的情绪负责，而不是依靠他人的改变。不管是正面情绪还是负面情绪，它都是我们的一部分。我可以体验悲伤，我可以感觉愤怒，情绪就是我的一部分，它属于我。既然是我的一部分，那就由我们自己负责。每个成年人都为自己的内在负责，不仅为自己的行为负责，也为自己的感受、想法、期待、渴望负责。

如果一个人不愿意为自己的情绪负责，就很容易指责他人："都是因为你惹我生气了，都是你让我觉得很受伤。"这样抱怨的言下之意就是：你可以控制我的情绪，可以决定我的状态，我有没有情绪都取决于你。这种说法，其实是把自己的情绪遥控器交到了对方手中，放弃了对自己的主导，被对方所控制了。

既然情绪是自己的，需要负责的也只能是自己。这么说并不是为对方开脱，好像不管发生什么事情都是我们的责任，不是这个意思。而是说，当事情发生的时候，当对方有行为是我不能接受的时候，当我有情绪的时候，我要承担起自己的责任。我们要么去和对方沟通，要么自己把事情解决，要么处理好自己的情绪，要么寻找替代的解决办法,而不是站在受害者的位置上不断抱怨都是他人引发了我们的情绪,都是对方导致事情变成这样。

有一年冬天,我的手上裂了一道很深的口子,于是我小心翼翼地把手藏在羽绒服的袖子里。有一天我去参加聚会,别人跟我介绍来宾时我们很礼貌地握手,对方一不小心,指甲正抠在我手上的裂口里,疼得我眼泪直流。当时我就很感慨,很多时候我们觉得被别人冒犯,有可能是因为我们自己有伤口未愈。

看到自己的这部分功课,才能把重心放在自己身上,而不是一味向外指责。如果我们总是期待对方改变,实际上就失去了自己的主动权。倘若对方不按照我们的想法来,我们就只能抱着落空的期待而失望了。只有担负起自己的责任,才有改变的可能性。

其次,情绪是我们的一部分,但情绪不是我们的主导。有的人考试失败了,他会感到无助,这是很正常的。但如果生命中只剩下无助,就很容易否定自己,甚至走向极端。有的人在求学、工作、爱情等重大事件上遭遇失败,于是钻进牛角尖,感到生命里只有挫败,看不到以往的成功经验。由此开始否定自己的价值,认为自己什么都做不好,不知道人生有什么意义。有的人在愤怒的情况下,整个自我都被情绪淹没了,只剩下愤怒,于是做出极端的事情来。这些都是因为情绪过于强烈,人被情绪控制了。

这是我们认同了情绪,让情绪控制了自己。这个时候我们的自我部分就退出了,真正的我们消失了,我们让情绪成为了自己的代理。但是,为什么要赋予情绪这么大的权力呢?我们要看到自己的主动权,除了情绪之外,我们还有理智,还有行动。看到自己无论在什么情况下都是有选择的,看到我们作为一个人的整体,才能不被情绪牵着鼻子走。

除此之外，我们还要时刻警醒自己，不要去捡别人的情绪垃圾。我们都想保持自己的房屋整洁干净，我们不会去马路上捡别人丢下的垃圾，让它污染我们的生活环境。但很多时候我们都在捡别人的情绪垃圾。别人的情绪原本与我们无关，但我们似乎总想为别人的情绪负责。看到别人黑着脸，就担心："哎呀，是不是我哪件事情没做好？又哪里惹他生气了？""是不是我刚才哪句话没说好，他误会我了？""他这么说是不是在责怪我没把孩子带好？"想着想着，我们就开始生气或者自责。而当别人有情绪时，我们也很容易被感染。看到对方很急躁，我们也变得焦虑起来；听到对方抱怨，我们也觉得很绝望无助。

总是捡别人的情绪垃圾，会让我们自己变得郁闷无力。我们自己每天产生的那么多情绪都无处安放，干吗还要去捡别人的呢？无法为自己情绪负责的人，更容易受到他人情绪的影响。我们要学会划清界限，区分哪些是别人的，哪些是我们自己的，把不属于我们的部分交还给对方。如果有人向我们倾倒情绪垃圾，该拒绝的时候要拒绝；对于我们已经积累的情绪部分，该清理的时候就清理。我们无法控制别人做什么，无法决定会收到对方什么样的情绪；但我们可以决定收下什么。做好课题分离，人生会轻松很多。

情绪是不会因为压抑而消失的。我们有很多老话，例如"打落门牙往肚里咽""吃亏是福"等等，似乎都在提倡有情绪时不要表达。很多时候我们为了面子，为了文明礼貌，为了做一个懂道理的老好人，为了不让别人讨厌，我们轻易不敢表露情绪。我们一次次压抑自己的情绪，认为这样情绪就会过去，就会消失不见。

然而，情绪如果不清理，就会消耗我们的心力，影响整个人的状态。就像垃圾如果不收拾，就会产生气味、滋生细菌。即便你把垃圾扫到床底下，眼不见为净，但它们并不会就此消失，而是会积攒在那里，成为隐患，直至引发更大的问题。如果情绪一直被压抑，负担就会越来越重，消耗也越来越大。就像气球一直被充气，再怎么假装不在意，也总有一天会爆掉。

这就是为什么很多人会问，怎么我们总是因为一点很小的事情就爆发了？或者经常放大不好的方面，觉得挫败无助、烦躁生气。我们总说这是情绪敏感，但很有可能就是因为之前没有处理的情绪积压太久而遗留下来的问题。同样，如果孩子每次有情绪的时候，我们都用大道理或者指责、说教强迫孩子平静下来，那么孩子也很容易在下次遇到类似事情的时候再次爆发。我们不理解这是孩子积压已久的表现，反而会认为孩子小题大做、无理取闹。

情绪不会因为压抑而消失，只能释放和转化。而释放和转化的前提是，当我们有情绪的时候要承认它的存在，去感受它，觉察自己的内在。

很多时候情绪只是外在的表现方式，引发情绪的其实是我们内心各种复杂的感受。例如老公原本答应一起去旅游，结果因为其他原因耽误了，这时候引发我们生气的其实是失望。如果孩子放学之后没有按时回家，等他回来之后我们一定会暴跳如雷，把他臭骂一顿。但在那个当下，引发我们情绪的其实是担心、着急、焦虑、忐忑、惶恐、坐立不安等一系列复杂的感受。觉察这些引发我们情绪的内在感受，才能帮助我们更好地表达情绪。

有时候我们对孩子发脾气了，孩子的行为引发了我们的情绪，可是事情过了之后，我们会对自己的生气感到更生气。我们会对自己说："我怎么又发脾气了呢？不是明明知道对孩子发脾气不好吗？"这其实是被"我不能对孩子发脾气"这个观点再次激化了自己的情绪。这时候的我们不但在生孩子的气，还在生自己的气。生完气之后又会开始后悔和内疚，进而引发气馁和挫败。

　　每当我们有情绪的时候，可以问问自己：我现在的情绪是什么？是愤怒、委屈、无助、羞愧？引发这些情绪的事件是什么？我曾经经历过类似的感受吗？当时的我是如何应对的？除了那些应对方式之外，我还有其他的选择吗？这样的追根溯源能够有助于我们觉察自己固有的情绪行为反应模式，并尝试做出新的选择和改变。

　　当我们有了觉察之后，当我们和自己的内在连接得更紧密之后，我们就会明白当情绪出现时，我们的内在发生了什么，也可以决定要如何去处理自己的情绪。我们可以选择合适的方式去释放、去转化，也可以做一个新的决定，放下或改变自己的观点或期待，拓宽自己的视角，让自己变得更加包容和开阔。这时候情绪就成了我们成长的一个动力，我们透过情绪觉察自己，让自己成长。

限制性信念是
如何束缚我们的

什么叫限制性信念和束缚性规条呢？我先来给大家讲一个故事。据说有一群科学家用猴子做实验，他们把五只猴子关在一个大铁笼里，铁笼上方挂着一串香蕉，如果有猴子触动香蕉的话，整个笼子就会喷冰水，把所有猴子都淋湿。当这五只猴子被放进笼子之后，它们当然不知道这个机关，于是就纷纷爬到笼子顶端去摘香蕉，可是每一次都被冰水淋成落汤鸡。次数足够多之后，这些猴子们找出规律了，知道碰了香蕉会倒霉，于是就达成了共识，所有猴子都老老实实在笼子下面待着，谁也不敢去摘香蕉了。科学家们把这个现象定义为"社会规则的产生"。

接下来，科学家从笼子中放出一只猴子，然后选了另一只新猴子放了进去。新猴子不知道机关的事，看到香蕉当然就立刻想去摘。可是其余四只老猴子知道如果新猴子碰了香蕉，那所有猴子都要倒霉，于是它们看到新猴子想去摘香蕉，就立刻一拥而上，把新猴子摁在地上打一顿。新猴子莫名其妙挨了一顿打，也不知道是怎么回事，就老实了一阵子，但很快又想去摘香蕉，于是又挨了一顿打。

时间长了之后，新猴子明白了，不能去摘香蕉，否则就会挨打，于是新猴子也学会了老猴子们的规则，所有猴子都不去摘香蕉了，大家相安无事。这时候，科学家们又用一只新猴子，替换了四只老猴子中的一只。这第二只新猴子重复了第一只新猴子的行为，它也想去摘香蕉。老猴子们当然不能允许，于是又把这只新猴子打了一顿，其中以第一只新猴子下手打得最狠。这大概就叫"媳妇熬成婆"吧。

很快，第二只新猴子也学会了遵守规则，不去碰那串香蕉。于是科学家们又继续用一只一只的新猴子替换老猴子，直到五只老猴子全部被新猴子代替。这时就出现了很有趣的现象，这五只新猴子谁也不知道触碰香蕉会有什么后果，因为它们都没有被喷过冰水，可是它们谁也不敢去碰那串香蕉，香蕉成了所有猴子的禁忌。这时候科学家们当着猴子的面把机关拆除，绑上了一串普通的香蕉，可是猴子们依旧不敢去触碰，还是老老实实待在笼子下方。科学家们把这个现象称之为"社会道德束缚的产生"。

听着很有趣对吧，我为了查询真伪，特意去翻阅了一些文献资料，发现这个故事并不是一个真实的科学实验，而是一个寓言，后面还有一些演化，猴群们不同的行为分别对应着阶级的产生、权力的滥用、底层的反抗以及道德的沦丧等等。我当时读到的时候觉得非常有意思，但这个寓言并不是毫无根据，它的来源是斯蒂芬森在1967年针对恒河猴的一项行为学研究。

在这个实验中，相同性别、相同年龄的猴子被两两关在一起。在它们身边有一个装置，若是触发则会受到惩罚。配对的两只猴子当中，其中一只受过训练，知道这个装置的作用，而另外一只未受过训练的却不知道。实验者观察到：受过训练的猴子会在它的"室友"靠近装置时，伸手将它拉开；或是露出威胁的表情，同时身体摆出害怕的姿态。而有过上述经历之后，那些未受训练的猴子在单独与装置关在一起时，和没有配对经历的普通猴子相比，触发装置的次数大大减少了。

斯蒂芬森的这个实验原本的目的是研究在灵长类动物中，后天学会的行为是如何在交流中被传递的。这是动物行为学领域的一个基础课题,并不是拿来作为对种群甚至对人性的研究。但这个实验,还有之前那个寓言故事,都从某个角度非常形象地说明了我们在社会生活中的束缚性规条和限制性信念是怎样产生的。未经思考而被注入、内化的观念,就是规条。很多事情我们谁也不知道真相究竟是怎样的,却不假思索地一代一代把这些规条继承了下来,甚至奉为天条。

我们回看之前的年代,会觉得当时有很多愚昧的观念。现在的我们虽然已经接受了很多科学宣讲和先进教育,但其实依旧被一些观念束缚着。这些观念会导致我们产生不同的行为和感受。

这个世界上并不存在着唯一正确的价值观,每个人的价值观都不一样,这很正常。但如果固守某个观念,认为其绝对正确,不肯变通,甚至家人都应该和自己统一,达成一致,这样的价值观就会变成我们的限制性信念。而我们从小就被植入的、深信不疑的价值观,就成为了我们的规条。这些规条有可能是父母给我们规定的,原生家庭中带出来的;有可能是老师、学校、朋友给我们带来的;也有可能是我们自己在社会生活经验中总结出来的。这些规条每时每刻都在塑造着我们的行为和生活方式,变成了我们的应对策略。

有一些价值观是在社会和人际交往中形成的公序良俗,它会帮助我们生活,协调人际关系和社会行为规范。但还有一部分信念会"过度保护"我们,限制我们思维活动的范围,以某种固定模式束缚着我们的认知模式。我们的头脑就像被一个固定的框框套住了一样,并且从来不知道这个框的存在,不知道框还有外面,不知道外面是更广阔的世界。

这些信念就是限制性信念,藏在我们的潜意识中,指挥我们的思想和行为。这些规条可能已经不再适合现在的生活了,但我们依旧不假思索地继承了下来并坚守着。于是就会限制我们的思维,妨碍我们的生活，给我们造成很多家庭关系方面的问题。这时候我们就要审视自己的价值观，审视自己的规条，看看自己是否被限制性信念束缚住了。

我们每个人都从原生家庭中带来了很多规条和信念，在没有觉察之前，这些信念就在潜意识层面影响着我们的行为模式。有些规条给我们带来了好的影响，而另一些规条可能已经不适合了但我们仍在坚持。因此当规条和生活发生冲突的时候，我们就会觉得挣扎，难以抉择。这也是为什么家庭成员之间似乎总是有观念分歧，冲突不断。审视自己的限制性规条和信念，换一个角度去看问题，人生会有更多的可能性。

我们拿浪费来举例子，这是生活中非常常见的一个现象。我们总是教育孩子要节约，不能浪费。那么什么叫浪费呢？我相信我们的父母辈和我们这一代之间对于浪费的标准一定不一样。勤俭节约，不能浪费，这其实是一个价值观。在我们父母辈成长的年代，他们经历了战乱，经历了饥荒，经历了各种艰难事件。在那个年代，资源极度匮乏，物资总量就非常少，这使得很多人即便是有能力，勤劳肯干，也得不到丰富的金钱和舒适的生活。因此在那个年代里，勤俭节约几乎就是必须的。很多老一辈的人，在这一点上做得非常好，可以说是已经深入骨髓。即便是现在的生活已经得到了极大的改善，但他们依旧保有当年的行为和观念。

但现在我们的生活可以说是物资极大的丰富，大部分人都可以凭借自己的能力，扩大经济来源，创造更为舒适的生活。光靠节省是发不了财的，富足的生活绝对不是节省出来的，而是不断进取创造出来的。

老一辈的不浪费是一样东西用坏了就修修补补，直到完全不能用了才换新的，吃的东西一点都不剩，这才叫不浪费。但如果现在我们依旧穿着打补丁的衣服，顿顿吃剩菜，这明显不符合我们的生活实际，不但不能形成好的品质，反而会影响我们的精神状态。我们完全可以在条件允许的情况下，享受舒适丰富的生活。因此，现在我们所谓的不浪费，更多的是指物尽其用。如果我们没有转换这个思维角度，就会出现很多分歧、矛盾，家人之间的相处也会变得很拧巴。

我的两个孩子小的时候，我妈很喜欢带他们去商场里的儿童乐园玩，那里有儿童手工区，摆着很多太空沙可以做各种造型，还有五颜六色的橡皮泥供孩子们玩。收费是三十元一个人，我家两个孩子，就是六十元一次。当时两个孩子年龄很小，待不了一会儿就要出来，不想玩了。于是六十元就没了，下次再去又是六十。

我觉得不划算，同时也担心商场的橡皮泥总是重复使用，会不干净，于是就自己在家里带着他们把各种蔬菜打成汁，黄色绿色红色紫色的都有，再揉一些面粉，和蔬菜汁揉在一起，变成面粉橡皮泥，再配上一些模具，做出各种造型，这样也可以达到让孩子们玩耍的目的。但这个行为就挑战到了我妈的一个规条——我们居然浪费粮食。确实，我们把面粉撒了一桌子，蔬菜打成汁了肯定也不能再要了，还弄得厨房里花里胡哨的。于是我妈不能接受，就开始不断数落我们浪费。

但如果我们换一个角度思考，面粉和蔬菜作为原材料，玩一次肯定要不了六十块钱吧，在家里自己制作原材料和孩子一起玩，和每次花六十元到商场里玩十几二十分钟，这两种哪个才是真正的浪费呢？这就是规条对于我们思维的限制。如果我们不审视自己的价值观规条，就很有可能既花了钱，又没能让孩子明白，还和家人闹分歧。不但没起到教育作用，反而是南辕北辙。

对于年龄小的孩子，与其给他买很多所谓的益智玩具，倒不如就给他生活中的物品让他去感受去体验。叶儿一岁多的时候，对家里的牙签筒产生了很大的兴趣，于是我就把牙签的尖头去掉，他就自己拿着一根一根地插进牙签筒的小洞洞里，一玩就是半个多小时，拦都拦不住。那时候他还喜欢研究家里的抽纸，一张一张抽出来，团成各种形状，再展开，尝试叠回去。其实市面上有类似的益智玩具卖，把各种形状的积木通过洞洞扔进盒子里，美其名曰锻炼孩子的手眼协调，价格还不便宜。可是家人宁愿买这样的玩具给孩子，也不愿意看他摆弄牙签和抽纸，因为他们认为这是浪费。

所以你看，限制性信念就是这样在不知不觉中运作的。其实节约这种事情，还真不是靠讲道理就能教会的。它是我们平时在整个生活中所渗透的价值观带给孩子的。对于孩子来说，他看到的只是他的工作材料，完全不会把这件事情和是否浪费联系在一起。我们苦口婆心地跟他解释要勤俭节约，他是理解不了的。想让孩子珍惜不浪费，我们可以带着他们一起收拾整理，并享受劳作的过程和乐趣，而不是禁止他们探索和创造。共同努力创造丰盛，才会让孩子们感受到生活的美好。

我每个星期都会花三十元左右给自己买一束鲜花，回家插好，摆在客厅和卧室。每周花三十块钱买一束鲜花放在家里，算不算浪费？在父母眼里绝对算。我妈会花十块钱买一束塑料花，然后很得意地告诉我，这花摆十年都不会坏。可是每周一束不同的鲜花，给我带来的却是生活的色彩，生命的蓬勃，和一整周愉悦的心情。对我来说，这就叫物尽其用、物有所值。

我的一个学员说了一个很有趣的现象。她的父母特别节约，舍不得用水，洗脸洗米剩下的水都要攒着冲厕所，更不允许孩子在洗澡的时候泡在浴盆里玩玩具，因为这都是浪费。但当她带全家出去旅游的时候，二老住进酒店里后，就像水不要钱一样，洗澡洗衣哗哗地流，孩子在淋浴间玩一个小时他们也不管，仿佛要把花出去的房费全都用回来一样。他们这样的行为究竟是节约还是浪费呢？而孩子又会怎么理解这样的行为呢？

我们举的这些例子，不是要去指责我们的父母。我们可以从历史的角度去理解父母这样的观念形成的原因，他们经历过物资匮乏的时代，所以对吃饱穿暖、生活用度方面确实会有执念。这部分被带到我们的成长过程中，或多或少进入了我们的潜意识，成为我们的规条。

观念灵活起来的时候是一个很好的资源，有助于形成我们优秀的品质，但是一旦绝对化成为了规条，就会对我们的生活造成阻碍。如果我持有"人不能浪费"这个规条，我可能会在已经吃饱的时候强迫自己吃下没有吃完的东西，结果把自己撑坏了。或者要求全家不能剩饭剩菜，上一顿没吃完的下一顿接着吃，完全不管剩饭剩菜会产生多少细菌和亚硝酸盐。这些行为原本都是为了不浪费，结果却伤害了自己的身体。

限制性信念最大的误区就在于我们经常把它当成真理和事实。我们从小学会的经验告诉我们，世界就是这样运转的，事情就应该如此，只有这样才是正确的，才能活得更好。于是我们接受了这样的观念，并坚信不疑。可是随着时代的发展，社会已经改变了，我们长大后脱离了原来的生活环境了，我们旧有的观点并不一定适合新的社会、新的环境，于是就会出现各种冲突和烦恼。

我们现在的年代和我们的父母辈是完全不同的，我们的孩子将来所面对的社会，和我们现在的年代又是完全不同的。如果我们固守着自己的规条，就会自然而然地坚信事情就应该按照自己的方式来，所以光自己坚持是不够的，周围的人也应该和我们一样。于是我们就会强迫他人，当他人不按照我们的规条来的时候，我们就会很受伤，很生气，觉得别人有问题。

可是，一个人用什么角度来看待这个世界，是由这个人过往的全部经历决定的。如果这个人和我们的年龄不同、性别不同、出生年代不同、成长环境不同、教育背景不同、经历的事情不同，那他和我们的观点不同就是很正常的。可是我们难以接受他人和自己的观点不一致，当他人不同意我们的观点，或者不按我们的规条生活的时候，我们就无法接受，想要去说服和改变对方，于是就引发了各种冲突矛盾和彼此之间的不理解。

有一个故事大家肯定都听过，讲的是马戏团的一只小象，被绳子绑住脚拴在木桩上。小象力气不够，怎么挣扎都挣脱不出来。慢慢地，小象放弃了，不再挣扎。后来，小象长成了大象，身形庞大，力气惊人，可它依旧被这根细细的绳索拴在木桩上，已经忘记了要去挣脱。此时绑住它的究竟是脚上那一条有形的绳索，还是在它小时候就已经深入内心的无助痛苦的绳索呢？

我们在成长过程中形成了很多限制性信念，但我们已经不像小时候那样无助了，我们现在的能力也比之前的自己强大了很多。当我们在外界环境与现实中碰到限制与束缚的时候，可以往自己的内在去看看，困住我们的究竟是外界的现实环境，还是我们自己内在的制约？

如果我们让信念灵活起来，不再是限制性的，而是创造性的，结果就会完全不同。

我们要不断审视和觉察自己的信念和规条，从而选择不被这样的规条所束缚。淘汰掉一些已经不适合的观念，才能保持发展，否则就会被困住，引发各种冲突。这个世界上的每一个人都不同，也不存在观念完全相同的两个人。他人与我们不同，并不是让我们来否定自己或否定对方。每个人都有权按照自己的方式去生活，你不欠别人一个道理，别人也不欠你一个心悦诚服。信念是可以为我们服务的，而不是来束缚我们的。经常审视自己的头脑，觉察限制性信念，才能让我们摆脱思维偏狭，人生更加广阔。

这世上没有完全一样的两片树叶，但并不影响许多叶子长在同一棵树上。

打破自我设限，人生无限可能

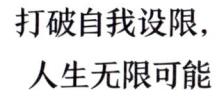

很多人在自己小时候被父母粗暴对待的时候，就会在心里暗暗下定决心，等自己将来有孩子了，一定不会这样对他。可是等自己真的有了孩子之后，却发现自己身上有着父母的影子。明明不希望自己变成他们那样，却又不知不觉用同样的方式对待自己的孩子。其中一个原因是，在我们小时候，在我们有独立思考能力和意识之前，就已经被植入了很多条条框框，这些规条和道理，就慢慢成为了我们大脑后台会自动运行的程序。如果我们意识不到，就会在它们的控制下自动化地思考和生活。

曾经有一位学员跟我分享，她总是不知不觉地破坏家里的气氛，但她自己意识不到。例如孩子考了九十八分，本来挺高兴的，她就会说："有什么骄傲的？你怎么不看看别人考一百分呢？再说了，你这才二年级，不努力的话很多人到了三年级之后就不行了。"全家一起出去玩的时候，孩子看到大海、蓝天特别兴奋，正在欢呼雀跃，这时候她又说："好好玩啊，回去写作文就有内容了。"听她这么一讲，孩子顿时蔫了，哪还能好好玩啊。

有一次，她孩子花了好几天的工夫拼好了一个特别复杂的乐高模型，成就感爆棚，高兴得在客厅里手舞足蹈。妈妈看到后其实也很开心，觉得挺欣慰的，但她说出来的却是："你呀，要是把这个劲头用在学习上就好了。"这孩子一听立刻就不跳了，转过身对他妈妈说："妈妈,你是不是看不得我高兴?"

这句话问得有点狠啊,当时这位妈妈也愣了一下,于是开始觉察自己的内在信念。她发现自己有一个很隐蔽的信念,就是人不能太高兴,得收着一点,否则就会得意忘形,会乐极生悲。这个信念导致她总是在无意识之间破坏家里的气氛,影响了家人的心情自己却不知道。接着她又开始探索寻找这个信念是怎么形成的。

她想起在她小的时候,如果有什么开心的事,她妈妈一定会给她当头泼一盆冷水。从小到大,逢年过节或者家人生日,她妈妈总会弄点事出来和爸爸吵架,或者打骂孩子,然后就哭诉:"我为了这个家付出了这么多,辛辛苦苦连过年都不能休息,你们这些白眼狼还这么对我,我真是命苦啊!"这导致她一度很讨厌过年过节,因为每次都是别人家热热闹闹开开心心,她家冷清萧条,哭叫打闹,原本应该高兴的日子变得非常压抑。而平时的她也不能开心,因为她妈妈只要一看到她开心就会开始诉苦、抱怨,弄得她十分郁闷。慢慢地她也不敢开心了。这些重复的经历在潜意识里不断加深这个印象,就是别太高兴,高兴就要倒霉。于是慢慢地,这个从原生家庭就开始植入的脚本,在她长大成人、有了自己的孩子之后,仍旧在运转,成了她的桎梏。

这也让我想起了我小时候的一个经历。我上小学时有一次做梦,梦到一只狗冲我叫。我们家里有那种老黄历,我闲着没事就去查,上面说梦到狗叫预示着会遇到倒霉的事。我不信,就跟我妈说了这件事。谁知没过几分钟,我就因为没收拾好衣服被我妈打了一顿。我顿时觉得这个梦好灵啊,于是后来我每次梦到狗都会很担心,醒来就说,哎呀我今天又梦到狗了,估计又要遇到不好的事情了。结果就真的很灵,每次梦到狗之后,不是被我妈打就是我妈和我爸吵架,反正总是很倒霉。

前几年有一次我回家，和家人聊天时无意中说起了这件事。我本来想说这个梦真准，结果我妈一脸得意地说："还不是我为了你好，怕你在外面遇到不好的事情，所以在家里先打你一顿，你在家倒完霉了出去就没事了。"看着她一副"多亏是我牺牲付出了这么多才保佑你没事，你怎么还不领情"的样子，我忽然觉得哭笑不得，这简直就是"自我实现"的预言，合着这么多次我都白挨打了。面对这样的神逻辑我都不知道该怎么解释，而这也直接导致了我这么多年以来只要梦到猫猫狗狗就会很担心，一整天都战战兢兢。

这就是我们相信的东西，而我们会用自己的实际行动去证明，自己相信的就是正确的。我们根据自己内心所相信的剧本，创造了自己的命运。这也就印证了之前我们所讲的，观点和信念是如何影响并左右我们的行为的。如果没有这些限制性信念，没有这些剧情，前面所说的那位妈妈就可以和孩子一起享受当下的开心，而我妈也不必因此损伤那么多家人原本和睦的关系了。

怎样可以确保一个人不越狱呢？就是让他根本不知道自己在监狱里。我们头脑中的很多限制性信念就是思想的牢笼，而我们完全意识不到，这才是值得警惕的地方。我们从小被植入的限制性信念不一定都是原生家庭带来的，还有很多是学校、社会都在讲的，甚至是约定俗成的规条。大家一定听过这样的观念："男生理科好，女生文科好，女生到中学就不行了，男生后劲足。""不能轻易满足孩子，不然他就不知道珍惜了。""人要靠自己，不要给别人添麻烦"等等。

这些限制性信念还有可能发展为自我的设限，例如认为别人都比自己强，自己做什么都做不好；想应聘一个岗位，就会想应聘的人肯定都有后台，哪能轮得到我等等。这些信念都在某些方面限制了我们的思维和行动。哪怕是"人要靠自己，不要给别人添麻烦"这种看起来独立自强的观点，也可能演变为不敢对外求助，万事咬牙自己扛。独立当然没有问题，但如果我们在保有自己能力的同时，也能随着情境的不同而变通，学会借助他人或团队的力量，也许又会有一种新的广阔前景。

很多时候我们把自己困在限制性信念里，是因为这些信念被打破之后会有一个恐惧。例如第一位妈妈，她恐惧的是她小时候的经历所形成的印象，就是开心之后就会有倒霉的事情发生。而我妈妈恐惧的是我在外面遇到不好的事情。同样，我们不愿满足孩子，是因为担心孩子会被惯坏；我们逼迫孩子学习，是因为害怕他考不上好学校，就无法拥有一个好人生。这些观念其实并不可怕，可怕的是我们对它深信不疑。

我们意识不到所有的规条都只是一个想法，它不一定是事实，可是我们还是坚信不疑。哪怕我们为此不断内耗、经受各种煎熬，哪怕我们知道很多现实经验都能推翻这种观念，但我们还是坚信不疑，不惜为此而焦虑、抑郁、愤怒、沮丧。痛苦有多强，正说明我们的信念有多坚定，而坚信不疑的背后往往是深深的恐惧。

当我们觉察到自己的焦虑时，反观一下自己的内心，看看我们究竟在担心什么，在恐惧什么？同时问问自己，我的想法是绝对正确的吗？孩子必须按照我的价值观来生活吗？我所担心的事是一定会发生的吗？多思考这三个问题，你会发现，很多时候都是我们自己内心的恐惧在作祟，而和孩子没有关系。

孩子将来要面对的是二三十年之后的社会，我们并不知道那时候的社会是什么样的。整个社会的发展速度会越来越快，如果用我们过去的经验捆绑孩子，还期待他在未来的社会里出类拔萃，这显然是不现实的。如果想让孩子在将来的社会里过得更好，那现在就要让他有自己的思考，过自己的生活，而不是延续走我们的老路。要知道，三十年之后我们都六十岁了，让孩子按照六十年前的生活方式去面对他们的世界，就好比拿着一张古代的地图在现代都市里找路。不是地图有错，它只是不适合已经变化的时代了。所以，很多时候我们要想一想，自己真的知道什么是对孩子好吗？自己真的能够看到整体吗？

我们无法用自己头脑中的模子来设计、打造孩子的人生，但这也正是陪伴一个生命成长的魅力所在。我们无法控制孩子将来会成为什么样的人，过上什么样的生活，因为他们的未来有无限可能。当我们打破自我设限的束缚，跳出头脑中的框架时，我们才能和孩子一起拥抱虽然未知但却令人憧憬的未来，创造充满生命力和无限可能的人生。

保持觉知，
避免隐性的沟通偏离

在我们小时候，我们学会了父母的沟通模式，学会了各种防御机制，我们通过这样的方式保护自己。然而当我们长大后，需要和他人进行沟通交流的时候，这些不良的沟通模式就有可能破坏我们彼此之间的关系。我们的沟通模式很容易引发对方的防御，而对方的回应方式又有可能在我们这边产生负面影响，于是就导致了沟通不畅。

沟通是促进双方进行实质上的接触，但在沟通的每一个环节都有可能导致双方接触中断，很多沟通不畅也因此而产生。如果双方没有实质接触上，尽管两边可能都在说话，而且还说得不亦乐乎，但并没有形成真正的沟通。

沟通不畅也许不是因为沟通的语言出现了问题，而是在我们开口说话之前，就已经被内心各个环节的偏离带走了。

心理学博士叶斌曾经讲过一个夫妻吵架的例子。妻子做好晚饭后，丈夫拿起筷子一尝，说："嗯？这菜怎么这么咸？"

妻子一听不乐意了，回了一句："有得吃就不错了。"

丈夫一听也有情绪了，说："你什么意思？我辛辛苦苦工作了一天，回到家连口饭都吃不上了？"

妻子听了后就炸了："就你辛辛苦苦工作一天？我不辛苦的？你知道我一天到晚要做多少事吗？接孩子、送孩子、买菜、做饭、扫地、拖地、洗衣服、收拾家、陪孩子、给你父母打电话……有本事你在家带一天孩子试试啊？居然嫌我菜做得不好吃，嫌我做得不好那你来啊！"

丈夫也恼火起来："你有完没完，一天到晚就知道啰啰唆唆，鸡毛蒜皮的小事不知道要念多少遍。"

妻子更委屈了："你居然吼我，你居然用这种态度对待我？"

丈夫莫名其妙："我怎么就吼你了？说你两句叫吼你？"

妻子大哭起来："你还说你没吼？从结婚开始你就这样，你每次都这样，我为这个家付出了多少啊，你现在居然这样对我，你这个王八蛋！"

丈夫愤怒地把筷子一摔："你真是不可理喻！"

这个场景不知道大家是否熟悉，这个对话会如何继续下去，相信大家都能够脑补。我曾经做过数十对夫妻和父母子女吵架的观察，这种沟通模式特别常见，非常典型。也许这种模式也在我们每天的日常生活中不断上演。这就是非常典型的沟通偏离。

首先，丈夫说："嗯？这菜怎么这么咸？"这是丈夫发表了一个自己的感觉，他感到菜咸了。这时妻子因为这句话产生了投射，她认为丈夫是在指责自己。为什么会产生投射？有可能是妻子小时候她父母就是这样争吵的，这一句话就能勾起儿时的感觉。也可能是因为妻子内心有自己付出太多的委屈，觉得不做事的人没资格挑三拣四。还有可能是对自己有个隐隐的要求，认为合格的妻子应该贤惠，要照顾好全家，做个贤内助，让家人满意。

而丈夫的话语让她觉得自己被否定了。在这样的信念之下，妻子认为这句话是在指责自己。因为菜没做好，等于我没做好；我这件事没做好，等于我这个人不好。

于是妻子反击说："有得吃就不错了。"这句话已经中断了接触，开始出现偏离。而丈夫没有觉察到这个偏离，反而感到妻子在抱怨，于是就沿着这个偏离的方向继续了下去，说："你什么意思？我辛辛苦苦工作了一天，回到家连口饭都吃不上了？"

听了这句话，妻子认为丈夫只强调自己辛苦，忽视了她的付出，觉得很不公平，于是开始罗列自己的辛劳。这是再一次的偏离。而导致再次偏离的原因可能是因为长期以来被压抑的感受，觉得委屈、不被理解、沮丧、挫败等等。

接下来丈夫被带得又偏离了一步，开始直接指责妻子的抱怨。继而妻子嫌丈夫嗓门大，说丈夫吼她。这是非常典型的偏离，你跟我说事情，我跟你谈态度；事情不管谁对谁错，反正你态度不好。

大家可以看到整个对话，夫妻两个人每一句都偏离一点，于是就离沟通目标越来越远了。这件事本来的沟通目标是什么？不就是想解决一下这个菜为什么这么咸嘛。

有的时候我们去观察夫妻或者父母子女吵架，要不了三分钟，你就根本不知道他们是因为什么原因吵架了，大家都已经离题万里，但每个人都想证明对方是错的。可事情一旦进入到争对错的阶段，事件本身就不重要了，重要的是谁会赢。

那么我们来看一下，如果不偏离，这个对话会怎样进行。首先，丈夫说："嗯？这菜怎么这么咸？"这是丈夫发表了一个自己的感觉，他感到菜咸了。如果妻子不偏离，没有任何投射，只是聚焦在同一件事情上，那么她可能会回答："啊？是吗？我尝尝。"一尝，可能真的咸了。

这时候妻子没有投射，不认为菜没做好等于自己不好，也就不会指责自己，不会防御。她可能会说："奇怪，我是按平时正常的量放的盐啊。"这时候忽然想起来："啊，对了，我新买了另一种盐，和之前一直用的不是一个牌子,可能这种盐的咸度要大一些。那我下次少放点。"这时的丈夫,也没有自己的偏离,不会说什么类似"菜都做不好,你怎么当老婆的"这样的话。这样的沟通才是双方在事件上直接接触的。

这个对话是妻子在觉知状态,摒弃了投射、限制性信念等因素可能造成的影响,让对话保持接触而不是偏离。那么如果妻子已经出现偏离,而丈夫保持觉知状态,同样也是可以将对话拉回来的。

例如丈夫说:"嗯?这菜怎么这么咸?"妻子说:"有得吃就不错了。"这时候妻子因为投射已经发生了偏离。丈夫意识到之后,可以这样表达:"你可能误会我是在指责你,我没有这个意思,只是觉得菜好像真的有点咸,不知道是不是因为炒法不同。要不你先尝尝,看是不是我的味觉出现了问题。"这时候妻子就能从投射中走出来,回到偏离前的对话上:"啊,是吗?那我尝尝。"妻子一尝,好像确实有点咸,于是想起换了盐这回事。这样就又重新回到之前的沟通上了。

因此,无论是妻子还是丈夫,只要有一方保持觉知,就能减少偏离,让沟通回到原有轨道上来。我们是要解决问题,而不是追究责任。

曾经有一位学员分享:"我想说,请别离开我。于是我说,你总是这样不靠谱,你说一套做一套。你根本没有一点责任心,你只想着你自己。你答应的事从来都做不到,你臭袜子乱丢。你不做家务,你只知道盯着手机打游戏。你每天都回来这么晚,你从来不管孩子。你不考虑我的感受,你就是这么自私。我说了一百个字,可我明明只想说五个字,请别离开我。"

真的是很有意思的反馈。生活中有多少次我们只是想表达我爱你,我需要你,我希望你多陪陪我,我想和你在一起……但我们说出来的却是指责、抱怨、批评,结果反而将对方越推越远。如果能觉察自己的偏离，就可以回到初心，表达自己真正想要表达的。

由此可以看出，在沟通中保持觉知很重要。否则一旦一方开始偏离，另一方很容易就跟着偏了过去，于是越偏越远。在整个对话中，更有觉知的那一方会主导对话进行的方向。事情发生的时候，我们往往满脑子都是情绪，都是评判。而当我们开始觉察，就能连接自己的内在，辨识出自己的内在发生了什么。这是个有意识的观察和思考的过程，也是心智化的重要部分。

改变的第一要务是觉察，是看见。在我们没有觉察的时候，往往会自动化地开始旧有的行为模式。而觉察之后，我们就可以看到更多不同的可能性，不会再像过去那样被自动化的反应所控制。当我们觉察到自己又陷入旧有模式的时候，我们就可以做出选择，是要继续旧模式，还是尝试做出新的应对和改变。

觉察带来选择的可能性，选择带来改变的可能性。而一个有选择的人，就是一个自由的人。为了这份自由，为了不被旧有模式所控制，我相信，为此做出改变虽然很艰难，但这是值得的。当觉察的速度快过自动化反应时，我们就可以掌控自己的行为了。换句话说，有觉察的人可以成为自己的主人。

抱怨生活很痛苦，可你真的想改变吗？

A：老师，我觉得生活好痛苦，我想改变，我想成长！

我：好的，你可以寻求专业心理咨询师的帮助。

A：心理咨询好贵啊，而且每周一次，我坚持不下来。

我：嗯，那你可以参加自我成长的课程，通过学习改变自己。

A：上课要去外地，还一连好几天，我没那么多时间呀。

我：那我推荐一些心理学书籍给你吧，你先看书，自己学习，能省很多钱和时间。

A：唉，老师您是不知道，我一看书就打瞌睡，看完啥也记不住。我都这个年纪了，学习已经不行了。

我：看起来你有很多困扰啊，那我们梳理一下思路，重新开始吧。你第一句话说的是什么来着？

A：老师，我觉得生活好痛苦，我想改变，我想成长！

我：不，你不想。再见。

这是我仿写的一则对话，内容是虚构的，但很多人看了都忍俊不禁，觉得这场景很是熟悉，因为生活中确实处处都有这种心态。

曾经有一位很久没联系的朋友，忽然约我吃饭，说想聊一聊她的烦心事。整个吃饭的过程中，她一直在抱怨对生活的不满，老公不给力，婆婆难相处，老大叛逆不听话，老二年龄太小事情多……

在倾听了她大概两个小时的抱怨，帮她缓解了部分情绪之后，我分享了一些调整改善方法供她参考。她听完后，叹了口气说："但凡老公给力一点，我都不会这么惨。但凡孩子听话一点，我都不用这么气。我跟他们诉苦，可是他们也就是敷衍一下，根本不愿意听。你说的这些方法，在我家肯定行不通。"

我问："你试过吗？"她回答："不用试，肯定没用。"

我又问："听起来你对现在的生活有很多不满，那你有做些什么努力来改变现状呢？"她回答："我每天带孩子都已经累得半死了，我还不够努力吗？我哪有那么多时间！他们才是一群忘恩负义的白眼狼！"

我沉默了，看起来她确实很努力，但并不是在努力改变生活，而是在努力重复一成不变的生活。她可能更需要的是宣泄情绪，而不是真的在问怎么办，因为她并不打算尝试任何改变。

情绪需要出口，这个没有问题，但在寻求出口的同时，我们也要意识到自我负责的部分。自我负责，是意识到自己对自己的生活有全然的选择权，并为此承担相应的结果。这是成年人的标志。

干什么不需要时间？抱怨也是要花时间的。是开开心心地陪孩子，还是满腹怨气地陪孩子，都一样是陪，一样花时间。

有一次我在书店闲逛，随手翻开一本日历，上面一页赫然写着："你现在的生活也许不是你想要的，但一定是你自找的。"我看了不由得哑然失笑，要不要这么真实？

我们总是在抱怨自己不想要的生活，可以诉苦好几个小时，简直罄竹难书。可是却很少静下来想一想，我想要的生活是什么样的？设想一下，详细描述出来，然后再问问自己，如果想过上这种生活，我能为此做些什么努力和改变？

要注意这里是我们自己能做些什么，而不是让老公、孩子为我做些什么。让别人改变是把决定权交到别人手上，如果他不改变，我就过不上自己想要的生活。而想清自己的计划并行动，是对自己负责，不用依靠任何人，这才是真正改变的开始。

如果你不花时间创造自己想要的生活，你就不得不花更多的时间去应付自己不想要的生活。但这并不是最可怕的，更可怕的是，如果你不按你想要的方式去生活，那么迟早有一天，你会按你现在的生活方式去想。

渐渐地，你可能真的会认为自己就是无能为力。收入不高、工作不好、老公不给力、婆媳关系紧张……生活慢慢变得无望，这时候再回头看到熊孩子，气更不打一处来。"都是因为你，我才落到今天这般田地！"

不是说不能抱怨，抱怨也有着积极的作用。抱怨有两种。一种是情绪需要一个出口，这时候我们找朋友、找闺蜜，或者找心理咨询师，吐槽、倾诉。这样的情绪清理，会让我们释放一些积压已久的东西，缓解情绪，获得心理支持，从而更清晰地看到自己面临的问题，并思考如何去应对。这样的抱怨和吐槽伴随着思考和承担，是健康的，每个人都需要。即便是在咨询时来访者出现退行，咨询师也绝不会指责他没有担当，因为他寻求心理咨询的这个行为，就已经是在尽力面对困境并寻求改变了。

还有一种抱怨，只是为了昭告天下我有多无辜多可怜，是别人不好，别人欠我的。你们能过上好日子是因为你们有条件，我没办法，我啥也做不了。这样的抱怨只是在一味地倾倒垃圾，没有任何思考和改变。最终得出结论，我果然是最可怜的，生活就是这样的，没法改变。然后回去继续重复一成不变的生活，再去寻找别人继续倒垃圾。

这是受害者心态，祥林嫂般的诉苦。很多时候我们误以为倾诉就是"我有故事，你有酒吗？"但实际上更多时候都是"我有垃圾，你有桶吗？"我们自己不要做这样抱怨的人，同时也要尽量远离这样的人。这种人就像黑洞一样，他们把垃圾倒给了你，他们暂时轻松了，但会消耗你的能量，让你感到低落和无助。

如果你发现身边有一些人，到处寻求解决办法，但无论你怎么跟他说，他都会用"但是""可是""没办法"一类的字眼时，你就要知道，他并不是真的想改变，他只是想抱怨想吐槽，想证明自己已经仁至义尽，都是别人的责任。待在困境中，实际上满足了他的某些心理需求，因此他并不想改变。如果你愿意，就倾听他一下，帮他缓解情绪。如果不愿意，那就躲远一点，毕竟谁的时间都是宝贵的，没人有义务一直充当垃圾桶。

生活没有对错，只有选择。在艰难的时候，学会做选择，并为此承担结果，这是一种能力。做选择是需要勇气的，每一个选择都有其代价。选择无关是非对错，只问这个当下，你想要的是什么，并愿意为此付出什么样的代价。带着这份觉察去做选择，并承担结果，才是一个成年人成熟的态度，才能最终达到自己想要的目标。

人生没有那么多"不得不"，每一个"不得不"都是"我选择"。

曾经有一个读者写信给连岳，抱怨了老公一堆的毛病，但又表示没有任何办法改变，也不打算离婚，问连岳该如何看待这段婚姻关系。连岳回复了一段话："如果一个女人（男人同理），常年不断抱怨自己的老公，却又不肯做任何改变，那就说明你只配得上这样的男人。求仁得仁，有什么好抱怨的。"

这话虽然不好听，却直接点出了成年人自我负责的意义。如果对婚姻有诸多不满，我们可以做的选择其实有很多。有的妈妈选择去和老公沟通，坦承自己的感受和需求，表达自己的期待和渴望，和老公一起磨合，经营家庭。也有一些妈妈们，选择先做好自己，通过自己的改变，影响和带动家人，从而营造出良好的家庭氛围。

还有一些妈妈们，顶住压力和骂名，把老人送回家，不再允许他们搅和自己的生活，和老公两人承担起养育的责任，而原本是甩手掌柜的老公，反而在这样的生活中学会了担当。另外，也有的妈妈在做了各种改变和努力之后，发现这段婚姻关系真的已经不适合自己了，那就带着勇气和力量，负责任地结束这一段亲密关系，勇敢地去面对新生活、新挑战。

再或者，看到自己暂时没能力离开，也许经济不独立，也许精神不独立，那就降低期待，接受目前暂时的状态，同时提升自己的能力，积聚力量，为今后能有更多选择做准备。

这些都是我们可以做的，而不是一直躺在受害者的位置上，一边抱怨自己遇人不淑，另一半有多渣，父母有多不给力，一边却又不做任何改变。

不如就干脆坦承，我现在没有经济能力养活自己，所以暂时不能离开。或者我就是不能接受别人的眼光、他人的评判，所以我忍着不离。即便就是最高尚的美其名曰"为了孩子能有完整的家我才不离的"，也请看到，这背后并不是真的为了孩子，毕竟不幸的家庭对孩子的影响可能更大。

"为了孩子不离婚"的潜台词是："我担心离婚会对孩子有不好的影响，而这都是因为我没能给他一个完整的家，这会让我觉得自己不是一个好妈妈。我不能接受自己不是一个好妈妈，所以才坚决不离。如果不离婚，即便这样的生活对孩子也有不好的影响，但至少不是我造成的。"

这世上从来没有"我这样都是为了你",所有的"为了你好",实际上都是为了自己。只有承认这一切,勇敢地承担起自己的责任,才有勇气去面对和改变。

阿米尔·汗的电影《神秘巨星》刚一上映就很火爆,很多人的关注点都在小女孩尹希娅和慧眼识珠的音乐人身上,但剧中尹希娅的母亲也格外令人赞叹。尹希娅的母亲是一个连字都不认识的文盲,因为印度的女性地位极低,甚至连最基本的人权都没有。她自小被包办婚姻来到这个家庭,面对丈夫的殴打和辱骂,面对被赶出去就会饿死的处境,依旧尽自己最大的能力给了女儿爱和希望,在凄苦的生活中不断找到乐趣,用乐观和微笑给孩子们的内心刷上阳光的底色。

钱钟书的夫人杨绛,曾被剃去半边头发,她就用女儿剪下的旧发自编了一顶假发戴。被罚扫厕所,她就把厕所打扫得如同自家客厅一样干净,并利用空余时间在里面读书。每周被安排繁重的工作,她一定会在周六之前完成,因为周日她要休息,去旁边的林地摘花回家插好。

她们有充分的理由抱怨生活不易,工作辛苦,命运不济,但她们却没有放任自己随波逐流,而是完全担负起对自己生活状态的选择和承担。这才是一个成年人的态度。我们现在已经比她们有了更多选择的条件,能更好地创造自己想要的生活,不要辜负自己的人生。

我在刚生完两个孩子之后,也曾经跌落到谷底,尝尽了孤立无援的滋味。那曾经一地鸡毛的日子了,看到很多妈妈们的留言,太多太多的不容易,太多太多的感同身受。同时我也看到了绝大多数妈妈们即便有再多的不易,也依旧在努力调整自己的生活,让我打心里由衷地敬佩。所以我向来不愿用犀利的言辞对待妈妈们,甚至稍重的语气都不愿意,因为她们需要的是自我关爱和疼惜,需要的是支持和抚慰。

为了降低妈妈们的焦虑,我写了很多文章安抚她们的心。但同时,我依然希望,我们每个人在抱团取暖、寻求抚慰之后,都能带着决心和毅力,去面对生活,去思考、去追求、去创造。

我在十几岁时曾经生过一场很严重的病,多次的手术和长达八年的激素治疗让我的身体受到严重的创伤,至今我也不知道什么时候会再次复发。我也曾无助地抱怨命运不公,但当这些年我开始接触儿童临终关怀时,我看到那么多有足够理由抱怨的孩子们,都那么努力地活着,我所能感受到的,全都是满满的生命力。也许正因为人生的不可预测,才更加要追寻自己想要的生活,不要辜负此生。

还是那句话:当一个人真正下定决心要做一件事的时候,是没有什么可以阻挡的,只是这个决心,没有人能帮你下。这确实很不容易,但也正是因为如此艰难,成长才变得更有意义,跨越之后带来的会是热泪盈眶的欣喜。

生活很痛苦，
我真的想改变

上一篇文章提了一个扎心的问题：抱怨生活很痛苦，可你真的想改变吗？这一篇我们就来具体说一说，当我们面对生活困境的时候，下定决心想要改变，可以从何做起。

心理学里有一种现象叫强迫性重复，说的是我们很容易在不知不觉中，重复某一类型的经历。强迫性重复可以理解为一个人小时候形成的关系模式的不断复制，比如重复糟糕的关系，重复不幸的经历等等。可是为什么我们明明知道这样的生活很痛苦，却又很难做出改变呢？

因为这样的生活虽然很痛苦，但这种痛苦是我们所熟悉的，是一种确定的痛苦。可一旦我们改变现在的生活，比如结束一段关系，或者坚决拒绝某件事情，这些改变会带来强烈的不确定性，谁也不知道改变之后带来的结果究竟是好是坏，难度有多大。而这种不确定性带来的恐慌，比糟糕的生活更让人难受。

做出改变是需要勇气的，它需要我们去面对强烈的不确定性。在改变之前，要有作为一个成年人的心态，意识到我们对自己的生活有全然的选择权，并为自己的选择负责。当我们不再以受害者心态看待问题之后，我们就可以开始在现有的困境中寻找资源，找到事情还没有那么糟糕的一面，作为我们今后改变的一个支点。

有一位妈妈抱怨婆婆带孩子的方式不科学，无论怎么说都不听，还总是指责自己,几乎每天都要发生争吵。这确实是一个很艰难的处境,婆媳共处于一个屋檐下,躲都躲不掉,如果每天闹别扭,确实很令人糟心。

这样的困境中的资源是什么呢?对于那位妈妈来说,是"虽然婆婆带孩子的方式不符合我的要求,但正是因为有她帮我带孩子,让我不用辞职在家,而是可以有自己的工作和收入"。这就是事情还没有那么糟糕的一面,也是将来改变可能发生的点。

另一位学员曾经抱怨她老公在家就是个甩手掌柜,什么事情都不管,一到寒暑假就把自己的亲戚连同她们的孩子一起都接到家里来住,让本来就不大的房子变得更为拥挤。家里大人孩子一大堆,鸡飞狗跳,而这位学员还必须做所有人的饭菜和收拾家务,只要有怨言,就会被指责,因此她已经想了无数次离婚了。这一听就令人头大的困境,还能有什么资源?

这位学员当时找到的资源是:"当初公婆叫我们搬回去和大家庭一起住,幸好当时没同意,否则情况会更糟。现在房子虽小,至少是我和老公自己的,我有主权。"虽然她的主权暂时还没显现出来,但看到这些资源,就为后续的改变打下了基础。

想要改变困境的第一步,就是寻找资源。这一步能让我们发现什么对自己来说更重要。例如那位抱怨婆婆带孩子方式不科学的妈妈,也许会发现独立工作、有自己的收入很重要,因为这会带来话语权;也有可能发现孩子的成长更重要,宁愿自己带孩子也不接受婆婆的方式。这两种都没有对错之分,找到对于自己更重要的那一项,我们就知道自己要往何处去。

那位想要离婚的学员也会发现,不敢拒绝就一定会被烦扰,而保护自己的生活就一定会受到指责,甘蔗没有两头甜。相比自己受到不贤惠、不体贴的指责来说,享有独立的空间和生活不被打扰更为重要。

在困境中寻找资源,并不是阿Q式的精神自我安慰,而是让我们的心能够暂时安定下来,不致陷入绝望和无助当中。看到事情并没有发展到最糟糕的地步,我们还有立足点,是将来改变的根基。

找到了资源,想清了什么对自己更重要,我们就可以进入第二步,问问自己:"我想要的生活是什么?我希望这件事如何发展,才能让处境变得更好?"

人生总是要向前看的,如果你不满意现在的生活状况,那么什么样的生活是你所希望的?什么样的关系是你想拥有的?现在很多人看起来很拼命很努力,但都是在努力逃离自己害怕的生活,而不是在努力创造自己想要的生活。

想清楚自己想要什么样的生活,可以帮助我们确立目标,并朝着这个目标去努力,这样即便是生活暂时不如意,我们也能在其中积蓄力量。但是光空想是没用的,必须要付诸行动,才有可能带来改变。问问自己:"我可以做些什么,让情况变得更好?我能怎样做,来实现我想要的生活?"

之前那位抱怨婆婆带孩子方式不科学的妈妈,她可以根据自己想要的生活目标,做出完全不同的选择。例如暂时在家亲自照顾孩子,等孩子三岁上幼儿园之后,白天妈妈恢复工作,晚上自己和老公一起陪伴孩子,婆婆只负责接送,对孩子影响不大。

也可以先让婆婆帮忙带孩子,自己得以继续工作,并积极学习技能,不断提升业务能力和收入水平,收入提高后专门请人照顾孩子,不再让婆婆插手。

再或者,积极修复和婆婆之间的关系,不是只看到她不符合自己期待的一面,而是看到她为这个家的辛苦付出和努力,多给予肯定和欣赏，而不是挑剔和指责。当婆婆的价值感和归属感得到满足后，也就不会在每一件事情上都想去争个输赢了。

以上这些都是可以做的选择，看到这些，就不会陷在"我没办法，我什么都做不了，我好可怜，生活好倒霉。"这样的无助和抱怨之中。

那位抱怨老公当甩手掌柜，却还招一屋子亲戚的学员，她做得更绝。原本都已经无数次想要离婚的她，按照刚才我们讲述的方法，明确了自己想要的是不被打扰，且不负担额外的家务。于是她开始努力提升自己的家庭地位，虽然没有外出工作，但是她利用孩子上幼儿园的时间，在家制作家乡卤味，并直播制作过程。因为用料真、口味好、分量足，慢慢地订单越来越多，收入也逐渐可观。老公再也不敢说她"又不工作，就只带个孩子，让你招待一下亲戚怎么了？"

暑假时老公又把一大家子人带到自己家住，这个妈妈立刻订了机票和酒店，带着孩子出去旅游了。并留言说："不是不让她们来，来当然可以，但你自己家的亲戚你自己招待，我和孩子不想被打扰。"这位妈妈没抱怨一句，也没想改造老公，而是直接为自己想要的生活负责。她老公只好和亲戚们一起收拾家务，那些亲戚发现不再有人伺候她们了，后来也不来了。

生活很痛苦，如果真的想改变，就拿出自己的行动来。抱怨是解决不了任何问题的。这些年里，无论我是讲授课程，还是接个案咨询，我发现很多人总是想得特别多，说得特别多。有不少人在叙述自己的婚姻问题或者育儿问题时，会从自己小时候开始说，说自己的原生家庭，说小时候父母是怎么对待自己的。他们会列举很多具体事件，以说明自己小时候没有得到很好的爱，由一件事说到另一件事，一说就说一两个小时，你不拦着他能继续说一下午，已经完全忘记了自己最开始想要解决什么问题了。

一个人需要倾诉，这没有问题，但倾诉之后要回到个人成长上面的话，是不需要每次都讲述这么长的故事的。现在很流行的一个概念就是原生家庭，很多人会把现在自己的不如意，归咎到自己的原生家庭上。有些人在知道了原生家庭的理论之后，就会开始追根溯源："我现在的心理阴影是如何形成的，父母现在还这么对我，他们完全不改，我根本没有办法。"

其实并不是所有的心理疗愈都要挖原生家庭的旧伤，过去的事情已经发生了，我们改变不了，但我们可以改变这些事情对现在的影响。原生家庭没有我们想象的那么重要，重要的是你现在想怎样，并如何达到。

就好比你开车发现自己迷路了，你会去想为什么别人都不迷路，偏偏是你迷路了吗？你会坐在那里哭吗？"哦，因为我爸爸以前迷路，当时我妈妈也没帮他……""因为刚刚没有人告诉我应该左转……""为什么我总会吸引来负面的东西……"你会这样吗？你不会。你会直接拿出手机，用 GPS 赶紧导航回到正道。为什么我迷路？答案很简单，我只是走错了，就这么简单。我们不需要把自己的几代原因都翻出来，而是从现在开始，你就可以去找到那条通往目的地的路。

痛苦很简单，只需要给生活下一个负面的定义，不断诉苦、抱怨，就可以一直待在那儿，使用这些理由，例如："我妈妈不爱我，所以我没学会爱我自己……""从小父母就没有给过我任何肯定，所以现在我也学不会肯定孩子了……"可是，你是真的在经历痛，还是在演绎苦？

过于强调原生家庭的危害，总会让我们忽略，在成年之后我们是有权利和责任选择自己的道路和人生的。你的幸福没有必要取决于父母是否改变，你可以在不改变原生家庭的情况下，自己创造想要的生活。即便他人一如既往没有任何改变，你也可以克服过去的困扰，摆脱它们对你成年生活的影响。在原生家庭以外，我们可以找到自己情感和生活的根基。摆脱原生家庭影响的最好方式，就是成为想要的自己。你无法看着后视镜去开车，因为你的目标在前方。

如果你的生活让你觉得很痛苦，你可以问一下自己，你甘愿一直这样下去吗？你甘愿一直过这样的生活吗？如果不愿意，你可以做些什么来改变呢？在困境和痛苦之中，我们看到的不是痛苦本身，而是这件事我可以如何选择。这样的思维，就帮助你把焦点从"我面对的事情真是太糟糕了，我太倒霉了"，转移到"我可以做些什么，采取哪些行动来走出困境"。当你开始思考自己能做些什么，而不是自怨自艾的时候，你就不会一直沉浸在痛苦和自怜中，而是开始创造和改变。这就是一种成长型思维。

我们总会说，自己前半辈子就这样过去了，后半辈子希望能更好。那前半生和后半生的分界线在哪里呢？就在此刻，就在当下。这一秒之前的人生都已经是我们无法改变的了，但这之后的人生，是我们可以努力去创造的。我们都希望自己有创造未来、改变未来的能力，其实这种能力我们一直都有，因为现在你的每一个选择，都是在创造未来的自己。知道自己想要什么样的生活，脚踏实地去创造，时间会犒赏深入逆旅的勇者。

第五章

社会视角,
为孩子创造共享的未来

孩子在公共场合与别人发生冲突，怎么办？

外出时，父母们都会担心自家孩子和其他人发生冲突。尤其是孩子扎堆的地方，比如游乐场或公园，小孩子各自秉性不一样，社会属性还没发展起来，很容易引发冲突。倘若父母们掺杂其中，都想着为自家孩子出气，争吵升级成打斗，事态就更为严重了。在一些社会民生的新闻报道里，因为孩子之间的争抢引发双方父母大打出手的事件层出不穷。

我们都知道，平时良好的家庭教育，以及带孩子出门时父母的监管，都可以很好地避免这样的事件发生。但孩子确实变数大，尤其是年幼的孩子，还不能很好地控制自己的身体，一些冲撞在所难免。万一事情发生了，如何处理才能不让情况恶化，也是我们需要学习的。

我的一位学员优优妈向我描述了这样一件事：有一天她在下班回家的路上接到公婆的电话，说孩子在小区里的儿童活动场地玩，把别的孩子推倒了，对方撞到了头，双方家长正在吵架，让她赶紧回去看看。

优优妈吓了一大跳，火急火燎赶到现场时，看到对方妈妈是个孕妇，正急切地问自家孩子："告诉妈妈，为什么抢玩具？玩具是谁先拿到的？后来怎么回事？谁先动手打人的？"对方奶奶和优优奶奶把各自的孩子拦在背后，互相对着喊："说啊，把事情说清楚啊"，而对方爸爸在高声要求："去找小区提供监控视频！我倒要看看究竟是怎么发生的！到底是谁先动的手！"

这时对方奶奶伸手想打优优："我打死你个惹事的！看你把我孙子摔成啥样了！"优优奶奶一边护着孩子，一边还嘴硬："你打啊！你打啊！我已经给你道歉了，你还想怎么地！那你来打啊！"刚刚赶来的优优爷爷，一听说要打孩子，立马炸毛，大老远地声援："你敢动手你试试看！"孕妇妈妈一见优优爷爷冲着孩子过来了，连忙想要拦上去。对方爸爸一边拉着妻子，一边掏手机准备报警。

这场面简直混乱到极点，优优妈根本没时间思考，赶紧冲上去调解双方，疏导情绪。她先赶过去看对方孩子，那孩子已经不哭了，额头上有一道红肿的印子，被眼前的混战吓得一声不吭。优优妈蹲下来对他说："宝贝吓到了吧！哎呀，都肿了，看着真让人心疼！这眼睛红红的，刚才一定是哭了很久了，好难过哦！"

然后起身对孩子爸爸说："真是不好意思，您家孩子受伤了，您一定心疼死了。我马上陪你们去医院检查，咱先确保孩子没事啊。"听完这几句话，对方一家人稍微安静下来，不再追打和争吵了。

优优妈回过头来安抚了一下优优，让公婆先把孩子带回家，然后准备陪对方一家去医院。公婆刚一走，对方妈妈和奶奶就跟她告状，说她公婆说话如何不中听。优优妈边听边说："是啊，这样说话真是挺让人生气的。您这怀着孕，还被气成这样，真是不好意思。我家奶奶那张嘴啊，平时我也没少跟她吵架，我是知道的，也难怪你那么生气呢。"接下来在对方的抱怨中，全程保持倾听。

对方爸爸听了之后，说："我刚才也是着急了，才喊着要报警的。其实我家奶奶说的话也不对，哪能说要动手打孩子呢。"

优优妈连连点头："嗯，我明白，奶奶肯定是被气坏了。正常的，谁家孩子受伤了奶奶都会心疼得要命的。奶奶也不是真要打孩子，就是被气的，气话不能当真，我都明白的。"

两家人打车去医院，一路上优优妈和她们聊孩子的事，等到了医院，对方已经基本没情绪了。见到医生后，优优妈比孩子爸妈还关心，非常细致地询问医生："这个肿要不要紧？啥时候能消？要不要用药？会不会留下印子？要做啥检查？有什么注意事项？"

医生查看之后解释说不需要用药，已经看不出肿了，没必要做检查，既麻烦又折腾孩子。过两天就全消了，不会有印子。双方放心地带着孩子离开了医院，优优妈叫车要一路送他们回家。对方反倒客气起来，说不一定顺路，自己打车就行。优优妈笑着说："顺路这还不简单，想顺路就可以顺路的。"孩子爸妈一听这话都笑了。

在回去的路上，优优妈说："如果孩子还有任何情况，都请及时联系我，就算上班时间我也可以请假过来的。当然，我更希望孩子没事。"孩子妈妈说："是的，我们也希望孩子没事，谁也不想要麻烦的。"优优妈也再次表达歉意："是是是，都是希望孩子没事。今天实在是不好意思，让你们受累了，尤其是孩子妈妈，怀着孕还来回折腾，真是很抱歉。"在聊天的过程当中，双方互相留了联系方式。等到了目的地，一家人下车的时候，孩子还对优优妈说："阿姨拜拜！"

关上车门，优优妈长长地舒了一口气，庆幸自己到得比警察早，不然要搞到双方去公安局做笔录，那可就真麻烦了。回到家后，优优妈再去倾听公婆和孩子的说法，为他们做好心理建设，平息了这次纷争。

回想这次事件，还真是平静中蕴含着惊心动魄。小孩子之间难免冲突，有时事情并不严重，但双方沟通的方式和态度很重要。倘若双方的态度是："就这么点印子，有啥严重的？这不都跟你道歉了吗？""你这孩子也太没教养了吧！怎么随便打人啊？""就你家孩子娇贵！那我们家孩子不也挨打了嘛！""看你家长这样就知道，教不出什么好东西来！""小孩子哪有不打架的？还有完没完？你一个大人就这么点见识？"如果是这样，估计双方矛盾就会升级，然后又一个游乐场熊孩子家长的视频要上热搜了。

带孩子在外，尽量不发生争执，若发生了，倘若不严重，就不必太计较，主动道个歉，可以帮助我们避免冲突。但当事情已经演变至此，如何解决，更是一种考验。不做任何评判，而是去看到所有人的感受，这一点难能可贵。看到孩子的害怕、奶奶的心疼、父母的愤怒，以及全家人对孩子的关心。而不是纠缠于谁对谁错，谁先动手，谁不讲道理。道理是冷冰冰的，感受却能连接彼此。

通常冲突发生时，当事双方都站在各自的角度，各执一词，很难评判是非对错。而听到和明白对方的感受，才能让他们觉得自己真正被尊重、被理解，而不是被否定、被指责。只有被尊重，才会去尊重对方；只有被理解，才愿意去理解他人。而建立在尊重和理解之上的沟通，才能更好地解决事情。

我们常说，事情发生的时候，要先处理情绪，再解决问题。当情绪占满大脑的时候，我们没有理智思考的空间。这也是为什么很多人在情绪激烈的时候容易做出冲动的行为。带着尊重的态度去倾听和同理对方，帮助对方释放情绪，让大脑恢复平衡状态，让理智回来。这时候，他们也能够更全面地看待整个事件了。

这时候可能有读者想问，这不就是认怂吗？如果自家孩子是被欺负的那一方，面对强硬的另一方，是不是也只能认怂了事呢？

其实这还真不是认怂。认怂，是自我能力不足时的反应，因为自己没有办法，只能压抑下来，而内心却是不满、怨恨，但又很无奈。而优优妈的主动道歉，是清楚地知道家人的行为给对方造成了什么样的影响，并且能够同理到对方的感受。这样的道歉才是真诚的，也更容易被对方接受。

那么，如果自家孩子是被欺负的一方，作为父母要如何去做呢？一位妈妈留言："我家女儿性格很温和，每次在游乐场玩的时候，别人抢了她的玩具，她也不敢要，就只站在原地哭。我看着又急又气，但很多书上都说，要让孩子学会自己解决，可是我让她抢回来，她又不敢，我真是不知道该怎么做了。"

我们说父母不要过多地介入孩子之间的纷争，但这并不是说把年幼的孩子直接扔进社会的"丛林"，什么事情都让他们自己解决，以此来锻炼他们的能力。让还没有社会经验和能力的孩子独自面对所有事情，这是不现实的，也是父母的失职。父母对孩子有监护责任和保护义务，在必要的时候应该为孩子提供协助。

米妈带着三岁的小米在淘气堡玩的时候，另一个大孩子抢走了小米正在骑的车子，并把小米推倒在地上。小米哭了起来，米妈远远地看到了，走过来扶起孩子，对她说："哥哥抢走了你的车子，你觉得很伤心。"小米哭着点点头。妈妈继续说："他把你推到地上，一定摔疼了吧。"小米说："妈妈你去打他！"妈妈拉着小米的手，说："我们一起去和小哥哥说。"

米妈带着小米找到刚才的孩子，蹲下来对他说："妹妹正在玩车子，你没经过她同意就把车拿走了，这让她很难过。请你还给她。"小男孩愣了一下，还是不想归还。米妈说："我看到你也很想玩，车子是妹妹的，如果你想玩，可以征得她的同意。"小男孩听了后，把车子还给了小米。

米妈说，孩子在幼儿园如果争抢玩具，老师也会帮助调解。孩子们会目睹整个处理过程，渐渐地也就学会了自己用语言表达需求："我能和你一起玩吗？""我能用我的玩具和你换着玩吗？"同时学会维护自己的物权："这是我的东西，我不同意你拿走。""你不可以打我。"

当孩子的玩具被抢时，我们不应直接替他抢回来，因为这样并不能增加孩子内心的力量，反而容易让孩子产生依赖，今后类似的事情都找父母解决。但我们也不应不闻不问，任由孩子自己处理，这会让孩子感受不到父母的支持，而是推诿和冷漠。父母在必要的时候，可以带着孩子一起去和对方沟通，孩子会看到你的处理方式，并从中学习。

事情发生后，先安抚孩子的情绪，再带着孩子一起去解决。在这个过程中，我们可以教给孩子的是每个人都对自己的玩具拥有物权，不能通过暴力手段抢走，这也是孩子学到的人际关系中最初的界限。孩子们会慢慢明白，他们可以凭借自己的力量，保护自己的权益。

如果打闹争抢需要和对方家长去沟通，我们也可以使用非指责的方式，告知对方我们的感受："刚才你家宝宝把我女儿推倒了，差一点儿撞到头，我真的很心疼。小孩子之间打闹在所难免，只是我家年龄小，确实让我很担心。希望我们互相多留意一些，避免孩子受到伤害。"

需要注意的是，我们使用的语言是表达孩子的感受，而不是指责和批评。不是对孩子说："你怎么抢妹妹玩具呢？一点儿不懂规矩。"更不要向对方家长说："这是谁家孩子？也不管一管？把我家孩子推倒了还打人！怎么教育的？"

如果气势汹汹、得理不饶人地去找对方算账，就很容易引发双方的争执。但倘若我们不带任何指责和评判，只是表达感受和影响，大多数父母都会比较愿意配合，照管好自己的孩子。

如果遇上极端情况，对方家长很强硬，说话不中听，那就把孩子带离，不必因此而消耗自己。对方能沟通就沟通，不能沟通就先安抚自己的孩子。保护孩子永远是第一位的。这也会让孩子懂得，公共场所应该遵守规则和讲礼貌，自己权益受到损失时可以去争取，但遇上蛮不讲理的人也要懂得避免冲突升级给自己带来更大损失。

为什么别人不遵守规则，我却要遵守呢？

叶儿八岁时，有一次周末，我带他去看电影。

"妈妈，咱们快走，等下电影要开演了！"

"还要稍等一会儿，现在是红灯啊。"

"可是你看，其他人都过去了。"

"你担心赶不上电影？但还是得遵守交通规则呀。"

叶儿想了想，没再吭声。我们到了电影院，电影刚开始不久，我们很快沉浸其中。

晚上临睡前，我给叶儿盖好被子，轻轻抚摸他的头，对他道晚安。叶儿忽然问我："妈妈，为什么别人可以不遵守规则，而我们就要遵守呢？"

我愣了一下，想起了白天的事情，于是问："啊？你是在说今天过马路的事情吗？"

叶儿说："对啊，他们看到没车了就过了，而我们还傻傻地在原地等。"他不满地跷起了腿："而且不只是这一件事哦，我经常看到大人们随地扔垃圾、吐痰；高铁上给小孩放动画片不戴耳机，吵死人了。"

我说："哦？看起来你观察了不少这样的现象呢。"

叶儿撇了撇嘴说："大人总是教育我们要遵守规则，可是并不是所有人都会遵守啊。"

我点点头："是啊，确实有很多不守规则的现象呢。"

叶儿说："他们不遵守规则，反而得了方便，只会给别人造成麻烦，这样一点都不公平。"

我说："你觉得不守规则的人是占了便宜？"

叶儿很不屑地说："对啊，所以我才生气呢。"

"这样啊。"我停了一会儿，问道："你还记得上次我们去飞滑翔伞，被爽约的那次吗？"

叶儿想了想，点了点头。

我经常带着娃们去跳伞、骑马、射箭、攀岩，也因此结识了一批爱好者。有一次，我们几个家庭约着一起去飞滑翔伞。提前半个月就预约好了时间并且交了定金，可是当我们大老远赶过去之后，却被告知节假日人太多，两天之内都排不上，如果想提前飞就得加钱。

看到叶儿想起了这件事，我继续说道："你还记得吧，那次我们提前很久就定好了时间，可是他们并没有给我们安排，导致我们白跑了一趟，原有的假期计划也被打乱了。"

叶儿说："对呀，我还推掉了一节游泳课呢。所以说呀，我们遵守规则，但并没有好的结果。他们不遵守规则，却也没有任何惩罚。"

我："哦？你真的认为他们没有任何惩罚吗？"

叶儿疑惑地问："有什么惩罚？"

我问："我们那次原本有多少人一起去玩？"

叶儿回忆了一下，说："大概八九个吧。"

我又问："那你觉得我们被爽约之后，还会继续在他那里玩吗？"

叶儿说："才不会呢，飞滑翔伞的又不只有他一家，很多地方都有啊。"

我说："对，所以那次我们也是改选了另外一家。他们因为不守信用，直接损失了十个客户呢。"我稍微停了一下，接着说："我们在另一家飞完之后，发了照片到朋友圈嘚瑟，有好多朋友都在问这里是哪儿，也想去玩。这时候，你觉得我会推荐哪一家呢，是爽约的那一家吗？"

叶儿说："肯定不会，你会推荐其他家。嗯……我想，和我们一起去玩的那些人，他们也一定不会推荐那家的。"

我说："是啊，所以他们还损失了更大的一批潜在客户呢。"

叶儿想了想，又说："被我们推荐去玩的那些人，他们也会发朋友圈，也会有他们的朋友问他们，他们推荐的也一定不是之前那一家。"

我说："嗯，对的，这就叫口碑效应。别小看只是一次不遵守规则，却白白损失了大量客户。生意好的时候他们可能不在意，但等其他同类机构都开始进入市场了，如果他们还是继续不改进经营，慢慢地，来他们这里的客户就会越来越少了。"

叶儿抢着说："那他们就赚不到钱了，然后就会倒闭了。"

我点点头："很有这个可能。所以，你还认为他们没有得到惩罚吗？"

叶儿思考了一会儿，说："那是因为别家遵守规则，他不遵守害的就是自己。可是，如果大家都不遵守呢？是不是就没有影响了？"

我想了想，说："如果一条街道很干净整洁，那么原本想扔垃圾的人也会觉得不好意思，不忍破坏。可是如果道路很脏很乱，行人们就会觉得，反正已经这么脏了，扔一点垃圾也没多大关系，最后就会导致这条街道越来越脏。所以，并不是没有影响的，如果大家都不遵守规则，只会让我们的生活环境越来越糟糕。"

我揉着他的腿，一边按摩一边说："同样，你刚才说的在高铁上很大声音看视频的现象。如果一节车厢里很多人都在外放视频、大声说话，那其他人也会觉得无所谓，而且还会把声音开得更大，否则根本听不见。但如果车厢里很安静,这时候有人的手机铃声忽然响起来,那个人就会非常不好意思地赶紧关掉,因为这样的噪音在那样的环境里会显得很突兀。"

叶儿说:"所以,如果我们都不遵守规则,抢着过马路,那车就都得等我们,路上就会堵得更厉害了。"

我点点头:"是的,而且并不是所有车都会让着行人。有的司机可能没有看见,或者速度太快停不下来,就有可能造成交通事故。闯红灯表面上看好像节约了时间,但每一次都是在为自己增加风险。"

叶儿叹了口气,说:"这样想,好像确实如此。可是,每一件事都是这样吗?"

"不一定每件事情都能很快看到影响,但是我相信,这个影响是存在的。我想要一个更美好的世界,所以,不管别人怎样,我都会很笃定地按照我内心的准则去做。"我继续揉着他的腿。叶儿没有再说话,侧过头去看着窗外的夜空。黑暗中我看到他的眼眸映着星光,一闪一闪。

我亲爱的孩子,很多时候并不是因为一件事情对自己有好处,我们才去做;我们愿意去恪守,只是因为这件事情是我们坚信的。为什么别人可以不遵守规则,而我就要遵守?因为我想要一个更美好的世界,这就是我的回答。

这个世界是由我们构成的,将来会是你们的,是你们的孩子们的。那么,我们这一代代传承的使命是什么?大概就是给我们的孩子们留下一个更美好的世界。在很多很多年以后,我们可以问问自己,这一生我们曾经做过些什么,让这个世界变得更美好。

现在社会上确实有很多令人不忿的现象,也许我们这一代人还无法改变整个大环境,但我们的孩子一定可以,孩子的孩子们一定可以。

因为这是我们共同托举的一代,是一辈辈人共同的努力。

叶儿已经睡熟了,在沉睡中,他长长的睫毛微微颤动,仿佛雏鸟稚嫩的羽翼,在日复一日、年复一年地缓缓生长。希望这样的生活,能带来光明和力量,如巨石般锚定在我们的内心。我亲爱的孩子,愿你面对真实的生活,保有善良与童真;愿你坚守内心的光亮,义无反顾,勇往直前。

遇到"熊孩子", 你会教育他们吗?

要不要教育遇到的"熊孩子",这曾经是一道辩论题,场上双方唇枪舌剑,都在定义何为熊孩子,何为教育。但现实生活不是冷冰冰的辩题,没有绝对的正反方。当我们真的遇到这种情况的时候,是否能用有温度的视角,去看待我们的生活呢?

我们总是强调人与人之间的界限,不喜欢别人干扰自己的生活,在社会交往中也会提醒自己不要越界。这些年我一直从事家庭教育工作,看到越来越多生活中不同的面相,也越来越意识到,虽然很多时候我们为现实所迫,不得不身披盔甲、刚强如铁,但我们内心都渴望着情感的连接。在盔甲下隐藏的柔软之处,那是我们生而为人所共同呵护的向往。

有一年八月,我坐高铁去北京。每次单独乘坐高铁,我都会选 F 座,这是个靠窗的座位,旁边只有一个人,是被干扰最少的位置。可是我忽略了当时是暑假。一上车,就发现我旁边的座位上坐着一个八九岁的男孩,抱着一个四岁的女孩。而过道的另一边,是两个妈妈带着另外两个孩子。顿时觉得头大,这一路七八个小时,估计很难安静了。

前面三个小时我在看书,孩子们在用平板看动画片,倒也相安无事。后来,平板没电了,他们开始有些坐立不安,不停晃动座椅,爬上爬下,纠缠打闹。两位妈妈很明显安抚不了四个孩子,越是想让他们安静下来就越着急。哄劝和呵斥,夹杂着四个孩子的吵闹,让我更加不得安宁。

真的遇到"熊孩子"了,怎么办?

这些年我在全国带领各种课程,也接过很多儿童和青少年的咨询。我经常要和孩子们一起玩,所以我的包里会随时带着三五根彩绳。我放下书,从包里拿出彩绳,随手玩了几个小花样,孩子们开始偷偷瞥我。于是我对他们说:"我教你们变魔术吧。"小女孩立刻兴奋起来,男孩看起来还有些腼腆。

我对他说:"路上时间这么长,你一直抱着妹妹,帮妈妈照顾她。刚才吃盒饭的时候,我看到你为了不蹭到我的小桌板,还特别注意地把盒盖压在了下面,我很感谢你呢。现在我也很愿意和你们一起玩。"小男孩听了后,眼睛里仿佛有星星亮了。

我教了他们好几个彩绳的游戏和魔术,哥哥学会后,就带着妹妹开始玩。妹妹看着哥哥时的专注神情,真的是很可爱。这两个孩子学会之后,就换到另一边座位,教另外两个孩子一起玩。这期间不再有喧哗的吵闹,取而代之的是阵阵欢笑。这样的笑容实在是太有感染力了。

就这样一路到站后,我送了孩子们每人一根彩绳,让他们带回家继续玩。他们很开心地向我道谢,我也微笑着和他们挥手告别。

其实我知道,这是很偶然的一面之缘,今后我们可能根本不会再见,我为什么要花这个时间和精力去做原本不是我义务的事情呢?

曾经有一年暑假,一位戒网瘾学校的校长联系到我,说看到我一直在做教育工作,希望我能到他们学校去,带着他们的教官和学生玩两天。他们的学生是暑假寄宿,每天就是跑三千米,不听话的就罚下蹲起立,感觉学生们都被关傻了。

当时正好是杨永信事件的一位受害人在网上发声控诉,被翻出来一时激起众多民愤。我一听戒网瘾学校就一肚子的气，就直接冷冰冰地回了他一句："像你们这样的学校根本就不应该存在！"

那位校长听了后并没有生气，而是对我说："叶老师，我知道你不喜欢我们这样的机构，但是你知道吗？我们学校的学生几乎都是留守儿童，他们的父母要么不在身边，要么工作太忙无心管教。现在是暑假，如果我们学校不接收他们，他们就要到社会上去打流。你这样说我们，对改变这件事情有任何的帮助吗？"

我听了以后一愣，随即觉得无比惭愧。站在道德的制高点上指责是最容易的事情，但是，我为改变这样的现状做出了什么努力呢？

于是我就去了，两天的时间，带着那些孩子们奔跑玩耍。最开始的时候，那些叛逆的青少年们根本理都不理我。后来，当我们在各种游戏和互动中熟悉了之后，那些孩子们会笑了，开始变得活泼了。他们纷纷拥过来，围住我说："老师，下一个活动需要什么道具？我帮你拿！""老师，你的包重不重？我给你背！"当我要离开的时候，他们用自己的零花钱给我买了零食、饮料，用他们最直白的方式表达对我的喜爱和不舍。这些原本让父母老师头疼不已的青少年们，他们身上所洋溢的生命力，脸上久违的笑容，都是那么让人感动。我教给学校的老师和教官一些游戏，等我离开之后，他们还可以继续带着孩子们玩。

为什么要这样做？因为这些孩子要和我们的孩子共享同一个未来！中国有数千万随迁儿童和留守儿童，倘若他们被忽视、被伤害、被暴力对待，将是未来社会一道巨大的伤痕。而我们的孩子，会和他们一起长大。

为什么对于一些不公平的现象我们要去奔走呼吁、推动改变？因为在这个社会里，没有人是一座孤岛。我们的孩子，将和这些孩子共享同一个未来。也许我们现在随手的一点点关爱,就可能成为他们心中的一道光,让他们感受到一些善意、一些温暖,在艰难的生活中感受到些许的美好。至少他们会记得,曾经有一个陌生人对他们展现出善意,说不定这随手种下的一点善念,会在将来的某一天连接成片。

每当我看到一些新闻报道青少年悲剧的时候,我都会特别心疼。我不能保证自己会不会有绝望想要放弃的时候,在那个时候,我希望我面对的是怎样的回应呢?如果这些孩子们心里曾经种下过美好和温暖,未来会不会有那么一点点可能改变呢?

尽自己的微薄之力,哪怕只影响一个家庭,温暖一个孩子。将来,这些孩子们终将成为我们大环境的一部分。也许,正因为我们今天所做的这一切,在不久的将来,在某一天,我们会看到自己多年的努力变成现实。

因为在很多很多年前,我也曾经感受过这样的善意。

我在十几岁的时候曾经生过一场很严重的病,当年从手术室出来时,我身上插着六根管子,手脚都被绑在床边,因为怕我在无意识的情况下把管子拔了。后来松绑时我的手脚全都是一道道的淤青。从全麻中慢慢苏醒的我,开始因为麻药反应不断呕吐,而每一次呕吐都会牵动身上的管子,拉扯我的内脏和手术刀口,这让我无比痛苦。

麻药的作用让我无法睁眼,但身上每一处的痛苦又是那么真切。疼痛摧毁了我的最后一丝理智,我开始哭喊、号叫。然而当时在 ICU 里,是没有家人陪伴的。我号哭了很久,有医生过来检查监控数据,在确认无误后就离开了,留我一人在无比的黑暗中绝望。

直到晚上,我在又一次呕吐之后痛苦地哀号,忽然耳边响起一个声音:"你怎么了?我刚接班,我先看一下你的记录啊。"听起来像是位护士。我没理她,自顾自地继续号哭。她说:"我给你擦把脸吧。"

随后，我听到她端着水盆走过来，再然后，温热的毛巾触到我脸上。她轻柔地帮我擦拭额头、脸颊和嘴角，对我说："这一定很难受。"

我瞬间安静了下来，仿佛黑暗中有一束光，将我笼罩住。我看不见她的样子，但我猜想她一定很温柔。擦拭完后，她对我说："要忍耐一下哦，你大声哭会吸入空气到胃里，会让你更容易呕吐的。"我听话地点点头。她见我平静了下来，又对我说："我给你把手脚上的绳子解开吧，都勒紫了。但是你不可以拔自己的管子哦。"我从嗓子眼儿里挤了声"嗯"，怕她不明白，赶紧又点点头。她又忙着去照顾别的病人了，但每隔一段时间，她一定会记得过来用棉签沾湿我的嘴唇。

我一直无法睁眼，只能凭外界的灯光和声音来判断白天黑夜。然而就是靠这样等待她交接班的力量，我撑过了最艰难的几天。如今，二十多年过去了，我至今不知道她是谁，叫什么名字，长什么样子。但我始终记得，当我还是一个孩子的时候，当我就快放弃自己的时候，她为我带来的温暖和光明。"这一定很难受。"只是这一句话，我的整个世界都亮了。

幸运的是，我活了下来，虽然在病痛中挣扎了八年，但我现在已经有力量去做一些事情。这些年，我做父母课堂，做儿童陪伴，做临终关怀志愿者。前些年我曾以特邀专家的身份，回到当年那所医院为三百名医护人员授课。我在台上讲述了这段经历。也许那名护士早已不在这所医院了，但我只想让他们知道，当年那个曾经挣扎在死亡线上的小姑娘，如今以另一个身份回到这里，用我的专业知识回馈世界。爱出者爱返，当年那个陌生人的小小举动，我一直记着。在我年幼时，是如此渴望有人能为我点亮一盏灯。现在，我希望自己能成为灯，哪怕这个光，只有一点点。

我曾经感受过那一份善意，知道那有多美好，所以我愿意把这份善意传递出去。没有爱的不叫教育，那是惩戒。遇到"熊孩子"，你会教育他们吗？会，因为所有的教育，都应该带来爱。他们不是"熊孩子"，他们就是孩子，是我们共有的未来。

给孩子的生命教育

我曾经收到一些父母们的提问,因为孩子过马路时不愿意牵着父母的手,父母担心孩子会乱跑,为了让孩子知道严重的后果,就给孩子看了一些车祸视频,结果孩子晚上噩梦连连,总是缠着父母,担心自己会死掉,平时也不敢出门了。原本是想让孩子提高警惕,注意安全,效果是达到了,但似乎又出现了其他后遗症。那么关于儿童的安全教育,要如何去做呢?

其实我很理解这些父母们,他们太担心孩子的安危,因此给孩子看了一些车祸视频。但为什么反而会起到负面影响呢?因为这样对孩子的教育,是出于恐惧。而恐惧是会传递的。我们因为恐惧,给孩子看车祸视频,孩子感受到的是恐惧,而不是关心和爱。如果视频太过惨烈,对于孩子来说是一种巨大的冲击甚至创伤,孩子无法自己消化,就会出现做噩梦、黏人、担心自己死掉等状况。

关于孩子的安全,父母们一定是最重视的,这不仅仅包括孩子过马路时应该遵守规则,还包括孩子的生活环境是否能够给其带来安全和保护。对于年龄小的孩子来说,创造安全的生活环境是父母的职责。因此,过马路牵好孩子的手,不允许孩子在危险的地方玩耍跑跳,在家里营造安全的活动空间,避免孩子接触危险物品等等,这些是父母应该去做的事情,而不应把这个责任转嫁给孩子。这里给大家介绍一个小窍门,带孩子过马路的时候,不要牵孩子的手,而是牵着他的手腕,这样能够最大程度避免孩子突然挣脱。

有些父母可能会问:"我让孩子知道死亡的后果,不也是在对孩子进行安全教育吗?"安全教育的目的不是让孩子害怕死亡的后果,而是要让孩子感受到生的美好,体会到生命的价值。只有这样,孩子才会珍惜生命,不随意做出危险的举动。

一个在爱和尊重中成长的孩子,是能够很好地感知自己的身体和生命的。他会认为父母的提醒是一种关心和爱,不会故意和父母对着干。只有处处受限制、受约束、被包办的孩子,才会总是在一些事情上挑战规则,为的是感受自己的力量。因此当我们教育孩子的时候,首先要思考的是,我们的教育方式,让孩子感受到的究竟是爱,还是恐惧。以及,如何以一个宏观的视角,给予孩子在适当年龄段所需要的帮助。

孩子大概在四岁左右对生命的意识开始萌芽,会开始谈论关于死亡的话题,追问也越来越多,父母一时不知该如何回答。有些父母担心孩子总是不注意人身安全,在马路边乱跑,从高处往下跳,不知该怎么教育。还有的父母说孩子太过谨慎,生怕自己死掉,什么都害怕,不知要如何引导。这一系列的提问都指向了一个经常被我们忽略的话题——生命教育。

如何与孩子谈论死亡,大概是父母们很头疼的问题。在我们传统的思维中,从来都是很忌讳谈论死亡的,更别说与孩子谈论死亡了。我们小时候如果问父母这样的问题,父母通常都是简单地一笔带过,或者安慰我们不要担心。我们没有接受过关于生死的教育,在面对孩子提出类似问题的时候,往往就会不知所措。

青少年教育专家陈默教授说,现在的孩子是"高孤独感、高话语权、高情感负担"的一代。这一代的孩子已经脱离了物资匮乏的年代,大多数又是独生子女,有摆脱不了的孤独感。他们既不用思考吃,也不用思考穿,又孤独,于是就过早地开始思考一个终极的哲学问题:"人为什么要活着"。我们小时候也会问类似的问题,大人可能会用什么长生不老药啊、神仙妖怪啊等解释糊弄过去,但这一套在现在的孩子身上却完全不管用。

如何与孩子谈死亡,属于死亡教育。现在有很多书籍、讲座等,都在帮助我们学习如何对孩子进行死亡教育。但如果我们把目光放得更宏观一些,死亡教育只是生命教育的一部分,生命教育是一个整体,不仅仅是与孩子谈论死亡,而是要让孩子们明白生命存在的意义。

"生命教育"这个概念最初是在二十世纪六十年代美国学者华特士出版的《生命教育》专著中提出来的。生命教育其实是关于爱和生命的教育,是让孩子认识到生命存在的意义和价值,从而珍爱自己的生命,尊重他人的生命,珍惜小动物的生命,爱护大自然,对宇宙自然环境心怀敬畏,并与所有形式的生命和谐相处。

对生命的爱和尊重,是一切成长和学习的基础。而这恰恰是现在被很多"功利"教育包围之下的孩子们最缺失的部分。

生命教育是一个整体,它包括了"生存教育""发展教育"和"死亡教育"三个部分。其中生存教育是生命教育最基本的内容,是保证我们的生命体持续运转的基础。这其中就包含了我们平时所说的安全教育,比如告诉孩子如何识别危险,如何学会保护自己免受伤害,以及在遇到危险和紧急情况的时候可以怎样做、如何求助等等。除此之外还有一些生活常识和生存技能的教育,这些都能让我们的孩子学会运用自己的智慧、凭借自己的能力生活。

发展教育是让孩子感受生命发展的过程,感知生命的美好,从而体会生命的价值和意义。比如带孩子亲近大自然;接触、照顾植物和小动物;以及认识宇宙的诞生、进化等等。我们可以和孩子一起去游历各种自然风光，体验春夏秋冬的四季流转，欣赏关于宇宙、自然和生命的纪录片。在这个过程中所感受到的大自然的美丽、壮观与神奇，都会深深地滋养孩子的心灵，让孩子感受到生命的勃勃生机，并对大自然乃至整个宇宙心怀敬畏。

在生活中，我们也会接触到不同形态的生命，比如一些有缺陷的、残障的生命。我曾经给叶儿讲过霍金、海伦·凯勒、尼可·胡哲等人的故事；讲受伤的流浪猫狗是如何唤醒人们的心中之爱；还和他一起看了一个早产宝宝是如何从保温箱中的濒死状态，一点点成长到两岁时在院子里自由奔跑欢笑的经历。其间的艰辛和泪水，不言而喻。而生命的力量，也无数次让我们感动得热泪盈眶。这也帮助孩子意识到生命的坚韧，也理解了各种不同的生命形态都有其存在的价值和意义，我们无权评判、剥夺他们的生命。这也是满怀敬畏的慈悲之心。

死亡教育是生命教育中不可或缺的一部分，是用符合孩子心理发展的方式，帮助孩子理解衰老、死亡都是生命必然的部分，是一种正常的自然现象。在这个基础之上，孩子会明白生命的宝贵，从而珍惜自己的生命，也尊重其他生命。

这三个部分是生命教育的整体，缺一不可。在面对孩子的时候，要在各方面给予孩子相应的帮助和支持。对孩子进行生命教育，不是为了让孩子不怕死，而是要好好活。

生命的诞生是美好的

"妈妈，我是怎么来的？"这个问题大概每个孩子都会问到。我们这一代人小时候得到的最多的答案，恐怕都是：从垃圾堆里捡的、小狗叼来的、树上摘下来的、别人放门口的……听起来生命就像垃圾一样，都是别人不要的、被丢弃的。这样的回答很容易破坏孩子的安全感，让孩子觉得自己不属于这个家，担心被丢回垃圾箱，也无法感受到生命的美好和庄严。

叶儿在两岁多时，正好我生二宝。于是叶儿就见证了我的肚子是怎样一天天变大，弟弟怎样出生，生下来什么样，又是如何一点点长大的过程。这个经历让他绕开了"我是怎么来的"这个问题，因为他直观地看到了宝宝是从妈妈肚子里生出来的。然而他的关注点变成了："我们是怎么到你肚子里去的？"

当时他的年龄还理解不了什么精子、卵子、受精卵这样的名词，于是我并没有去过多讲解我们的物质身体是如何形成的，而是通过故事的方式描绘了一个温暖的画面。

我给他讲了个故事，告诉他："每个孩子在出生前，都会在天上选妈妈。当你还是一个小精灵的时候，躲在云朵里，看见我在祈求老天赐给我一个孩子，你相信我会是一个好妈妈，于是就坐着彩虹滑梯，来到了我的肚子里。经过十个月的等待和期盼，宝宝就出生了。"叶儿听了后，扑闪着大眼睛说："啊！我知道了！所以弟弟也是从彩虹那边来的，他也知道你是一个好妈妈，而且他也看见了我，他也选了我做他的哥哥！"

孩子这样的表达让我非常感动，正是因为他们的选择，才让我有机会陪伴他们的成长。随着孩子年龄的增长，我们也可以告诉他，爸爸和妈妈结婚后，一起种下了一颗爱的种子，这颗种子就变成了小宝宝，也就是你。在妈妈的肚子里住了十个月，你就出生了。这一些意象和画面，会给孩子一种爱的温暖，让他感觉到自己是在父母的爱和盼望中出生的。等到孩子上学之后，认知进一步发展，我们就可以通过一些绘本和书籍，给他解释受精卵和胚胎发育的过程了。

因此，对孩子解释生命的诞生，要符合孩子的年龄发展。既不提前，也不隐瞒。对于年龄很小的孩子，美好而温暖的故事会让他感受到自己生命的神圣，当他知道自己是在父母的期盼中出生时，也会对自己的生命多一份珍惜和热爱。

生命的成长是神奇的

我们可以带着孩子一起去了解生命的成长过程，或者陪伴另一个生命的成长。例如给孩子讲他小时候的故事，和孩子一起翻阅他小时候的照片、视频，让他知道自己是如何在父母的爱中成长的。如果家里有二宝的，可以让大宝一起参与二宝的生活和陪伴等等。

还可以和孩子一起照料动植物。让孩子种一粒种子，一起观察种子生根发芽、展叶开花、最后落叶凋零的过程。带孩子多接触大自然，感受春耕、夏耘、秋收、冬藏的四时运转。还可以和孩子一起饲养一些小动物，通过观察小动物的成长，让孩子感知生命的历程。

每年春天，很多学校都会建议孩子们养蚕。蚕的生命周期很短，只要让孩子明白蚕在各个生命阶段的变化，在变成蚕蛾产卵之后，它们的生命任务就完成了，这时候孩子也不会过于伤感。如果是其他宠物，比如猫、狗、金鱼、兔子、仓鼠等，孩子在照顾它们的过程中会产生感情，自然会学到对生命的尊重。如果这样的宠物不幸去世，我们可以带着孩子用纪念仪式送走它们，并帮助孩子疏导情绪。

在这样的氛围下成长的孩子，能够亲身体会到生命成长所带来的温暖和感动，会有较强的同理心，也不容易出现欺凌弱小、破坏环境、伤害小动物的行为。

坦然面对生命的消亡

生命有诞生，就必然有消亡，这是一个无法回避的问题。每个人，无论是孩子还是成人,都必须要面对。然而我们生活在一个回避死亡的文化中,成年人自己都不愿意谈及死亡,更别提和孩子讨论这样的话题了。另外,我们对死亡还有着五花八门的隐晦表达方式,例如"离开了""走了""没了"等等,这也让我们觉得死亡是一件难以启齿的事情。

父母经常担心和孩子坦率地谈论死亡会加剧他们的恐惧,于是就遮遮掩掩、含糊其词,或者在孩子问起时一笔带过。但恰恰是这样的态度更容易造成孩子的恐惧。他们会越发害怕,不知道什么时候死亡就会落到亲人甚至是自己身上。而开放、真诚的讨论,不仅有助于帮助孩子加深对死亡真实的理解,而且能帮助他们在丧失亲人后从悲伤中走出来。

孩子最早面对的真实死亡,一般是亲人的离世,比如祖父母等。这时候,作为父母同样也失去了家中的亲人。所以父母可以坦诚地表达自己的悲伤,也允许孩子自然地表达出他们的情绪与想法。不必为了回避孩子就刻意压抑隐瞒,故作坚强。你处理情绪的方式会成为孩子的榜样。和孩子一起去面对真实的生活,才是最好的生命教育。

同时,配合孩子的年龄、认知与情绪发展阶段,以他们能接受的方式,真诚而坦然地回答孩子的问题,并鼓励他们说出自己的感受和想法。每年的清明扫墓是很好的机会,我们可以通过一些仪式寄托哀思,追忆祖辈,并带着对逝者的尊敬和爱,认真生活,拥抱生命。

不同年龄的孩子关注点不同,理解能力也不同,所以在谈论死亡时,孩子是主导,父母不要越界。叶儿三岁时清明去扫墓,他并不真正明白什么是生死,他更关心每座墓里住的都是谁,于是我就给他介绍家族亲人的关系和生平。四岁时他开始问这些老爷爷是怎么住进去的,还能出来不。到了五岁之后,才开始逐渐问到生老病死的问题。

当我们面对孩子的提问时，一定要诚实以对，不要搪塞。不要以欺骗的方式来安慰孩子，假意的编造推脱只会让他们无法分辨事实。不要说亲人只是睡着了，因为睡着了是会醒来的，这种安慰可能会让孩子一直期待他"醒"过来而不断追问；如果他发现最后无论如何都醒不过来的时候，他就会开始害怕，害怕自己或父母睡着了也会"死"去，而无法安心。也不要说亲人是去旅行或者工作了，因为再怎么出远门也还是要回家的，孩子无法接受亲人为了其他事情就离开自己，不告而别，这会给孩子带来一种抛弃感。

回答孩子问题时一定注意孩子的年龄。死亡会带来抛弃感，如果年龄很小的孩子问："妈妈你会死吗？我会死吗？"这时候孩子的重点不在于你会不会死，而是你会不会离开他，他是否有安全感。在这种情况下，我们要陪伴孩子，倾听孩子的感受，让他确信爸爸妈妈会一直陪着他，看着他长大成人，还要看着他的孩子长大成人，所以你们还会在一起过很久很久的幸福生活。这是低龄儿童内心所需要的安全感。随着孩子年龄的增加，他会慢慢明白死亡是不可避免的，但在死亡之前，我们都可以精彩地活。

在这个过程中，要特别注意对孩子的倾听和陪伴，我们的倾听和陪伴可以鼓励孩子表达内心深处的恐惧和悲伤。和孩子一起表达对过世亲人的哀悼和追思，让他们从中学习到真爱，使他们感受到温暖和勇气，这也是他们将来能够面对失落和挫折的力量。不要用说教的方式让他们坚强面对，孩子需要的是表达、理解和支持。只有让他们自己去感受、了解，他们才能在这个过程中学习成长。

除此之外，我们还可以通过游戏、绘画、手工、绘本等各种方式，来帮助孩子理解生命和死亡。关于生命教育的绘本有：《一片叶子落下来》《獾的礼物》《小鲁的池塘》《象老爹》《苏菲的杰作》《爷爷变成了幽灵》《爷爷有没有穿西装》《爷爷的天使》《外公》《汤姆的外公去世了》《再见了，艾玛奶奶》《长大做个好爷爷》《楼上的外婆和楼下的外婆》《爸爸的围巾》《祝你生日快乐》《鸟儿在歌唱》《活了100万次的猫》《魔奇魔奇树》《苹果树上的死神》等等。

倘若想坦然地和孩子谈论这个话题，我们也要先问问自己，你对死亡的态度是什么样的呢？你是否能够坦然地面对孩子的提问？还是也会有焦虑、恐惧，于是看到孩子出现同样情绪的时候，就更加紧张和不知所措？孩子不是听大道理，而是直接感受父母的态度。如果父母能够从容面对，孩子也会变得内心安定。

生命教育是贯穿整个生活的，最终还是要回到我们自己身上。我们是如何看待生命的，我们是如何活过每一天的，以及我们是如何面对别离和死亡的。这些人生态度，都会传递给我们的孩子。愿你我不曾辜负每一天。

给不愿等待的孩子的治疗性故事

你或许拥有无限的财富,

一箱箱的珠宝与一柜柜的黄金,

但你永远不会比我富有,

我有一位讲故事给我听的妈妈。

——史斯克兰·吉利兰(Strickland Gillilan)

故事是孩子成长的精神食粮。长大成人后的我们,回想起小时候最温情的画面,莫过于躺在妈妈怀里,听妈妈讲各种生动有趣的故事了。妈妈讲的故事像一粒粒种子,在孩子纯洁的心田里播撒下美好和希望;妈妈讲的故事,像是无穷无尽的智慧源泉,慢慢渗入孩子的心灵,滋养着他们的灵魂。听妈妈讲故事,那简直是太享受的一件事了!

"有一类故事,是特别为某些特定的需求而编纂的,尤其是为了帮助孩子改善某些行为,或者度过某些困境。这类故事被称为'治疗性故事'。顾名思义,治疗性故事就是对孩子内心的苦闷、生活中的变化和波折,以及偶尔的失衡行为能够起到安抚、化解、治疗效果或者辅助治疗效果的故事。针对问题行为和状况,用故事来实施治疗,让失去平衡的行为和状况重归平衡。很多时候,说教、鼓励什么的都显得苍白无力,而故事则能达到几乎'神奇'的效用。"(摘自《小巫故事课堂》丛书)

叶儿在三岁半左右的时候，开始有了一些对时间词汇的模糊概念。自从能够区别昨天、今天、明天、现在、过一会儿、下次等词汇之后，就出现了不愿等待的现象，常说的话是："我就是要现在，我不要等一会儿！"无论是吃酸奶还是去公园，都希望马上得到满足，否则就会哭闹。在尝试了倾听、共情等方法后，我决定进一步编一个治疗性故事，作为多种方法之一。

我构思了一个小猴子种桃子的故事，打算通过春耕、夏耘、秋收、冬藏的过程来让孩子体会等待。经小巫老师指导，我修改之后有了下面这个版本。虽然说这是一篇关于等待的故事，但全篇连一个"等"字都没有。也许这就是治疗性故事的魅力所在吧。（本故事被收录于《小巫故事课堂》丛书）

仙 桃

在辽阔的大森林里，住着一只小猴子，它非常羡慕猴群中那些威武强壮的勇士。他也想像那些勇士一样，穿上金光闪闪的盔甲，保卫森林。一只老猴子告诉他，盔甲都在遥远的神山上，只要爬到山顶，穿上金色的盔甲，就能获得无穷的力量。（小男孩都对盔甲感兴趣，喜欢听铠甲、兵器的故事，同时又羡慕比自己年龄大的孩子的力量。）

小猴子收拾好行囊，踏上了去往神山的路。路途非常遥远，小猴子穿过幽暗深邃的丛林，蹚过浑黄湍急的河流，走过黄沙漫卷的沙漠，翻过白雪皑皑的高原。有时被烈日晒得汗流浃背，有时被冰雹砸得无处藏身，有时被狂风迷得睁不开眼，有时被雷电吓得直打哆嗦。（年龄小的孩子通常关注点很多，思维发散，这里用不同的地形加上不同的气候形成排比句式，讲述时绘声绘色，配上动作、语气,可以增加对孩子的吸引力。同时幼小的孩子具有很强的感同身受的能力,这里描写小猴子一路上跋涉的千辛万苦,可以唤起他的同理心,让他觉得仿佛是自己在经历故事中的历程。)

终于,在经历了种种艰难险阻之后,小猴子来到了神山脚下。他顾不上休息,就急匆匆地往山上爬。可是山太陡了,每当他爬到一半的时候就会滑下来,总是到不了山顶。小猴子又急又累,坐在一棵大树下哭了起来。

这时,大树的叶子摇晃了起来,树干上出现了一张慈祥的面孔,一个浑厚的声音说:"我是树神,孩子,你为什么哭啊?"(原本是想写一个树精灵或者花仙子的,但因为叶儿爸常年在外地,不能每天在家陪伴他,于是为他塑造了一个男性形象。)

小猴子说:"我要爬到神山顶上,拿到金色的盔甲。可是我的力气不够,总是爬不上去。"

树神说:"神山土里长出的仙桃,可以赐给你力量,帮助你爬到山顶。你只要……"树神还没说完,小猴子就立刻爬到山脚的桃树上,左一口、右一口,一连吃了好几个大桃子,然后就兴冲冲地往山上爬。可是,他还是爬不上去。(猴急猴急,完全不能等待。)

小猴子垂头丧气地回到大树下,树神笑眯眯地说:"你呀,要吃下自己亲手种出来的仙桃,才能获得力量,爬到山顶。别人种的桃子,不管用的。"说着,树神拿出一粒种子交给小猴:"这是仙桃的种子,你拿去吧。"

小猴接过种子,立刻刨了个坑把它埋了起来。然后眨了眨眼睛,问道:"怎么还没长出来呀?"

树神微笑着说:"你挖的坑太浅了,种子的根没办法扎稳呀。"

于是小猴子挖了一个又大又深的坑,把种子种了下去,又一捧一捧把土填满。小猴子坐着看了一会儿,又抓抓耳朵问:"怎么还没长出来呀?"

树神又微笑着说:"它渴了,要喝水呢。"

小猴子歪着头想了想,跑到河边打了水来给种子浇水。然后又蹲在旁边,盯着种子种下去的地方。过了一阵子,还是没有动静,小猴子又沉不住气了:"它怎么还没长出来呀?"(每次等待的时间已经越来越长了。)

树神又微笑着说:"它还需要养分,才能长得高大。"

小猴子去拾来了肥料,小心翼翼地撒在种子周围。这时,小土包被顶开了一点儿,一株小苗从土里探出了头。小猴子非常高兴,但马上又噘起了嘴巴,说:"它怎么这么小啊。"

树神微笑着说:"总有一天,它会长成像我一样的参天大树。"

从此以后,小猴子每天都来给小树苗浇水施肥,小树苗一点一点长大了。(从种下种子开始到这一部分,情节相似,属于叠加故事,符合低龄儿童的心理特征。)

一天晚上,狂风大作,暴雨倾盆。小猴子从睡梦中惊醒,他想起了小树苗,不知道会不会被风雨吹倒,于是立刻奔了过去,给小树苗立起一支杆。白天,小猴发现小树苗的叶片上有很多虫子,于是就仔细地替小树苗捉虫。(树神已经不再出现了,小猴子对小树苗的照料已经成为了自发行为。)

就这样日复一日,年复一年,小树苗越长越高,越长越壮,枝叶繁茂。春天,小猴子在桃花中嬉戏;夏天,他就在树荫下乘凉;秋天,小猴子捡起落叶,拼成各种美丽的图案;冬天,他就在桃树下堆了一个大大的雪人。(小猴子开始享受等待的过程,在漫长的等待中找到了不同的乐趣。)

终于有一天,当小猴子来到桃树下的时候,他发现桃树上结满了又大又红的仙桃!小猴子高兴极了,他飞快地爬上桃树,左边亲亲,右边看看。吃了又香又甜的仙桃,小猴子感到身上充满了无穷的力量。(吃了自己亲手种的仙桃,身上充满了力量,象征着孩子通过自身的努力,内心的力量也得到了增长。)

小猴子飞快地爬上了神山,山顶上有一副专门为他准备的金光闪闪的盔甲。小猴子穿上了金色的盔甲,才忽然发现自己已经长成了一只强壮有力的猴子,再也不是以前的小不点儿了。(在童话故事中主角通常需要历尽千辛万苦才能达成目标,而这个过程就是灵魂净化的过程。通过经历这些艰难困苦,最终找寻到自己内心的力量。)

治疗性故事的魅力就在于,它会像种子一样根植于孩子心中,潜移默化地滋养孩子的内心,让孩子心生美善,并充满力量。而父母们要注意的是,千万不要去"拷问"孩子故事的意义。不要询问孩子:"这个故事说明了一个什么道理啊?"或者"你从故事里学到了什么啊?小猴子身上有哪些地方值得你学习呀?"不要去解读故事的含义,仿佛非得确认孩子从中学到了什么才能罢休。这样的方式会把治疗性故事变成说教式故事,而故事的美感和滋养也不复存在了。

不少妈妈在给孩子讲了这个故事后,告诉我说孩子特别喜欢这个故事,而且会和爸爸妈妈一起,用玩偶、积木、绸缎等道具将故事里面的场景表演出来。这正是孩子吸收、内化的过程,是对内心真正的滋养。就让我们带着满满的爱,带着耐心,陪伴孩子走过这一段旅程吧。

延迟满足真的能培养孩子的自控力吗？

延迟满足这个概念，父母们一定不陌生。很多育儿理念都在宣讲，一定要从小训练孩子延迟满足，因为延迟满足能够锻炼孩子的自控能力，这样孩子将来才能取得更大的成就。如果不教会孩子延迟满足，就会惯坏孩子，让他们变得以自我为中心，想要什么就必须得到。

然而究竟什么是延迟满足？这个概念是如何形成的？怎么做才能让孩子拥有延迟满足的能力？我们并没有仔细去思考这些问题，而是误以为只要不立刻满足孩子，让孩子忍耐，似乎就是延迟满足了。可是孩子似乎越延迟越无法满足，道理不听，油盐不进。父母们开始疑惑，究竟是哪里出了问题呢？

延迟满足这个概念，最早是由美国心理学家米歇尔提出来的。二十世纪六七十年代，斯坦福大学心理学家沃尔特·米歇尔博士做了一系列关于自制力的实验，其中最著名的就是"棉花糖实验"。而米歇尔博士自己也没有想到，他主导的这个实验，会在多年后被列入二十世纪最伟大的心理学实验之一，成为多项研究的理论依据，并被育儿界奉为圭臬。

在这项实验中，研究人员把一颗棉花糖放在孩子面前，告诉他可以选择马上吃掉，也可以选择等一会儿再吃。如果他能坚持15分钟不吃，就能再得到一块棉花糖。随后研究人员就会离开房间，让孩子单独面对这颗棉花糖，同时观察记录孩子的反应。

结果可想而知，大部分孩子没能抵挡住糖果的诱惑，中途就把棉花糖吃掉了。有一些孩子坚持了 15 分钟，得到了第二块棉花糖。然而这并不是实验的终结。真正让这个实验闻名于世的，是多年之后研究人员对这些孩子进行了追踪回访，发现当年在实验中能够抵抗诱惑的孩子，在多年后也表现出了较强的自控力与意志力，考试的成绩相较同龄人普遍偏高，职业和生活各方面也比较成功。

这个实验结果似乎证明了孩子从小形成的自控力能影响他将来的成败，于是"要让孩子学会延迟满足"这种教育理念应运而生，立刻风靡全球。不少教育机构宣称要尽早训练孩子延迟满足的能力，而一些父母会刻意营造不及时满足孩子的情景，让孩子学会等待。然而很少有人去探究，最初的"棉花糖实验"究竟是在研究什么？实验结果衡量了什么？有没有被忽略的其他变量会影响这个结论？

被忽略的隐形变量

从科学研究的角度来说，对照实验中只能有一个变量，如果有多个变量则需要逐个依次验证，否则就无法保证得出的结论和条件有直接因果关系。而"棉花糖实验"中，吃掉糖的孩子和没吃糖的孩子，这两个组别在对比时，并没有考虑到组间差异。

为什么会如此？因为人家米歇尔博士最开始做这个实验并不是为了验证现在这个结论的。事实上米歇尔本人对媒体的过分解读也很不满，他认为不能如此简单地推论试验结果，有很多其他因素会影响孩子的等待时间。

让我们一起来还原一下这一系列跨越了几十年的实验，以及这中间被忽略的变量。

变量一：孩子的年龄

"棉花糖实验"最初的目的并不是为了验证有延迟满足能力的孩子将来的发展会更好，而是想要研究一下孩子从多大开始逐渐具备一定的自控力。因此他们当时选的孩子的年龄跨度是比较大的，在这些孩子中，最小的3岁6个月，最大的5岁8个月。我们可以想想看，三岁半的孩子和快六岁的孩子，这表现能一样吗？小孩子别说相差两岁多，有的哪怕只相差几个月，表现的差距都会很大。

而后续的研究证明，5岁以下的孩子很难具备延迟满足的能力，而5岁以上的孩子则明显表现出更可控的行为，直到8-13岁之间，大部分孩子都会逐渐发展出一定的延迟满足能力。这个结论和我们之前介绍的儿童大脑发育顺序的研究结果是一致的。

因此，如果不考虑年龄程度，只是觉得孩子无法延迟满足就已经输在起跑线上了，那只能徒增焦虑，甚至更加严苛地继续"训练"孩子，最后只能适得其反。

变量二：家庭背景和成长环境

有一种思维陷阱，叫作"倒果为因"。很多时候看似正确的道理，其实并不一定有循证依据。如果我们没有深入思考，就很容易落入这种思维陷阱。

例如有研究表明，常年持续健身的人无论是经济收入还是社会地位，都比从不健身的人要更胜一筹。于是得出结论，持续健身的人因为自律，也更容易在其他方面取得成就。虽然说自律确实是获得成功的一个条件，但用健身这个例子是无法得出这个结论的。更有可能的情况是，只有经济收入和社会地位都不错的人，才有这个条件持续健身。而经济压力大、生活烦心事多的人，根本没心情经常去健身房。

同样，在"棉花糖实验"里也有这种情况。我们可以想想看，是家庭条件好、经常能吃到糖的孩子更容易忍住不吃棉花糖，还是那种可能一年都吃不到一两块糖的孩子更容易忍住？很明显是那块糖对可以经常吃得到糖的家庭的孩子的吸引力没有那么大。而这个实验是二十世纪六七十年代做的，在那个年代家里可以经常吃到糖、对糖果的满足度比较高的孩子，他的家庭条件一定不会很差。那么一个家庭条件不是很差的孩子，在二三十年后，他的学习和工作取得了比那些没能延迟满足的孩子更好的成就，这不是很正常的吗？

2018年纽约大学泰勒·瓦特的实验印证了这一点。他重现了米歇尔的"棉花糖实验"，并且把实验人数扩大到了900多名，这些孩子来自社会各个阶层和不同家庭背景。最后实验发现，小时候有没有吃那块棉花糖，和将来发展得好不好，这之间并没有相关联性。在实验中，家庭收入水平较低的孩子更不愿意等待第二块棉花糖。

因此，与其刻意"训练"孩子，不如营造良好的家庭氛围和支持性环境，尊重、理解孩子的愿望，让孩子从中得到滋养。

变量三：过往的经历

2013年，美国罗切斯特大学研究小组也曾做了一次"棉花糖实验"，只不过这一次的道具是蜡笔。如果孩子们等待了一定的时间，就可以获得更好的蜡笔。研究人员把孩子们分成两组，其中一组兑现了承诺，所有等待的孩子都获得了蜡笔。而另一组则食言了，无论等待与否，都不给蜡笔。实验结果显示，信守约定的那个组的孩子，在第二轮实验中等待的时间大大增加了，而被欺骗的那个组的孩子，在后续实验中的自制力大幅度降低。

这个结果并不让人意外，但确实从另一个角度说明，孩子能否延迟满足，也取决于他之前的经历是否让他能够信任他人。如果父母经常出尔反尔，不考虑自己的言行对孩子的影响，而只是单纯地要求孩子做到延迟满足,这其实是不讲道理的。如果孩子延迟满足没有得到他预期的结果,那他就不会再相信你的承诺。

延迟满足的能力是建立在孩子平时被满足的经验之上的。如果一个孩子被满足的次数多,那么遇到因为特殊情况没法满足的时候,我们去跟他沟通,他虽然不高兴,但还是会接受的。可如果一个孩子经常不被满足,他逮到一个机会好不容易有了这颗糖,怎么可能愿意延迟满足?

例如老公经常陪你看电影,有一次突然加班去不了,你是能接受的。但如果老公总是不陪你,那他哪一次又拒绝你的时候,你肯定是气不打一处来,要抓着他吵一架。所以延迟满足的悖论就在于,他要有很多被满足的经验。也就是说,这个孩子要有信心,坚信你是会说话算话的,自己是能够吃到这块糖的,他才会心甘情愿地去延迟满足。这种内心的笃定,才会让孩子能够等待。

由此可见,延迟满足的能力是无法被"训练"出来的,刻意训练只会破坏孩子对他人的信任。那些被训练出来的孩子,可能是因为已经彻底失望了,放弃期待了,于是看起来似乎延迟满足了。

变量四:谁是主导

延迟满足的前提应该是孩子自己选择的,而不是被他人控制的,也就是说孩子是决定要不要延迟满足的主导。他可以决定是现在吃糖,还是等一会儿再吃。如果主导权在别人手里,那么延迟满足的意愿会大大下降。

延迟满足是指为了将来一个更想要的目标,暂时放弃眼前短期的好处。然而将来那个更大的好处,究竟是由谁来界定的呢?如果老板要求我们延迟满足,我们一定会骂他画大饼;可我们要求孩子延迟满足的时候,却觉得天经地义。

当我们拒绝孩子,想以此让他形成延迟满足的能力时,这种带着压力的强迫,是无法让孩子形成主动等待的意愿的。孩子只是被迫"延迟"了,然而由此带来的情绪却会严重影响其真正自控力的形成。如果主导的人不在了,自控力也就没有了。这也就是为什么一些孩子在父母在场的时候能做到延迟满足,一旦父母不在,就会毫不顾忌。

由此引发的思考

在这个实验里,那些能做到不吃棉花糖的孩子,他们都想了一些办法去抵抗棉花糖的诱惑。他们有的站起来转圈圈,有的自己跟自己玩儿,有的开始观察研究桌面上其他的东西,有的假装睡觉不去盯着棉花糖……他们会找一些替代的方式,让自己不那么强烈地被棉花糖吸引,也让自己没那么煎熬。其他那些没能忍住的孩子就不太会使用这样的策略。

很多时候我们所谓的意志力,都是在发展"我不能"的力量来对抗"我想要"的力量。例如我们想减肥,于是拼命告诉自己不能吃不能吃;我们想让孩子学习,就一个劲地要求他不能玩不能玩。当两种力量在对抗的时候,是非常消耗我们的意志力的。因此无论是我们还是孩子,往往很难做到。

拿孩子沉迷电子产品举例,如果孩子不玩电子产品,不沉迷手机,他还有什么事情可以做?如果剩下的都是无聊的事情,甚至只能特别苦地去学习,那这个孩子怎么可能抵抗得住手机的诱惑?因此如果不想让孩子沉迷电子产品,我们一定要让他有其他有趣的多角度的生活体验。如果他能在生活中体验到乐趣,体验到成就感、归属感、掌控感和价值感,那么他就不会那么痴迷于电子产品。

延迟满足真的有我们想象的那么重要吗

自控力很重要,但体现在延迟满足方面,恐怕我们给它赋予了过多的意义。

要说延迟满足,我们的老一辈真的是做得太好了。别说延迟满足了,他们几乎可以永不满足。他们一直说的是:等结了婚就好了,结婚之后等生了孩子就好了,生了孩子之后等孩子大了就好了,然后等孩子上大学就好了,等孩子工作就好了,等孩子结婚就好了,等孩子生了孩子就好了……永远在等,永远不满足。

他们可以把延迟满足做到极致,但是他们真的就取得了很大的成就,或者人生有多么幸福吗?很明显是相反的。这并不是真正的延迟满足,而是因为成长环境所导致的内心匮乏感。

我记得我小时候,冬天妈妈买了一箱苹果,打开之后发现有两个苹果是烂的。她不会把这两个苹果扔掉,而是会把烂的地方挖掉,然后让我们赶紧吃。实际上那个苹果的味道已经不好了,但妈妈说要把好苹果留到后面吃。可是等到第二天会发现又烂了两个,于是又赶紧挖掉,让我们继续吃烂苹果。结果整整一个冬天,我们全家吃了一个冬天的烂苹果,一个好的都没吃上。但如果换一个角度想,我们最开始就不要吃那个烂苹果,就从好的开始吃,是不是那一箱就不会接二连三地烂下去呢?

延迟满足是一种能力,它不是一种训练方式。不是为了让孩子得到延迟满足的能力,我们就故意不满足他的要求。而是如果我能满足,我就痛痛快快地满足,不讲条件;如果不能满足,我也不带任何指责、内疚,或是愤怒的情绪,而是坦诚相告,然后再想其他替代的解决办法。

生活自然的样子是怎样就是怎样,不需要人为去制造这些磨难。

意志力是极为有限的资源，如果在这方面延迟满足了，那么在其他方面就一定想要补回来。如果意志力都用来对抗人为制造的痛苦，都消耗在"渴望而不可得"上，就没有精力去发展自身了。

游戏运动对于孩子身心发展的作用

我曾经接过这样一个咨询,一个一年级的孩子,上课总是坐不住,在椅子上扭来扭去,要么就和旁边的同学讲小话,要么就戳前面的同学,或者用椅子顶后面的桌子。在家里也总是搞破坏,什么玩具到他手里,玩不了多久就坏掉了。在学校也经常损坏班里的物品或是同学的文具,搞得大家都不愿意借东西给他。这个孩子似乎还有暴力倾向,大扫除时拿着扫把挥舞,不小心打到一个同学,就把对方的手给打骨折了。在小区里骑滑板车的时候,会忽然从滑板上跳下来,于是滑板车就径直冲了出去,经常因此撞到行人。

孩子的妈妈说,她经常因为孩子破坏秩序和纪律的问题被老师找谈话,被同学们告状,被小区邻居投诉。她认为孩子的规则意识偏弱,于是制定了详细的规则;又怕孩子是因为陪伴不够,于是调整了工作时间,努力给予孩子陪伴;她也试图和孩子沟通,想找到孩子内心的真实想法,可是孩子每次都答应得好好的,但每次都做不到。有时孩子甚至说:"妈妈,我也不想总是这样被你说,可我就是控制不了。"

现在大家可以设想一下,如果你面对这样一个孩子,你觉得他是哪方面出现了问题呢?我们应该怎样教育和帮助这样的孩子呢?

也许大家会说,我们可以尝试通过各种沟通的方法去解决,比如给孩子讲道理,定规矩,去找父母陪伴不到位的根源,让孩子承担行为后果,有些家长和老师可能会使用或温和或严厉的惩罚手段等等。

但其实这些方法，这位妈妈都已经尝试过了，然而收效甚微。她甚至带孩子去医院检查，看是不是有多动症什么的，但检查结果又一切正常。

这是我在咨询过程中接触到的一个案例，实际上在这些年的咨询和讲课过程中，我见过很多类似的孩子。在做儿童咨询之前，我会详细地了解孩子从出生开始一直以来的成长过程、养育方式、家庭互动、行为表现等各方面的信息，然后才面见孩子，通过游戏以及交谈的方式建立评估，以及后续协作方案。

上面这个案例里提到的孩子，在进行了几次接触之后，我发现他的动作不太协调，做游戏和运动的时候不能很好地控制自己的身体，也不太能理解游戏的各种指令。询问了妈妈才知道，这个孩子除了上学，还要参加各种培训班，平时很少运动，更没有什么机会和父母、同伴玩耍。而这个孩子的各种让人头疼的行为问题，恰恰是因为他的各项感官发育不平衡导致的。

有一个概念叫本体觉，指的是一个人对于自己身体的感知。比如感知动作的轻重，对自身空间的感知，对自己身体的掌控，对自己和周围环境以及他人之间边界的把握等等。倘若一个人的本体觉没有很好的发展，那么他就容易出现一系列的行为问题。

例如在和小伙伴互动时拿捏不好自己的行为，明明是想和对方打招呼，却冲上去重重地拍了一下，把对方弄疼。玩玩具也因为控制不好自己的力道，以为自己只是很轻的动作，结果却把玩具给掰坏了。也有可能因为对自身空间的感知不足，而总是侵扰坐在身边的人，同时因为不知道自己和他人的边界在哪里，于是总是惹得他人厌烦。

现在很多父母过于关注孩子的学习，而忽略了玩耍、游戏和运动在孩子的成长中不可替代的作用。游戏对于孩子的成长来说是不可或缺的，也许每位父母都能理解游戏对于孩子身心发展的重要性，但如何与孩子进行适龄的游戏,可能就不是特别了解了。作为一名心理咨询师以及儿童游戏治疗师,我想从这个角度来谈一谈游戏对于孩子的成长意味着什么。

儿童游戏通常具备以下几个特征:第一是自发性。游戏是孩子的一种自发行为,而不是被他人要求的,或者是为了得到某种奖励才去做的。游戏本身对于孩子来说就是一种愉悦的过程。

第二,游戏的过程比游戏的结果更吸引人。参与游戏的孩子往往更关心游戏中的体验,例如快乐、有趣、享受、刺激、愉悦等等,这些过程和体验的重要性要远远大于游戏的结果。

第三,孩子在游戏的过程中是积极参与的,并能够主动控制游戏发展,而不是被动旁观,或是被指挥着去完成规定的指令。在游戏的过程中,孩子可以发挥自己的灵活性和主观能动性,去创造发展不同的游戏方式。

第四,游戏是一种"假装"的活动,孩子能够区分这种假装和真实的生活,但又能在游戏中呈现真实生活中的内容。

两岁之前的孩子,主要进行的是探索游戏,或者叫感觉运动型游戏。在这个年龄段,孩子会通过视觉、听觉、嗅觉、味觉和触觉进行各种探索活动。比如爬上爬下、翻箱倒柜、玩水玩沙、玩瓶瓶罐罐,看到什么新鲜东西都要拿过来捣鼓一番,摸一摸,抠一抠,有的还会往嘴里塞等等。这一些都属于探索类游戏,孩子通过各种感官去了解这个世界。

两岁以上到四岁左右的孩子,开始逐渐玩一些功能型游戏,或者叫关系型游戏。这时候的孩子开始学会使用一些相关联的玩具或道具。比如拼插类的玩具,汽车、火箭等功能型玩具,或者把娃娃放到摇篮里,用水壶给花浇水等等。孩子们通过这一类型的游戏,把生活中的事物关联起来，建立联系，并学会通过恰当的方式集中和使用这些东西。

在四岁左右，假象游戏开始出现，这时候的游戏中会出现很多象征性的元素。四岁多的孩子可能会说："我们来玩公主的游戏吧，我是公主，你是王子。"或者说："我们来玩打仗的游戏吧，我当超人，你当怪兽。"这个年龄段的孩子通过扮演来进行假想，例如过家家的游戏、医生病人的游戏、警察的游戏、消防员的游戏等等，他们通过这样的方式来模仿和理解社会关系。在这个阶段，象征性的符号或道具会被经常使用，例如孩子会拿一个香蕉当成电话假装通话，或者拿一根树枝当成宝剑去战胜怪兽等等。

在这些多种多样的游戏中，孩子逐渐开始发展出自己的社交能力。年幼的孩子往往在社交方面表现得不那么成熟，于是很多父母担心自己的孩子在和其他孩子的相处中会遇到问题，总想指导孩子。其实这些同伴之间相处的方式是无法通过语言告知的，而是在游戏互动以及实践中逐渐发展起来的。

从社交角度来看，两岁以下的孩子所处的游戏阶段叫孤独性玩耍阶段，他们大多数时间都是一个人玩。在玩的时候希望有父母或其他家人陪在身边，但他们通常不会主动注意到其他不熟悉的大人和孩子。

两到三岁的孩子开始进入平行游戏阶段，他们会在其他孩子旁边玩，孩子之间会进行简单的交流，比如互相拿玩具、简单的模仿之类，但主要还是自己一个人玩，各自进行自己的主题，较少协作。

三岁以上的孩子就开始进行社会性游戏了，他们会一起玩耍，学习彼此协作配合，共同参与到活动当中。这时候角色分工开始出现，简单的规则也逐渐形成。随着年龄的增长，他们的游戏形式也越来越成熟。

通过观察孩子的游戏类型和游戏阶段，也能大致看出孩子的心智发展程度。而在这个过程当中，孩子通过观察、模仿、尝试、实践，和同伴之间互相配合、协商，不断提升自己的社交能力、表达能力以及思考能力。

因此，有一句话叫"游戏是儿童的语言"。孩子们可以通过游戏进行交流和学习，也可以通过游戏去表达他们的需求。有的信息孩子可能无法用语言表达，却能够在游戏中用他们自己的方式呈现出来，而这也是很好的倾诉和宣泄的途径。我曾经观察过很多孩子，他们会通过游戏和道具来展现他们的生活主题。

例如一个身体不太好的孩子，经常要往返医院，他会通过和小伙伴玩打针、看病的游戏，来缓解自己的焦虑，释放自己的情绪。而另一个经历了车祸惊吓的五岁孩子，因为年龄太小，不能用语言来表达，也无法接受父母语言上的安慰。但他在游戏咨询室里会特意选择各种车子的玩具，让它们相撞，然后翻车。在经过了这样一段时间的过渡之后，他开始出现让车子相撞再平安滑走的元素，后来我们又加入了超人飞过来拯救车子等情节。

同样，在我所看到的一些论文资料里也有记录，在美国911恐怖袭击之后，很多孩子在进行积木搭建游戏时，都出现了用飞机或其他模型撞击搭建好的积木这样类似的现象。还有经历了地震、火灾的孩子们，也会在游戏中反映出相关的因素。孩子们的情感表达和成年人有很大差别，对于孩子来说，语言是不足够表达他们内心磅礴的感受和情绪的，也无法描述他们脑海中丰富的图景和想象。而游戏则是一种很好的表达渠道。

我曾经到我孩子所在的班级，带着全班同学一起玩游戏，也向很多父母们介绍过游戏和运动的重要性。可是现在一说起玩游戏，我们的第一反应就是手机、电脑、网络游戏。我们很容易依赖这些方式带给我们的生活便利,甚至会通过这样的方式来安抚孩子,让孩子安静下来。可是在面对孩子沉迷游戏的状况时,又头疼纠结,唯恐避之不及。本文所说的游戏绝不是电子游戏,而是很多经典流传下来的儿童游戏,或者是基于儿童发展心理学、专门为孩子设计的身体游戏。

但是现在很多父母们会给游戏赋予一些类似于任务的意义,为了让孩子们的游戏变得更有价值,父母们变得很功利,总是不放心孩子做自己喜欢的事情,甚至连孩子的玩法也要指定。我们总想让孩子按照我们的方式游戏,或者让孩子玩的都是一些所谓的"益智"游戏,希望能够为了将来的成功做铺垫,加快和促进孩子成长,否则就觉得孩子的玩耍是在浪费时间。这其实是一种暗示,似乎只有当游戏符合成年人的想法和目标的时候,游戏才是重要的、有价值的。

虽然父母们都是从孩子长大的,但我们却忘记了孩子在这个应当充满欢乐和自由的年龄里真正想做的事情。很多时候父母们不自觉地把自己的需求当成孩子的需求,把自己的愿望强加在孩子身上。因此,与其说我们要学习如何与孩子一起游戏,不如说我们是在学习如何与孩子一起生活。在孩子的生活中,缺少不了游戏,游戏就是孩子的语言。

作为心理咨询师,我经常接到焦虑的父母们前来咨询孩子沉迷电子产品,同时还有一系列由此现象引发的注意力不集中、学习障碍、孤僻、社交障碍等问题。但其实很多时候,我们误以为孩子有这样那样的"行为问题"和"学习困难",恰恰是因为孩子缺乏适龄的游戏和运动,他本该习得的能力没有发展起来。别说孩子了,我们成年人身上也有着各种运动缺失的后遗症。我们太过依赖于自己的头脑,已经和身体、情感失去了连接。

对于孩子来说,纯粹靠语言的沟通往往不那么尽如人意,因为孩子有很多事情不能很明确地表达。但通过特定的游戏,孩子能够释放情感，宣泄情绪，表达无法用语言讲述的内容，学习人际交往，获得安全感，体验掌控感，建立规则意识。

可是父母和老师总是喜欢给孩子讲很多道理，总认为通过语言就可以教会孩子，而只有当孩子坐在书桌前读书、写作业的时候，才是在好好学习。但其实绝大多数孩子都很难在长时间里乖乖坐好保持不动。对于孩子来说，他们必须有意识地努力才能保持坐好，并且长时间用脑集中注意力。而这些刻意的限制会消耗他们的能量。很多时候我们觉得孩子各种开小差、磨蹭、走神，都只是他们的身体本能需要而已。孩子是在运动中学习的，他无法像成年人那样静静地坐在那里，只用头脑就能够记住并且掌握所有知识。孩子需要通过身体来学习，这样的学习效率反而会更高。

对于年龄小的孩子而言，游戏就是能够帮助他们释放和调整的最好方式。前文所说的那个令妈妈头疼的孩子，我针对这种情况，设计了一些相应的感知类游戏。例如人体山洞探险，我们用自己的身体当山洞，让孩子在地上爬着通过我们的山洞，但不可以碰触到山洞的边缘。这是在帮助他感知自己的动作，以及学会控制身体。

还有协调类的游戏，例如拍手游戏。我们小时候玩过很多拍手游戏，两个人做同样的动作，同时击掌。除此之外，拍手游戏还可以设计成两个人做不同的动作，但是在相同的节奏中照样同时击掌。这是让孩子学习，如何稳住自己的节奏，同时还要看到搭档的节奏。这样的游戏需要每个人专注在自身的节奏当中，保有自己内心的定力，不受周围其他人干扰；同时和周围人合拍，相互配合，相互呼应，游戏才能持续进行下去。而稳住自己、顾及对方、彼此配合，这正是人际交往的根本。通过这类游戏，不但能提升孩子的节奏感、反应力、手眼协调能力，还能提升孩子的社交能力。

我们还可以和孩子一起玩一些指令游戏，这对于已经上学的孩子来说尤为重要。虽然我们平时一直说要给孩子爱与自由，但服从命令听指挥也是生活、学习和工作中必不可少的元素。让孩子学会听懂、听清工作指令，并按要求去做，这是非常重要的能力。想达到这一点，并不需要严厉的说教和管制，利用好玩的游戏就能轻松达到目的。

我们可以和孩子约定一些关键词，比如"香蕉"是朝前跳一步，"草莓"是朝后跳一步，在游戏中我们可以天马行空地随意叫出一些水果的名称，听到关键词就做出相对应的动作。随着孩子年龄的增长，我们可以不断增加关键词，例如朝左跳或朝右跳，原地跳或下蹲起立等等。还可以让孩子来发号施令，看谁能又快又准地做出正确的反应。等孩子比较熟练了之后，我们还可以加入一些干扰词或者易混淆词，比如"西瓜"和"西梅"、"乌龟"和"乌贼"等等。不断增加的难度，也使得孩子的专注力和辨识力不断提升。

类似的指令游戏有很多，大家可以发挥聪明才智去创造各种形式的有趣游戏。指令游戏可以帮助孩子训练自己的控制力，同时也训练他们的反应能力，从不断变化的指令当中排除干扰项，辨识出真正有效的指令，并照着去做，才能取得游戏的胜利。这种方式非常有助于他们在学校里的学习和社会交往。

我还带孩子们玩了一系列设计巧妙的小游戏，把语文诗词、文言文背诵，数学奇偶数、乘法口诀表、因式分解、公约数公倍数等知识的理解融入其中，帮助孩子把学到的知识内化到身体里。只有身体掌握了，记忆才会经久不衰。孩子们都特别喜欢游戏，通过游戏的方式来协助他们调整行为，不容易引起他们的抵触，也很容易见效。

每一个孩子在玩游戏的时候都是兴致勃勃、聚精会神、注意力高度集中的，这也是在锻炼孩子的专注力和思维能力。同时，在游戏中因为要跟随指令来行动，孩子必须随时留意指令的变化，理解规则，这也是在培养孩子听到并理解他人话语的能力。而每一种游戏都有相应的不同的规则，只有遵守规则，游戏才能持续进行下去，这其实也是在帮助孩子建立规则意识，在生活和学习中也都能有所帮助。

小小的游戏里竟然蕴含着这么多的智慧，而这些其实只是很小的一部分。在游戏中，我们追逐、跑跳，和他人配合，从中学习专注、认真、团结、策略、胜负、规则等等。这些年在咨询和讲课的过程中，我越发体会到游戏和运动对于儿童身心发展的重要性。真正的勇气、坚韧、决心、善良、合作、社交、思考等品质，并不是靠告知就能习得的，而是在游戏与运动中发展起来的。

当孩子们在游戏中通过自己的智慧取得胜利，通过互相配合找到宝藏，面对不确定的挑战积极动脑筋、想办法，最终战胜困难的时候，他们的成就感简直爆棚。而这一切都是自信心的来源。

游戏是每个孩子成长过程中必不可少的组成部分。然而现在的实际情况却是，孩子们严重缺乏游戏和运动。在忙碌的现代社会中，游戏变得非常奢侈。许多孩子没有充足的游戏时间，也没有办法通过游戏互动去解决一些常见的问题。

几年前公布的《中国城市儿童户外活动状况调查报告》结果令人担忧：我国孩子户外活动严重不足，周一到周五每天的户外玩耍时间仅1小时，平均每四个孩子中就有一个孩子户外活动不到1小时；看电视、玩电子游戏挤占户外活动和睡眠时间的情况非常普遍。有12.45%的儿童每天看电视、玩电子游戏的时间超过2小时，而多达48%的儿童在周末看电视玩电子游戏的时间超过2小时，这一数字到寒暑假上升到61.4%。

而除了玩电子产品之外，现在的孩子还被各种课外辅导班所包围，学习英语、奥数、钢琴、乐器等各项技能。不少来我这里咨询的孩子告诉我，他们周一到周五晚上都要学习不同的兴趣班，周末也在几个课外班之间辗转，行程非常紧密。不得不说这真的是很可怕的一种现象，也催生了现在父母和孩子的各种焦虑。与此同时我们也会发现，在学习、社交和行为这三方面有困难的孩子越来越多。

如果想让孩子各方面平衡发展，就要注意脑、身、心三方面协调发展。现在很多孩子都在不停学习，上各种辅导班，学各种特长。父母们以为这样就叫全面发展了，但其实这些学习还是只集中在脑的部分。如果想让孩子更全面，别忘了还有身和心这两部分。和孩子一起做游戏、讲故事、画画、做手工、哼唱歌谣，让孩子感受到生命之中的温暖、爱和美好。孩子天然地更喜欢和人之间的互动，而不是和机器待在一起。只有当孩子在和父母的互动中无法获得新鲜有趣、愉悦轻松的体验时，才会转而扎进电子产品中。而一旦孩子已经沉迷电子产品，再想拉他出来就困难很多了。

因此，与其担心孩子沉迷手机，不如带着孩子一起来做一些有趣的游戏和运动。我的两个孩子经常说："妈妈，你带我们玩的那些游戏，可比手机平板有意思多了。"多和孩子一起玩，亲子关系更好了，你说的话他也会更愿意听，这样也就同时解决了很多我们沟通方面的问题。养育孩子是一个整体，我们的生活也是这样一个综合体。

游戏互动需要体验式学习，文字难以企及一二，希望今后有机会能和大家一起玩耍。在此之前大家也可以回忆一下我们小时候都玩过什么样的游戏，可以带着孩子一起去体验和感受。愿我们都能和孩子一起玩出乐趣、玩出智慧！

第六章

家校共育,
做孩子的后盾和桥梁

如何帮助孩子做好入园过渡

每到开学季,都会有一批孩子进入幼儿园。从某种意义上来说,这是孩子第一次需要暂时离开父母、离开家人,进入到一个小社会里,开始自己的学习生活。那么,我们可以做些什么来帮助孩子迈出这成长的一大步呢?

在叶儿快到入园年龄的时候,我开始给他做入园准备。关于入园,我将当时的经验整理了一下。参考书籍《上幼儿园不用愁》《幼儿园那些事儿》。

一、如何选择心仪的幼儿园

选择幼儿园,应以孩子为重。选园时大概要考虑的因素有:距离、价格、安全、环境(软硬件、人文环境)、理念。

有些父母为了把孩子送到一个"理念好、名气大"的幼儿园,不惜绕大半个城市,每天接送。或者干脆在幼儿园旁边租房居住,专门陪读。当然,如果做出这样的选择是全家支持且不影响日常生活的,那自然很好。但如果是举全家之力,做出各种牺牲,那这样的选择,并不一定是以孩子为重,而很有可能是为了满足父母自己内心的需求:"我一定不要让孩子接受我小时候的那种教育。"这种焦虑和担忧是父母的心理情结,父母应当把这个功课留在自己这里处理,而不是通过孩子的生活来弥补。

一旦孩子入园，面临的就将是连续几年的接送。如果距离太远，几年里会牺牲掉孩子上千个小时的睡眠、休息、玩耍时间，对于孩子的成长来说，这些时间同样重要。而去幼儿园附近租房，虽然孩子上学距离近了，但父母的工作和生活都会受到影响。有些父亲为了工作留居原处，只有母亲一人带着孩子租住在幼儿园附近。对于幼小的孩子来说，失去了家庭的完整性，感受不到家的氛围，即便是再好的幼儿园，也无法替代家庭对孩子心灵的滋养。

同样，价格因素也应该是首要考虑的，所选园的价格应该在整个家庭的承受范围之内。没有必要为了上"名园"而节衣缩食、省吃俭用。如果背负着巨大的经济压力，势必会影响家庭成员的情绪，这些情绪都会在日常生活中表现出来，孩子也会敏锐地觉察到。

为了孩子入园而影响到全家的生活，家庭成员就很容易对孩子有所期待，即便是不说出来，也会无形之中传递给孩子这样一种信息："我们为了你能受到良好的教育，能感受到爱与自由，付出了这么大的代价，你进了这所幼儿园，一定会快乐、健康、全面发展，一定会有强大的内心、独立的思考能力和良好的行为。"而这一信息被孩子捕捉到，反而会因为压力而焦虑，根本没有"爱与自由"的样子了。

省吃俭用供孩子上学，或者父母分离陪读，都会破坏家庭中的正常关系，而这种关系在孩子的成长过程中起到的作用非常大。因此量力而行是比较明智的。和父母的言传身教、润物细无声比起来，幼儿园对孩子的影响要小得多。世上并没有完美的幼儿园，无论如何选择，都会遇到这样那样的问题，但这些问题都是我们要和孩子一起去面对的，也是我们和孩子有能力化解的。

二、如何给孩子做好入园准备

首先是父母及家庭成员的心态调整。孩子到了入园的年龄，就有了社会化的需求。他们渴望和同龄人玩耍、交流，希望能有更多的机会去探索更大的世界。但他们仍会对父母有所依赖，在渴望扩大探索的同时也会有犹豫。这时父母应该是孩子坚强的后盾，给予孩子内心的力量。然而在实际生活中，太多时候是父母离不开孩子，而不是孩子离不开父母。由于父母的焦虑传递给孩子，让孩子惧怕幼儿园的情况比比皆是。如果父母总是担心孩子适应不了幼儿园，势必在言语和行动上有所体现，孩子也会感受到父母的焦虑，觉得上幼儿园是一件很可怕的事情。因此，整个家庭成员的心态调整非常重要。

其次，要合理期待幼儿园的生活。有些父母为了孩子能愿意去幼儿园，会说幼儿园里都是玩具、幼儿园有零食吃、幼儿园可以看动画片等来哄骗孩子。也许孩子当时愿意去了，但一旦发现幼儿园的生活并不是父母说的那样，就会因为失望而变得更加抵触。

除此之外，我们还可以带着孩子一起熟悉幼儿园的环境与流程。现在幼儿园通常都允许参观和试园，在入园之前父母多带孩子去园里玩耍、熟悉环境、模拟一日生活，会让孩子更快适应幼儿园的生活。在叶儿快到入园年龄时，我经常带着他去幼儿园外面，看哥哥姐姐在里面排队做操，小家伙很是神往。在征得幼儿园的同意后，我带叶儿参观了幼儿园。我们一起在教室里玩，看看午睡时小小的木床，小小的桌椅板凳，小小的厕所水池……让叶儿熟悉在幼儿园的生活流程。

与此同时，让孩子的作息时间和幼儿园的作息时间靠拢，并培养孩子自己吃饭、主动喝水、会示意如厕、会自己洗手等生活自理能力。

当然，我们还要给孩子心理准备期。无论我们的准备工作做得多么充分，刚入园时也一定会有哭闹，这是孩子的正常反应。不必因为孩子暂时的哭闹，就焦虑、担心、怀疑。这是孩子在成长途中所必须经历的。正如同一位作家说的那样："有些事，只能孩子一个人做；有些路，只能孩子一个人走；有些关，只能孩子一个人过。"

同时还要避免给孩子负面暗示，不说一些容易形成负面暗示的语言，例如："再不听话，就把你送到幼儿园去！""等到了幼儿园，看老师怎么收拾你！""如果小朋友打你，你就去告诉老师。""今天有没有小朋友欺负你啊？""不听话就把你丢在幼儿园，不去接你了。"等等。这些话语容易让孩子对幼儿园形成不好的印象，变得更加恐慌。

除此之外，还可以和孩子一起准备入园物品。带着孩子一起购买入园的文具、书包，和孩子一起在衣服和被子上绣上姓名贴……这些准备工作都会让孩子对即将展开的幼儿园生活充满期待。

那时候我会和叶儿一起畅想：如果妈妈不在，我都可以做些什么呢？可以玩球、剪纸、玩积木，可以跳舞、玩沙、揉橡皮泥，等到了下午，妈妈就来接我啦！我还可以画画，把妈妈的样子画下来，画我们一家人一起玩，画我想和妈妈一起玩的游戏。我还可以在院子里找妈妈的影子，你看，那里有一棵大树和一棵小树，那是妈妈树和宝宝树；还有妈妈草和宝宝草、妈妈石头和宝宝石头……

入园时，请简单介绍孩子的情况，不要太长，以便老师了解。叶儿入园时，是当时全园年龄最小的孩子。我在幼儿园的档案手册里填写了一份叶儿的情况介绍，包括性格、爱好、行为、自理能力、午睡习惯、哭闹时的应对，以及喜欢玩的小把戏等等，让老师对他多一些了解，也能更轻松地应对。

三、如何应对孩子的分离焦虑

孩子入园时可能会表现出分离焦虑,面对妈妈的离开会哭闹不止。妈妈要如何做,才能陪伴孩子度过分离焦虑期呢?

不要偷偷离开。有些父母因为害怕听到孩子哭,就总是趁孩子不注意的时候偷偷溜走。这样做不但不会帮助孩子适应你不在的场合,反而会让他更害怕你总是突然消失,不会回来了。虽然他可能会大哭,但请一定要跟他说再见,并在他的视线中离开。例如可以告诉他:"妈妈要去上班了,等下班后就马上来接你,妈妈爱你。"然后就可以离开了。不要因为孩子哭就总是拖延、又回来安慰,这样宝宝会发现哭泣是挽留你的好方法而频繁使用。

父母的内心平静放松。父母的焦虑会传递给孩子,让孩子更加抗拒幼儿园,难以分离。

信任老师和学校。既然选好了幼儿园,就要对园方和老师表示信任。相信老师有能力安抚孩子,处理好孩子的情绪。

生活有规律,对孩子更是要言而有信。有规律的生活会极大地增强他的安全感。如果孩子发现你每次都会准时来接他,那么他会很快调整好自己,适应你不在的场景。

避免传递负面信息。不要当着孩子的面议论其他小朋友多不愿意去幼儿园,以及其他与幼儿园相关的负面事件。不要在孩子面前表现出对幼儿园的担心、对老师的不满。如果孩子发现连父母都无法对幼儿园放心,那么他一定会觉得幼儿园简直太可怕了。

通过绘本、游戏等方式缓解分离焦虑。现在有很多童书和绘本,通过孩子的视角,描绘孩子的心声。和孩子一起阅读分享,有助于应对分离焦虑,以及适应幼儿园生活。我当时给叶儿买了一些适合幼儿园过渡的绘本，经常讲给他听，让他渐渐明白，即使妈妈离开，也绝不会影响我们之间的爱。

有助于应对分离焦虑，以及适应幼儿园生活的绘本有：

《汤姆上幼儿园》	《大卫上学去》
《魔法亲亲》	《我不要去幼儿园》
《幼儿园一点都不可怕》	《一口袋的吻》
《我好担心》	《我不跟你走》
《别想欺负我》	《老师，我为什么要上学》
《存起来的吻》	《小猫头鹰》
《我爱幼儿园》	《我喜欢上学》
《小魔怪要上学》	《阿文的小毯子》
《我太小，我不能上学》	《第一天上学》
《小阿力的大学校》	《富兰克林去上学》
《忘了说我爱你》	《上学一二三》
《三只小猪上幼儿园》	《点点爱去幼儿园》

……

和孩子一起讲故事时，不要把愉快的亲子共读过程变成说教，不要为了让孩子尽快适应幼儿园就把绘本中的故事当成大道理讲给孩子听，这样只会适得其反，引起孩子的抵触。

最后，是家庭中的高质量陪伴。孩子放学后，多陪伴他，和他做游戏，一起互动，一起亲子共读。让孩子感受到你无条件的爱，让他确信你是永远爱他的，不会离开他的。这样，随着孩子心智的不断发展，他会很快接受新的生活规律。当你离开的时候，虽然他还是会感到难过，但他能在老师的安抚下和小伙伴的陪伴中很快平静下来。因为他的经验和逐渐发育的记忆力都告诉他，你离开一段时间后一定会回来，并和他一起度过愉快时光。多向他表达你的爱和关注，让他更加信任你。

四、如何判断孩子适应了幼儿园

每天都能开心地去幼儿园。

虽然早上不太愿意去，但去了幼儿园也没有太多不顺心的感觉。

能在幼儿园安心入睡。

有需要的时候，能自如地在幼儿园大便。

能参与感兴趣的课程及活动。

在幼儿园有好朋友。

回家后没有莫名的情绪反常，晚上没有频繁做噩梦的现象。

谈起幼儿园，能够回忆起一些愉快的事情，对不愉快的事情反应不是很激烈。

下午去接时不愿意回家，希望继续在园中玩耍。

以上情形只需部分满足就能说明孩子已经比较好地适应了幼儿园。

五、如何应对孩子入园后的行为问题

初入园时，孩子可能出现以下一些情况：

孩子入园后变得特别黏人。这是很多孩子常有的表现。孩子一整天没有见到家人，回到家需要从妈妈这里获得安慰，并将这种安慰转换成一种积极正面的心理能量。同时他也需要通过这种方式来确认，父母对他的爱并没有因为入园这件事而改变。所以，入园后孩子黏人是一种正常的心理需求，是他获取心理能量、排解焦虑情绪的一种方式。

当孩子黏人的时候，不要排斥他的情绪，更不要斥责他，否则会加重他的焦虑。与其被动地被孩子黏，不如主动去陪伴他，玩出更多花样，让他感受到家的温馨和父母无条件的爱。

孩子入园后脾气越来越大。入园初期之所以频繁发脾气，是因为孩子不清楚该通过什么样的方式去发泄自己的焦虑情绪。他们年龄尚小，排解情绪的技巧还不熟练，发脾气是他们最容易想到的发泄方式。所以，当孩子发脾气的时候，请接纳他的情绪，冷静而温和地面对孩子，在保证安全的前提下，给孩子一个发泄的机会。在孩子情绪激烈时，拥抱孩子，并简单倾听，陪伴他一起学会处理情绪。

孩子在幼儿园冲突频繁。孩子入园后，被打了，父母心疼；打人了，父母烦恼。孩子们的冲突多种多样，但绝大多数的冲突，双方都没有恶意。不管因为什么样的原因导致孩子们之间出现冲突，归根结底，都是因为他们没有掌握恰当的交往模式，或者没有控制住自己的冲动所致。当孩子们发生冲突的时候，批评苛责往往无济于事。一味强调不能做什么，也只会给孩子带来负面的心理暗示，变相地强化这种行为。

父母可以创设一些游戏，模仿孩子社交的情形和冲突的发生，然后将可以采用的应对方式表演出来，直观地展示给孩子。也可以通过绘本、画画等方式向孩子传递恰当的交往模式。同时尽可能地为孩子提供自主解决问题的机会，让他体验和尝试各种不同的应对方式，从而提高自己的交往技能。教给孩子一些基本的社交规则，例如不可以打扰他人、加入他人玩耍时要征得对方同意等等。同时加强孩子用语言表达需求的能力，而不是一有冲突就动手。

进入幼儿园，是孩子出生后第一次与我们分离，也是他人生中最重要的一次独立。只要有坚实的爱和安全感做基础，他的内心始终会有一份平静和安宁。孩子的每一步成长，都在不断给我们惊喜。成长的速度无可阻挡，而我们就只能站在他身后，目送他一步步远去。所以，请准备好耐心，准备好信任，准备好坚定，准备好很多很多的爱，带着祝福，和孩子一起，去面对这不可避免、也无法阻挡的成长。

家校沟通（上）
—— 当学校理念和我们有冲突时

在我刚有孩子的时候，每天看着他可爱的样子，恨不得把世界上最好的爱都给他。于是我看了很多书，不断学习，给他陪伴，倾听，耐心地和他沟通……可是随着他慢慢长大，我发现我无法将他一直呵护在羽翼之下。到了学校里、社会上，谁还会这么对他？学校里一个班好几十个人，老师根本顾不过来，哪来的耐心和孩子沟通交流？最快速的方法就是奖励和惩罚，大环境就是如此，我们能有什么办法呢？

想到我所践行的父母无条件的爱、给孩子爱与自由，我会被这些理念所散发的那份美好所吸引，会被它们所透出来的浓浓的人文关怀所打动。可是回过头来看到生活中的各种不符、各种粗糙、各种坚硬，顿觉力不从心。当我们无法改变大环境时，就会心生纠结、焦虑、痛苦、担心。

要如何面对模式化教育和我们的理念之间的冲突呢？难道我们就真的无能为力吗？我相信绝非如此。我们为孩子在生命早期所打下的爱的基础，会成为他将来面对一切困难挫折的勇气和力量。

我的一位老师安娜曾经在自家客厅里种了一盆发财树，但她发现那棵树总是往歪了长。于是她用绳子绑住长歪的枝叶，想把它勒回来，可是树却越来越歪。终于有一天，绳子断了，被勒住的枝条瞬间伸展开来，导致重心不稳，连同花盆一起栽倒在地上。安娜向懂得花艺的朋友请教，朋友告诉她，树在朝阳台的方向生长，只要每隔几天将花盆转半圈，树就不会长歪了。

安娜是用开玩笑的口吻跟我讲起这个故事，我听到时却感到无比震撼，为植物向阳的力量而赞叹。其实孩子也是如此。我们都知道，孩子不是一张没有生命和思想的白纸，他不会任由我们涂抹成我们想要的样子。孩子是一粒种子，他未来的一切可能都已经包含其中。既然是种子，那他就有趋光性。只要我们能给到孩子内心深处的力量和支持，他必将会向上向善，朝着光亮的方向成长。

豆妈曾说起和儿子豆豆的一次对话：

豆豆从幼儿园回来，开心地说："妈妈，我的小星星贴纸数量得了前十名！"

妈妈亲亲他："你一定很开心。"

豆豆："是啊，我表现得很好。"

妈妈有点担心孩子会为了小星星而刻意表现，于是说："宝贝，你得了很多小星星，妈妈很开心。我希望你不是为了得小星星才好好表现，那样太累了。"

豆豆："妈妈，我没有为了得小星星而好好表现，我本来就这么好。"

听到孩子的回答，我不由得感慨，这就是在无条件的爱之下成长的孩子，他们内心有着满满的爱，有着对自己的确信，他们不需要靠外界的评判来确定自己的价值，而这一切，都来自于妈妈一直以来对他的爱和接纳。

是啊，孩子本来就是这么美好。这些在爱里成长的孩子都有一个共性，他们有着坚定的自我，有着坚实的自信心和安全感。他们相信自己是值得被爱的、是有价值的，不会轻易受到外界的干扰。当孩子确信在妈妈这里可以获得满满的爱后，就不会去外面索取爱。因此，如果想让孩子在学校里、社会中能不被外界评判所影响，就要在他的生命早期为他打下这种爱的基础。

除了为孩子建立稳固的内心之外,如果遇到学校的教育方式和我们的理念有太大的冲突,要如何化解呢?遇到这种理念上的碰撞,我们可以本着"求同存异"的出发点,在尊重、理解学校和老师的基础之上,表达和坚持自己的观点和态度,以求得双方相互的理解和包容。

叶儿在上幼儿园时,我给他选择了一个家庭园,那里没有评比,也没有排名,叶儿在那里度过了几年愉快的时光。后来幼儿园搬走了,叶儿也即将进入小学。为了能有直升的学籍,在多方考虑之后,我将他转入了小学附属的公立幼儿园。

刚一开学,孩子适应得挺好,倒是我有点跟不上节奏。这家幼儿园有类似"绩效考核"的制度,集满二十张贴纸可以换一面红旗,红旗可以换玩具奖品,按照奖品大小,所需红旗数量也不一样。

如果送孩子入园的时候我能坚持主动和老师微笑打招呼,我就会被评为"阳光家长",我的孩子也能得到贴纸奖励。每天晚上八点,家长要在群里发照片打卡,让孩子捧着吃完的饭碗拍照,以证明孩子"光盘"了,第二天就可以得贴纸。如果孩子在家做家务,或者帮爸爸妈妈捶背,只要有录像,也可以换取贴纸。除此之外,孩子在校的各种行为都对应一定数量的贴纸。当然,如果在校表现不好,那就会被扣除相应的贴纸。

看到这样的制度我不由得有些眩晕,为什么明明是我和老师打招呼,却要给我的孩子奖贴纸呢?为什么孩子帮我做了什么事情,我还必须得赶紧拍下视频来呢?这实在是和我奉行的理念有太大的冲撞了。这时候身边的很多朋友就安慰我,说现在的教育制度就是这样的,我们也没办法,抱怨归抱怨,也只能去适应。

可是我不这么认为。与其抱怨环境,不如去积极沟通,去创造我想要的环境。于是我和老师交流了一下，先表达了对学校规条的尊重："非常感谢学校的一片苦心，学校这样做是为了让孩子们建立良好的行为规范和道德品质，老师们费心了。"同时感谢老师："这贴纸数量每天都要有变动，为了让孩子们养成良好的习惯，老师们要额外花费这么多时间和精力去统计，真的是很辛苦啊。"

老师们听了后有些吃惊，也有些感动。因为平时家长们来找老师往往是觉得贴纸数量不对而来帮孩子核实，很少有人看到她们花在这上面的功夫和心血。这样就为我们后面的沟通打下了良好的基础。

在我理解和同理了老师的立场和感受之后，我也对自己的观点做了表达，同时告诉老师平时孩子在家时我不使用手机，所以可能拍不到照片或视频，无法参加打卡活动。我只是描述自己在家的习惯安排，而不是去指责她们的做法，更不去争辩教育理念的对错。原本我有些担心老师会要求我必须遵守学校规则，但当我真诚地表达、带着尊重去内外一致地沟通时，我发现其实老师很好沟通，也很认可在陪伴孩子的时候不使用手机，这让我长长地舒了一口气。

学校这边不做硬性要求了，可孩子会不会很在意他的贴纸比别人少呢？于是我观察了一段时间叶儿的状态，发现他虽然也很喜欢得到贴纸，但似乎并不是那么看重。如果能得到也很开心，但如果没有，貌似也并不在意。叶儿的行为规范较好，获得贴纸对于他来说并不是一件困难的事情，每周的奖励榜上他也总排在前列。可是在兴致勃勃地换了几个月玩具之后，我发现他就没那么大劲头了，经常不记得换玩具，或者换回来玩一阵子就丢在了一边，有时还会换玩具回来给弟弟。他会遵守学校的行为规范，但也并不被奖惩所累。

当时叶儿的班上有一些孩子为了得到更多的贴纸，就去给其他孩子拿书包、写作业，以此来交换贴纸。我问叶儿："你要是很想要那个最大的玩具，你会这样做吗？"叶儿说："不会，因为我不愿意。如果我真的特别想要那个玩具，我可以告诉你，你会给我买的。"听到他这样的回答，我的内心涌动着感动。也许这就是一个孩子对于妈妈的信任吧。有了这份信任，我们又怎么会担心孩子受到外界的诱惑而误入歧途呢？

有的时候我们看到孩子因为得到奖励而开心，因为受到批评而难过，就会担心他是不是被"有条件"对待了。我们都知道，奖励会侵蚀孩子的内在动机，惩罚会让孩子的自我价值受挫，于是在无法规避学校的奖惩时，就会焦虑、担忧，甚至灰心，觉得自己的坚持毫无意义。

无条件养育认为，每个人都会在成功时感到高兴，在失败时感到失望，这并没有什么不妥。但是有着良好自我评价的人，他们的价值感并不会因为这些外在的奖惩而有所起伏。当他们受到表扬时不会自我膨胀、自觉高人一等；在遭到批评时也不会感觉绝望抑郁、一文不值。

小红花和排名次不是那么可怕的一件事情，如果孩子因为得到奖励而开心，那我们就和他一起去感受那份开心；如果孩子因为受到批评而难过，我们就去倾听、陪伴，和他一起走出低谷，并在必要的时候提供一些帮助。

与其担心社会伤害孩子，恨不得给他加个保护罩，倒不如做好自己，带动周围，让自己成为优良环境的一部分。努力去创造自己想要的生活，而不是在抱怨中消耗自己，认为大环境如此，自己无能为力。无条件的爱、尊重和信任，为孩子建立起了面对现实的免疫力。孩子对爱有抱持，即便是将来遇到严峻的情况，他也会积极创造充满爱的环境，而不是被动地迫于无奈地忍受。

小巫老师说："当孩子天性与所处环境产生矛盾的时候，父母对待孩子的态度举足轻重。我们是孩子的底线和靠山。无论孩子受到怎样的挫折和磨难，只要我们的怀抱是温暖的，他就能够积攒足够的勇气同命运抗争。相反，如果从我们这里得到的是冷漠、拒绝和斥责，他就会丧失生活的信念。如果父母不伤害孩子，社会就很难伤害孩子。一个自信心和安全感充足的孩子，一个有爱心、有毅力、思维敏锐、创造力丰富的孩子，能够坦然应对任何严峻的生活状态，能够在重压之下不折不弯。"

无论外界怎样，只要妈妈的爱是扎实而坚定的，孩子就会获得稳固的自信心。一个真正快乐的孩子，一定是内心充满爱的孩子，他是不会轻易被别人的否定伤害的。因为他对自己的认知不是建立在外部评价上，而是在内心深处确信自己存在的价值。这样的孩子，不管是到了学校，还是进入社会，我们都不需要担心。

也许孩子将来会面临很多社会带来的、教育制度带来的压力，但只要有一个人给到孩子高品质的爱，孩子就会从这份爱中吸取养分，健康成长。那么，我们可以让自己成为给孩子光的这个人。相信孩子的趋光性，因为爱就是心底的那一束光。

家校沟通（下）
——如何面对老师的投诉

上一篇文章介绍了当学校的理念和我们有冲突时要如何与老师沟通，很多父母们希望能谈一谈如何面对老师的投诉。有时候孩子在学校可能没完成作业，或者影响了课堂纪律，老师就会来找家长，这时候父母夹在中间就会很为难。要如何做才能既让老师满意，又不伤害孩子，还能解决问题呢？

其实无论是父母还是老师，大家的愿望都是一致的，都很关心孩子的教育。但有的时候，学校和家庭之间的沟通却不是那么容易的一件事情，尤其是当孩子在学校惹麻烦的时候。我曾经听一些父母说，他们最害怕的就是老师打电话，甚至一看到老师的信息就会心跳加速，简直比孩子还紧张。

回想我们小时候，如果老师找父母告状，父母通常都会站在老师一边，向着老师说话。如果双方都在场，那可能就是当着面对孩子一顿数落："你怎么能用这种态度呢？老师还不是为你好？你上课不好好听讲，当什么学生？"这样一方面是出于面子，维护老师和自己的权威，表明自己的重视；另一方面也是希望孩子能够接受教训，今后改正错误，好好表现。

可是如果我们还记得自己那时候的感受的话，就会知道，这样不分青红皂白地数落孩子，对于孩子来说是很不公平的。孩子会觉得你不理解他，甚至会有一种被所有人批评指责的羞辱感。父母是孩子的依靠，如果孩子感到父母站在对立的立场上教训收拾自己，就会关闭对父母倾诉的通道，不再信任父母，更不会按照父母的意愿乖乖改正。

首先要明确的是，家校沟通的前提是对老师的信任和尊重，而共同目标是为孩子创造良好的成长环境。面对老师的投诉，父母要做的不是当陪审员，更不是惩罚官，而是架起老师和孩子之间的一道桥梁。我们既要协助老师，表达尊重，又要在情感上给予孩子支持。只有这样，才能实现良好的沟通。

当老师找父母投诉孩子在校表现不好时，这时候老师是有情绪的，我们要注意同理老师的情绪，尽量不要和老师发生冲突。绝大多数老师都是有责任心的，希望孩子越来越好，只是有可能因为学生太多，不能面面俱到。我的一位教师朋友说，当老师找家长的时候，其实是在向家长求助。即便老师可能有情绪、态度急躁，本质上还是因为遇到了困难，不知道要怎样更好地处理，才会来找家长，寻求家长的配合。我们作为父母，不能认为把孩子交到学校就应该由老师全权负责，而是要充分了解事情的原委，协助老师一起帮助孩子。

同时，在听完老师的描述之后，别忘了听一听孩子的说法。千万不要刚听完老师的话就火冒三丈，只想找孩子算账。很多时候只是因为孩子思考问题的角度不同，才造成了冲突。孩子并不是要故意犯错，他只是还不够成熟，需要我们协助他学会更全面地看待问题。

叶儿在读二年级的时候，也曾经发生过一次老师投诉的事件。老师在电话里告诉我，叶儿上课时和同桌说笑话，因为身体晃动幅度太大，椅子撞到后面同学的桌子，书本文具洒落了一地，导致课堂中断，老师不得不花时间维持纪律，对班级教学影响很大。

在听完老师的叙述之后，我表达了对这件事情的重视，并承诺等叶儿回家之后，我会问清楚状况，并给老师答复。在这个过程中，我大致是这样做的：

"谢谢老师的及时反馈，让我了解到孩子在学校的一些表现。我们对于他在学校的情况比较关心，也是为了能更好地配合老师和学校。"（表达感谢。老师打电话过来反映情况，是出于责任心，希望父母能配合学校，让孩子成长得更好。）

"他在课堂上发生这样的事情，确实很不应该，不但影响了老师，还打扰到后排的同学，我觉得十分抱歉。同时也要麻烦老师代我向那位同学和他的父母说一声对不起，如果有文具或书本损坏，我会照价赔偿。"（不管孩子是否有其他原因，他影响到后排同学，打乱了班级教学是事实。在这一方面表达一下歉意，并对造成的影响负责，既能平复老师和对方家长的怒火，也能表明自己积极处理这件事情的态度。）

"叶儿现在还没有放学，等晚上回来之后，我会和他好好聊一聊这件事。明天上午我再跟您通一个电话，您看可以吗？"（承诺一个具体的时间，给予老师回复。让老师有确定感，也能知道父母并不是随口敷衍。同时除非老师主动提出，否则尽量避开下班时间，老师也需要休息。）

晚上等叶儿回来之后，我先和他聊了聊这件事。我说："叶儿，今天班主任老师打电话给我，说你在课堂上不小心撞倒了后排同学的桌子，能告诉我是怎么回事吗？"（邀请孩子开启谈话，不带有任何指责和盘问的态度，让孩子敢于表达。）

叶儿有一点紧张，问："老师怎么跟你说的？"

我说："她说你可能是听课听得太兴奋了，没控制好自己的动作。所以我才想知道当时你到底发生了什么。"（有时候老师打电话来投诉，可能会有较多的负面评价，这时候不要把老师批评的话语直接倒给孩子,不要在老师和孩子之间制造对立。)

叶儿听到老师没有在我面前批评他,提着的心稍微放松了一点,就告诉我他当时是听老师讲课时想起了一个笑话,没忍住就讲给同桌听,结果两人笑作一团。我听完后,说:"是挺有趣的,难怪你忍不住笑。只是你这一笑,动静实在太大,周围同学可遭殃了。"(对孩子的感受表示理解,同时告诉他,因为他的行为,给其他人造成了什么影响。)

叶儿说:"我没想到会搞成这样,当时所有人都看着我,老师还叫我下课去她办公室,我也觉得自己好倒霉。"

我说:"是啊,那么多人都看着,你一定也很尴尬吧。老师今天打电话给我,是因为担心以后又发生这样的事情,她还得花上课的时间来处理,这会影响整个班的课堂教学。而我也会觉得很为难,因为我得再次跟老师解释,还得再来找你。你有什么想法和建议吗?"(再次表达孩子行为造成的影响,以及由此带来的我和老师的感受。同时邀请孩子来想解决办法,把主动权交到孩子手中,也是表示尊重。)

叶儿说:"好啦,我以后会注意的。其实我已经跟老师保证过了,如果以后我在课堂上又想起好笑的事情,我就把它写下来,下课时就可以讲给更多同学听了。"

我:"嗯,听着是个不错的主意,下次想起啥好笑的也说给我听听。都说笑一笑十年少,你让我也年轻年轻。"叶儿不好意思地笑了。

在和孩子的沟通过程中,要多听听孩子的想法,同时表达自己的感受。让孩子明白自己的行为造成的影响,也让他懂得接下来要如何去做。其实孩子在学校肯定已经被老师批评过了,回到家之后,就不要再骂他一顿了。被老师批评,又被告家长,对孩子来说,已经是惩罚了。你再惩罚他,他会觉得不被理解,从而因为抵触而更加不愿改正。

和叶儿沟通完后,我按约定给老师回了电话。

"我和叶儿很认真地聊了这件事,他是因为听到您在课堂上讲《木偶奇遇记》时特别生动有趣的讲解,让他想起了书中的一个笑话,没忍住就和同桌讲了起来。结果影响了课堂纪律,他也意识到了自己的错误。"(及时回复老师,从正面给出孩子的视角,让老师理解他当时做出这样行为的原因,但并不是为孩子找借口。同时表明孩子已经意识到了自己行为的不妥。)

"我和他爸爸也很重视这件事,所以和叶儿认真讨论了他目前的学习态度和方法,也向他说明了课堂纪律的重要性。我们一定会在这方面更加关注孩子的行为的。"(说明在老师关注的重点方面,自己都做了哪些调整,表明一个积极的行动态度。)

"老师要带班上这么多学生,确实很辛苦。非常感谢老师对于叶儿的关心和帮助,我们今后也会和他一起,建立更好的学习习惯和行为规范。这确实需要一个过程和时间,我们一定会尽力配合老师,也希望老师在这段时间里多给我们一些帮助。"(肯定老师的良苦用心,再次表达感谢,并表明今后对于孩子成长的态度。同时说明孩子在成长过程中,有些不成熟在所难免,让老师看到父母的努力,也给予足够的耐心和时间。)

理解老师,理解孩子,这其实是在亲身示范一种良好的沟通方式,也为持续良好的沟通奠定了基础。倾听不是为了评判谁对谁错,而是为了理解,让双方都能听到彼此的想法。既表达了对老师的尊重,也给予孩子情感上的支持。这也是让孩子知道,老师有老师的想法,你也可以表达自己的想法。同时并不是一味说教、压制孩子,想让他接受教训;而是把他包括进来,邀请他一起来想办法。让孩子感到他是在解决问题,而不是制造问题。

我曾在买水果时听到一位店员说,她在水果店负责发货,每天的工作就是把每箱十斤的水果,打包好发给全国各地的客户。经常会有客户有一些个性化需求,有的要求在发货时附带卡片,有的希望箱内不放置价格单,还有的要将部分水果换成同等价值的其他水果以尝鲜……她很乐意满足客户们的需求,但每天要在数百个相同的包装箱中记住哪个多了什么少了什么,备注不能搞错,邮寄也都要一一对应正确的地址,确实需要额外付出很多的工作量。

这让我一下子想到了学校的老师们,一个人要对应班上五六十名学生,要记住每个学生不同的特性,还不能靠备注贴在孩子们身上,只能全都记在心里。不同的父母也会向老师提一些个性化需求,老师们是愿意理解的,但同时我们也要体谅老师们繁复的工作,偶有不周全在所难免。只有建立在双方互相理解、体谅的基础之上,沟通才能顺畅进行,同时双方也更愿意彼此配合、协助。

我曾收到一位妈妈的提问:"孩子的老师今天上午给我打电话,说孩子今天没戴红领巾,丢三落四,你看你儿子作业潦草马虎,同一道题总是错,给你打电话也没用,自己看着办吧,孩子是你的,不是我的,他对于我来说是全班的一员,而对于你来说就是全部。请问要如何与老师沟通,如何与孩子沟通呢?"

在这个提问描述中,我不太清楚这是不是老师的原话,如果是,那么老师是在什么情况下说出的这番话?之前又是怎么沟通的?如果想和老师有效沟通,首先我们要肯定老师的付出,管理一大班子的学生确实很辛苦,同时老师也是希望每个学生都能表现好,这一部分要先去肯定。这样可以表达出对老师的尊重,老师感觉到被尊重之后,才能为后续的沟通奠定良好的基础。

其次要表达的是,作为家长也很希望配合老师,共同让孩子成长得更好,因此你们正在努力给孩子培养良好的习惯,只是因为良好习惯的建立需要一定的时间，所以希望老师能多多帮助，我们做家长的也一定会尽力配合。老师的话里说："给你打电话也没用。"有可能是之前就反映过，但没有看到任何改变。老师不喜欢家长当甩手掌柜，要让她看到你对她提出问题的重视，以及你和孩子一起做的努力。以上是对于老师方面的沟通。

对于孩子方面，就要看看是什么原因导致他出现这些行为。如果是刚上一年级，可能是还没适应小学的转变，我们要在习惯上多培养，带着孩子一起做，逐渐养成良好的整理书包的习惯，每天固定时间写作业的习惯，每晚睡觉之前检查一下第二天需要的东西等这样一些习惯。

如果孩子年龄比较大了，那么除了习惯方面的培养之外，还要看看平时是否替孩子包办了太多的事情，以至于孩子根本不需要为自己的事情负责。如果孩子没有发展出责任心，那他就很容易应付了事。或者是父母在孩子学习方面过于控制，总是催促、指责，这样孩子就会形成逆反心理，觉得自己是在为父母学习，自然不愿意认真对待。

可以和孩子聊一聊，表达你的关心，看看他是否在上学这件事上遇到了困难。记得和孩子沟通的时候不要指责孩子，不要说教，先真诚地听一听孩子内心的想法。父母的态度应该是看看孩子在哪些方面需要帮助，然后我们去协助他。而不是只看到孩子做错的地方，总是指责、批评，那必然会带来抵触。

作为父母，当面对老师投诉的时候，既不应光站在孩子的对立面，也不应光站在老师的对立面。一定要相信，绝大多数老师都是关爱孩子的。在这个基础之上，和老师保持良好的沟通，才能共同建立一个充满爱的学习和成长环境，让孩子真正受益。

孩子被评为后进生，家长会要我当众检讨

有一年元旦，我受邀参加了一个书法班的期末庆典，活动意在向父母们展示孩子们的习作、获奖成果，以及表彰各个小学员们一个学期的学习。大部分的小学员和父母都要出席，现场大概有一两百人。

先是一系列常规流程，包括领导讲话、老师讲话、作品集展等，接下来就是颁发各种奖项。这个书法班确实人才济济，从全国到全省全市的金银铜奖都有很多，每一项奖颁发完之后，都要请优秀学员的家长发言。家长们也个个都是卧虎藏龙，有大学教授，有商界精英，看到孩子取得了很好的成绩，喜悦之情也溢于言表。一边分享自己平时是怎么把孩子培养得如此优秀的，一边又很谦虚地说："我家孩子肯定不是最好最强的，他还有很多缺点，我们一定会再接再厉。"

一番喜庆热闹之后，最后颁发的是"学习蜗牛奖"和"难得糊涂奖"，分别对应学习速度特别慢的、总是迟到的孩子；以及书面不整洁、总是搞不清作业的孩子。而让我没想到的是，这两个奖项获奖的孩子，也需要上台领奖，父母发言。

这是啥发言，这明明就是检讨啊，还是当众处刑。别人家的孩子个个出类拔萃，拿奖拿到手软，自家孩子被评为"差生"，父母还要跟着一起上去示众。这样的对比和落差，摊谁头上都抹不开这脸面啊。我坐在下面暗暗想着，如果是我的话恐怕会找老师抗议哦，对这么小的孩子，这样做合适吗？当着这么多人的面，这要给这个孩子

心理留下多大阴影啊。万一以后这孩子在班上被其他同学嘲笑孤立怎么办？如果是我的孩子被评了这个奖，我就算抗议不成，也肯定不来参加。

果不其然，被评为"学习蜗牛奖"的孩子和父母直接缺席，于是继续颁发"难得糊涂奖"。然而出乎我意料的是，一位爸爸牵着自己的孩子，缓步走上了领奖台。他登台时的态度稳定平和，没有显得好像很丢人的样子，也没有责怪或嫌弃孩子，而是拉着孩子的手，一直站在他旁边。上台后，这位爸爸从老师手中接过话筒，又从口袋里掏出一张准备好的发言稿，在众目睽睽之下，字正腔圆地发表了他的"获奖感言"。

他发言时声音洪亮，语气正式，并没有感到拿了批评奖就活该和孩子一起畏畏缩缩受人审视的样子，而是表现得很大方。虽然看得出他很紧张，拿话筒的手都在抖，但他还是坚定地站在那里，一字一句说完自己想说的话，和孩子一起面对所有家长和学员的注视。

最开始，大家都是哂笑着听个热闹，但慢慢地，大家都放下了手机，开始认真聆听。从最初的奚落，逐渐变成了敬佩。那孩子瘦瘦小小的样子，站在偌大的讲台上，似乎都快哭出来了。但这位爸爸一直牵着孩子的手，和他站在一起。发言中每一句话都把负面评价转化成正向资源，让我好生佩服。

当他发言结束时，在座的其他父母报以雷鸣般的掌声，还纷纷向他竖起大拇指。虽然我不记得他发言的原文了，但他的方向给了我很多启发。于是我按照自己的思路，重新写了下面这篇发言稿，只想为父母们提供一个视角，当我们的孩子不被主流评判标准所认可的时候，我们还可以为孩子做些什么。

各位老师、各位家长、同学们：

大家下午好！

我是××校区×××的爸爸。非常感谢老师提供的平台，虽然这个奖不像刚才颁发的奖项那么响亮，但也正因为如此，我才有机会站在这里发言。（把登台检讨转化为机会，这是一个正向诠释。一方面化解了尴尬，另一方面也为孩子顶住了压力。）

最开始得知我的孩子被评为这个奖的时候，确实是有些吃惊和羞愧的，更何况还要登台发言。想到下面坐着那么多优秀的家长和小朋友，我当时也忐忑过。（坦诚自己的窘迫。）但是回想起书法老师教导孩子们的时候常说，练字要临帖。我想，我不就是我家孩子常看的字帖吗？我面对困难挫折的态度，他也在不断描摹。

如果我勇敢，他也会学到勇敢；如果我坚持，他也会学到坚持；如果我退缩，他也会学到退缩；如果我逃避，他也一定无法面对。想到这里，我鼓起勇气，站在这里做这次分享。（把父母榜样的作用和练字临帖结合在一起，既符合书法的主题，又让所有在场的人看到了他坚持的意义。再一次将大家认为的"当众出丑"转化为有正向意义的行为。）

同时我也要感谢书法老师，老师给我的孩子颁这个奖项，也是出于爱和责任。如果老师不想管这个孩子的话，只需要不理他，甚至让我们退班就可以了。但是老师没有这么做，没有放弃他，而是希望他能改进，能有所提高，并且老师在活动之前一直耐心地向我解释设置这个奖项的意图，这也是我今天能够勇敢地站在这里的原因。（再一次正向诠释，将老师的批评转化为爱和责任。这并不是在刻意帮老师说好话，而是双向转化。一方面冲淡孩子内心对老师的害怕和抵触，另一方面也降低老师对孩子的反感，担起作为老师应有的爱和责任。）

我平时工作较忙，对孩子的陪伴较少，自然也缺少了督促和引导。都说养不教，父之过。因此当我知道自己的孩子被评为这个特殊奖时，我并不生气，也没有懊恼，而是反思和庆幸。因为这对我来说是一个提醒，早发现问题，才能及早共同面对，早做改善。毕竟对于孩子的教育和习惯的培养，父母才是第一责任人。没有让孩子养成良好的行为规范，我这个做父亲的是要承担责任的。这次为我指明了症结所在，后续就是该如何对症下药了。这是这次评奖我们最大的收获。（既不站在孩子的对立面，也不站在老师的对立面。把责任揽到自己身上，主动承担起这份压力。同时将批评转化为提醒，把此次事件看作收获，作为改变的开始。）

这个学期虽然很快就要结束了，但新的一年已经开始。在接下来的时间里，我们一定会及时与老师沟通，帮助孩子建立良好的学习习惯，按时按量完成书法练习。尤其是对细节方面的把控，把坐姿、握笔、摆放、整洁等好习惯融入到日常学习和生活当中。这个确实需要一个过程和时间，我们一定会尽力配合老师，也希望老师在这段时间里多给我们一些帮助。（老师都不喜欢甩手掌柜式的家长，具体说明自己计划做哪些调整，表明一个积极的行动态度。让老师看到父母的努力，同时也能给予足够的耐心和时间。）

虽然×××身上还有一些不足，但在我眼里，他始终都是我最可爱最独特的孩子。他活泼、开朗、愿意努力和尝试，我相信我们会很快迎头赶上的。（这句话和前面获奖父母说的："我家孩子肯定不是最好最强的，他还有很多缺点，我们一定会再接再厉。"形成鲜明对比。越是落后的孩子，越需要父母的肯定和鼓励。）

都说新年新气象，我相信在我们的共同努力下，下一次我们站在这个讲台上的时候，就是我们正式领奖的时候，也相信各位小朋友大朋友会给我们孩子肯定和鼓励。（为孩子寄托收获的希望，也避免其他同学对孩子的孤立和嘲笑。）

这次的分享仅代表我个人的一些感受，如有不当的地方请大家海涵。最后，再次感谢老师的悉心教导，感谢各位家长和小朋友的耐心倾听。祝大家在新的一年，身体健康，事事顺心！

整个发言，不对抗，不批判，不自卑，只转化。把登台检讨转化为机会，把批评转化为重视，把责备转化为提醒，把落后转化为进步的空间。这位父亲维护了孩子的尊严，也展现了自己的体面。

在我写这篇文章的时候，曾有家长义愤填膺地说："这样的评奖就不应该！这种学校就应该被追责！这种所谓的教育严重伤害孩子的自尊心，父母要坚决抵制，直接批评学校的初衷！"

是的，这种评奖确实不应该，我也很能理解这位家长的愤愤不平。如果学校行为恶劣程度严重，我们当然要义无反顾地保护孩子，带他离开。但在现实生活中，并不是所有父母都有能力在每件不如意的事情上都去和学校对抗，或者马上给孩子转学。我在咨询中会遇到非常多的父母面临这样的困境。如果转学，且不说各种政策规定的难度，现实中很有可能会导致家里无人接送，父母不能工作；倘若家中还有另一个孩子需要照顾，则更加困难。可如果和老师硬杠，又怕老师对孩子特殊对待，或者不再管孩子，冷漠放弃。

那么在暂时无法选择环境的时候，我们就真的无能为力了吗？面对还不那么完善的教育环境，父母的转化力就变得重要起来。用爱和智慧将对抗转化为理解，保护孩子的内心，尽量减少外界对孩子的影响。父母就像是孩子的空气净化系统，把"歪风邪气"阻挡在外面，过滤为大自然般洁净的空气。

　　文中这位父亲就向我们展示了这样一种态度，即便是外在环境苛刻严酷，父母还是能尽最大的力量保护孩子，为孩子撑起一片爱和尊重的空间。在这个过程中，那个瘦瘦小小的孩子，好几次仰起头，望向自己的父亲。我想，那一刻，在孩子心里，父亲的形象一定是无比高大明亮的，因为他能为自己遮风挡雨，抵御外界一切伤害。

如何帮助孩子从容应对重要考试

孩子自从上学之后，就需要面对各种大大小小的考试。期中考、期末考、中考、高考，还有一些评选类的选拔、比赛等等，每次临到这些重要关头，父母和孩子就会如临大敌，全家备战。而到了这个时候，我就会接到很多父母类似的咨询：孩子模考成绩不佳，学习态度懒散，过于在意分数，静不下心复习，总是抱怨，父母随便说点什么就爆炸……当我听到父母们一连串的倾诉时，都能感觉到扑面而来的焦虑。

焦虑是可以互相传染的。看着孩子的状态，父母也会心情紧张，这份紧张和焦虑无形之中又传递给了孩子。而孩子同时还要面对学校学习和考试带来的压力，自己原有的情绪无处安放，又会反过来朝父母发泄。结果就变成了无论父母说什么，孩子都觉得烦；不管孩子做什么，父母都觉得不用功。父母抓耳挠腮，孩子我行我素。于是总是冲突不断，全家都笼罩在紧张焦虑的气氛之下。

我们要认识到，焦虑情绪并不是一无是处的。适度的焦虑能够让我们注意力更集中，学习效率更高，考试时的状态也更好，反而能发挥出较好的水平。因此不必一看到孩子有紧张的情绪就如临大敌，如果孩子完全不紧张，不把考试当回事，才更让父母焦虑吧。

但如果过于紧张焦虑，就会给我们的生活和学习带来困扰。过度的紧张，会占据大脑有限的认知资源，从而影响我们的思维和反应能力。例如可能会出现烦躁不安、记忆力下降、学习效率低下等情况，甚至感到食欲下降、心慌、失眠等。

过度焦虑的压力源主要有以下四种：第一是来自父母和家庭；第二是来自学校的老师和同学；第三来自社会舆论氛围，例如万众瞩目的宣传、高考倒计时等等；第四是自身的高压力。父母要如何做，才能帮助孩子缓解紧张焦虑情绪，同时提供必要有效的帮助，让孩子更好地迎接即将到来的考试呢？

一、父母放松心态，不做过高期待

很多时候父母比孩子的考前焦虑更严重，这种紧张的情绪会传染给孩子。因此父母要先调整自己的心态，保持平常心。高期待会带来高压力，父母希望孩子考出好成绩的心情可以理解，但面对考试的是孩子，我们要做孩子的后盾，而不是再给他平添一重压力。

有些父母为了引起孩子的重视，会向孩子传递出一种态度："这是人生最重要的一场考试，是分水岭，千军万马过独木桥，一定要全力以赴去迎战！"在这样的压力下，孩子感到这张考卷要决定自己的一生，哪里还敢下笔呢？

不要动不动就"养兵千日，用兵一时。""成败在此一举。"不要让孩子感到"一考定终身"，而是要让孩子把考试看成人生中众多挑战中的一次，这样的挑战每个人都会遇到，我们可以一起去面对。

到了最后关头，孩子的成绩已经基本定型，出现超水平发挥的不是没有，但超出大几十分的可能性很小。这一阶段影响成绩的就是孩子的心态。不要对孩子抱有不切实际的期待，只要他保持平稳状态，维持现有水平，不出现重大失误就是成功。

二、保持平常生活，不要对孩子过分关注

考试前孩子仿佛忽然成了重点保护对象，所有家庭成员都小心翼翼地呵护着孩子的情绪，不敢大声说话，做事走路轻手轻脚，生怕打搅孩子学习。有的父母甚至会觉得冲马桶的声音太大，影响了孩子休息。还有的父母给孩子买很多营养品，孩子学习的时候给他泡牛奶、切水果，不断嘘寒问暖，对孩子格外殷勤和小心。

这也是父母考前焦虑的一种很典型的表现，总担心自己的行为会影响孩子的学习考试，又总想为孩子做点什么，于是忙里忙外，给孩子特别关注。然而事与愿违，这样的行为会营造一种紧张而又特殊的气氛，父母的过度关心无形之中反倒成了一种压力，增加孩子的焦虑，让他们无法以平和的心态对待复习和考试。

在这个阶段，稳定是最重要的心理调节。家庭平时是什么样的生活，现在继续维持就好，不必搞特殊化。熟悉的生活会给孩子带来安定，也更容易集中精力应对学习和考试。

我当年参加高考的时候，由于考场离家较远，学校安排了校车接送考生。父母担心我坐校车会长时间拥挤，想单独送我，但我还是选择和同学们一起出发。在校车上都是熟悉的同学和老师，我们一起说说笑笑，反而更容易放松情绪。大家一同走进考场，也让我们更加平静地面对考试。

三、帮助孩子疏导情绪，做孩子的坚强后盾

孩子们长时间面对繁重的学习和考试的压力，在这个阶段，一些看起来不相关的事情都有可能引发他们的情绪。孩子的情绪需要一个宣泄的出口，这时候父母如果能帮助他们疏导，就能很好地降低他们

的焦虑。

父母要意识到这个阶段孩子情绪的波动起伏是很正常的，他们需要的是理解和支持，而不是说教和打压。有些父母喜欢对孩子说："你这样哪像毕业班的学生啊？""想当初我读书的时候……"或者不断唠叨："作业写完了吗？""上课要注意听讲！""你就是不刻苦，老惦记着玩！"这样的一片苦心只会带来负面效果，孩子的内心需求被忽视，烦恼和心声无处可说，情绪积压久了也会给他们带来更大的压力。

但也不要为了缓解孩子的情绪就对他们说："别紧张，没事的，放轻松，考不好也没关系。"这样的话语并不能帮助孩子放松，反而会让孩子认为你站着说话不腰疼。可以和孩子一起聊一聊他的想法和感受，用我们之前介绍的沟通方式，听一听他的苦恼，不去评判，也不讲大道理。孩子在这样的倾诉过程中，可以把自己的情绪和产生情绪的原因梳理清楚，情绪就会缓解很多。

如果孩子出现考前模拟分数不理想的情况，这对他们的心理状态肯定会有影响。为避免孩子在压力之下一蹶不振，这时父母要给予孩子适当的帮助。我们要做的不是急着给他找补习班，而是和孩子一起查找原因。是情绪过于紧张，还是考试题目过难？是复习计划有偏差，还是时间分配不合理？是基础知识不到位，还是考试技巧没掌握？

父母可以帮助孩子理性地看待成绩的起伏，认识到在考前需要经历多次模拟，成绩有波动是很正常的。而考前发现问题反而是好事，这能帮助自己及时发现薄弱的知识点，反而是提高的契机。让孩子这样换个角度来看问题，不过多地自责或自暴自弃，而把注意力转到查漏补缺的学习中。

同时，多给孩子一些鼓励和肯定，发现他们的闪光点，让他知道你相信他有能力做得更好。有父母做坚强的后盾，孩子才能勇往直前。

四、尊重孩子的学习节奏，不给他们增加负担

在复习迎考的关键阶段，父母要相信孩子、相信老师。老师们都有多年的教学经验和科学方法，会为学生提供最有力的帮助。而孩子们经过这么多年的学习，也已经形成了适合自己的学习节奏和复习方式。可以在保有原来节奏的基础之上微调，但不要在考试临近阶段大幅度更改。

有些父母想让孩子在最后阶段突击一下，于是安排很多补习班或家教；还有些父母，在家长交流群里获得了一些其他学校的考试资料，于是就全部打印出来让孩子完成，想让他们多方面吸收。父母的苦心可以理解，但也要看到学校老师会有计划地安排学习，孩子每天的复习任务已经很重，时间排得很满。如果父母还给孩子增加额外任务的话，会让孩子感到节奏被打乱，更加加重他们的焦躁。

其实父母不必过多地参与孩子的学习，到了中高考阶段，他们的课业已经不是我们可以辅导得了的。这时候不添乱就是最好的支持。与其对他们的功课指手画脚，不如提供一些实质的帮助。比如帮助他们购买学校安排的复习资料，完成老师布置的作业打印装订等任务，准备漂亮的本子、书写流畅的笔等等。这一些具体的帮助可以减少孩子的繁杂琐事，才是更有利的支持方式。把焦虑的心情转化成有效的行动，帮助孩子切实地提高学习效率。

五、鼓励孩子坚持运动休闲，劳逸结合

没有放松的高效率是维持不了多久的。我们可以结合自己的工作经验来体会一下高压之下的心情。我曾经为了冲刺完成一个项目，给自己安排了一个月的突击时间，用极强的自律压抑放松的需求，每天

工作很长时间。前一周效果确实不错，工作也取得了很大进展。但一周之后我就逐渐变得倦怠，经常无法集中注意力，甚至开始磨洋工。后来我恢复每天的休闲娱乐时间，做一些看起来和工作项目无关的事情，反而状态开始回升，效率又重新高了起来。

在重要考试之前，经常会听到父母抱怨孩子在这个节骨眼上还总是看手机玩游戏，不写作业只想睡觉，每天浑浑噩噩，浪费太多时间，一点都没有紧张的意识。于是认为孩子没有上进心，对考试不在乎。其实恰恰相反，孩子是因为太在乎了，他在意老师的批评、父母的眼神，在意自己考试的分数、迷茫的前程。所以他的心理负担才那么重，却表面上表现出不在乎的样子。他的不投入是过度焦虑的反映。要知道，一个人过度焦虑时是无法集中精力的。

这时候适当的运动和休闲能起到释放压力的作用，为生活和学习起到很好的调节。不要认为孩子怎么还打球、涂鸦、听音乐，或者做一些其他事情，似乎是在不务正业，不知道时间的紧迫性。这其实都是孩子协调放松的一种方式。

如果不想让孩子沉迷电子产品，就和他一起建立起运动休闲娱乐的方式。带孩子到户外踢踢球、散散步、听听音乐。身体动起来了，大脑自然会得到放松。身心的适度放松，不管是对于正常休息，还是备考复习、考试发挥，都是非常重要的。

六、不要总盯着孩子，要有自己的生活

曾经有一个调查统计，中高考生最不喜欢父母做什么，排名前几位的分别是：①事无巨细，盲目指导；②反复唠叨啰嗦；③和别人比较；④以爱之名，道德绑架；⑤传递负面情绪；⑥说着尽力就好，实际期望很高。

希望父母做的事情，排名前几位的分别是：①和平常一样；②做好吃的饭菜，或者带我出去吃好吃的；③好好工作，好好生活；④多关心自己，不要总以孩子为中心；⑤多鼓励和肯定；⑥不要焦虑，至少不要盲目传递焦虑。

在这份调查中，超过 38% 的同学将关注点投向了吃，他们希望父母多给自己做些好吃的，带自己出去吃好吃的，有时候也可以带自己出去走走。21% 的同学期待父母能好好工作、好好生活，平时在家多聊一些生活趣事，而不是只谈论学习。13% 的同学则表达了更进一步的期望，他们希望父母不要总以孩子为中心，能多关心自己，去开拓自己的兴趣，做自己想做的事，这样会让他们感觉很安心。

没必要过多谈论成绩和排名的话题，督促、检查也不必太多，让孩子安安静静学习就可以了。父母回到父母的角色，多分享平时工作生活中的开心事，营造轻松愉快的家庭氛围。不要因为学习重要，家里所有人就都盯着孩子，不断督促他学习。倘若家里都是监督员，他就没有了可以给他温暖和支持的亲人了。

尤其是我们整个社会对于中高考都无比重视，在那几天里，所有新闻媒体报道的都是关于考试的内容，全民生活都要为中高考让路。整个大环境铺天盖地的渲染，无形之中也给生活在其中的孩子们增加了很多压力。

在学校里，老师整天讲的也都是考试，月考、期中考、模拟考……一天到晚强调考试和排名，孩子在这种压力下，就像被拉扯的橡皮筋，如果总是绷得太紧，是承受不了的。父母要有更多的心理力量帮助孩子转化这部分压力，而不是和整个社会一起继续向孩子施压。如果父母都被压垮了，是无法支持到孩子的。

七、调整生物钟，保持规律稳定的生活

考试期间最好让孩子吃熟悉的食物，穿比较舒适的衣服。不需要突然帮孩子加强营养，考试期间的饮食，最好跟平时的饮食一致。熟悉的食物会让人放松，也不容易让孩子因为突然吃了陌生的食物引起肠胃不适。

保持充足的睡眠，不要认为考前应该刻苦就挑灯夜战，睡眠不足也容易产生焦虑情绪。考试那几天也不需要刻意早睡，保持和平时一致的作息就好。如果与平时的生物钟不一致，在床上辗转反侧，不能入睡，就很容易产生焦虑情绪，而这种情绪反过来又更加影响入睡。同时不要喝过多的咖啡和茶，以免影响睡眠。

对于孩子来说，所有的考试都是一次挑战，但也只是漫漫人生路上的一个节点而已。希望父母们能够减轻焦虑，找到合适的方法，真正给到孩子支持，也祝福孩子们在考试中取得好成绩！

代后记
"我不曾教诲他,只是带他生活"

在生完二宝后的很长一段时间里,我曾经经历过一段极其狼狈不堪的日子,整个人的状态跌到了谷底,身体得不到休息,情绪得不到缓解,每天都在抑郁痛苦和自我怀疑中度过。那时候我每天都会早早把叶儿送去幼儿园,然后拖到最晚才去接他,因为我实在忍受不了两个孩子同时缠在我身边。看着自己每天蓬头垢面、精神恍惚的样子,我的内心悲伤却又麻木。

有一天下午我去幼儿园接叶儿,他又是被留到最后的孩子。我进门时看到他在画画,有个老师陪着他,听他说画里的内容。我不想打搅他,于是就站在门外,听他奶声奶气地说着:"这个是我和弟弟,这个是爸爸,这个是妈妈。"这时候,他轻轻叹了口气,小声说道:"妈妈从来都不笑的,我都很久没有看到她笑过了。"

这句话像一记重锤一样狠狠地砸在我心上,才三岁的孩子,竟然会被我的状态影响这么大,我整个人都僵住了。回到家后,我开始问自己:"我真的要一直过这样的生活吗?难道我就甘愿一直这样过下去吗?"不,我不愿意!我的生活里不应该只有孩子,我还有我自己,我要过我自己想要的生活。

曾经看到一句话:"如果你不花时间创造自己想要的生活,你就不得不花大量的时间应付自己不想要的生活。"既然如此,我不要整天怨天尤人地做个受害者,我要去追求去创造我想要的生活。

我有很多兴趣爱好和自己想做的事情，但总是不行动。当时会觉得，每天工作和照顾两个孩子已经累得半死了，哪还有时间搞这些。可是如果一个人的独处时间长期被剥夺，就很容易身心受压，导致情绪低落。于是我就开始思考，既要陪伴孩子，又要照顾自己，如何在享受自己生活乐趣的同时，还能给到孩子高品质的陪伴呢？与其天天陪娃玩，累得半死，不如干脆换个思路，让娃来陪我玩！

从那时候开始，周末我就带上俩娃，背上游戏地垫，带上野餐盒，户外走起。我们躺在草地上吃吃喝喝，一起玩各种游戏，互相追逐奔跑嬉戏，大家热热闹闹嘻嘻哈哈，一晃一天就过去了。

我带着娃们去爬山，在大自然中探险，有时还去攀岩基地爬悬崖峭壁。几乎垂直成上下九十度的崖壁，很挑战臂力和胆量。我经常爬到一半的时候要缓一缓，给自己鼓鼓劲儿，才能继续。在这个过程中，两个孩子会看到，当我爬不上去的时候也会畏难，也会想要放弃，但最终还是凭借自己的力量攀到顶峰。当我和两个孩子各自攀爬最后在山顶会合的时候，俯瞰山脚下的风景，再回看自己一路爬上来的过程，那种成就感简直爆棚。

都说锻炼身体很重要，但我要陪俩娃，没时间，健身房也不方便带孩子一起去，还有什么办法呢？正好小区里有游泳馆，于是带上俩娃，亲子共游。他俩跟着教练学游泳，我在旁边游一千米。等他们下课后，我再和他们一起玩水上游戏。孩子们特别喜欢游泳，而我也达到了锻炼身体的目的。

因为当时叶儿年龄很小，练习游泳的时候也会出现很多孩子都有的现象，例如不喜欢下水之前的拉伸运动，有时候也会嫌太辛苦而犯懒，或是因为游不过其他小朋友而不开心。我并不想给他讲什么刻苦训练、平常心的大道理，只是带着他一起，继续各种生活体验。

我曾带他们去山顶跳伞、去海边潜水、去戈壁徒步、去山林基地研究各种动植物；我们去野外策马奔腾，去雪乡看雪，去各个博物馆图书馆参观各地历史和人文……疫情期间不方便外出，我们就一起看各种纪录片，有关于宇宙起源的，有关于生物进化的，有关于中国历史的，有关于各地美食的……我们还一起追综艺，一起看脱口秀，一起吃烧烤，一起去玩密室逃脱感受脑力风暴的推理乐趣……

父母心情好了，才会有更好的质量来陪伴孩子。不要把自己的生活弄得像苦行僧一般，一定要找到让生活充满乐趣的事情，哪怕那件事情看起来很无用。否则，如果你一直在消耗自己，是不可能有耐心和好脾气来陪伴孩子的。如果觉得陪孩子玩太耗精力太累，那就让孩子来陪你玩吧，玩你们共同喜欢的，对于所有人都是滋养。我家俩娃为什么不沉迷电子产品？因为他俩说："妈妈，你带我们玩的那些，可比电子游戏好玩多了！"

当一个孩子见识到世界的五彩缤纷和生活的丰富多彩时，真的不用担心这样的孩子不爱学习，因为他会想领略更多的景色和风光，想体验更多生活的不同面向，而这自然而然会激发孩子的求知欲。叶儿在刚进小学时，最想做的事情就是去火山岩浆里找一块宝石出来给我做项链。因此他总是在收集资料，学习关于火山的知识，调查岩浆的温度有多少，计算隔热服最高能隔多少度，要怎样避开岩浆喷发等等。而这些都将成为他学习思维的一部分。

有一次我在一个旅游景点体验了一把射箭打气球，没想到第一次接触射箭就爱上了这项运动。于是回家后我找到附近的一家箭馆，每周带着娃去玩两次。其实箭馆有休息区，孩子们可以看书、玩游戏、玩球等，但当我专注在射箭上时，他们也会被吸引，也参与进来，在一旁默默练动作，和我比看谁射得更准。因为是新手，我经常会有失误。即便是戴了护具,有时也会受伤,例如被弓弦抽到,被弓柄砸到,手指被勒出茧等等。然而就是喜欢,找不到原因。

三十米以上的远距离靶位,射出的箭会是一条抛物线。若想箭的落点一致,必须保证每一次的动作都一样,包括举弓高度、推弓力度、拉距、靠位,甚至身体站姿、转头角度、拉弓手型等,都要固定,否则毫厘之差就会导致落点偏移。有什么捷径吗?没有。就是一遍遍拉弓,一遍遍撒放。

做一件事,不问结果,不辞辛苦。

一日一日,直到如心,便是修行。

对于热爱,唯有只身前往。

那时候叶儿也会看着我手上的淤青,问:"妈妈,你为什么要把自己搞得遍体鳞伤啊?"我说:"因为我是真的喜欢射箭啊,想要做得更好,就需要大量练习才行。"叶儿没有说话,但在这之后,我发现他不再抵触之前一直很讨厌的游泳下水前的拉伸运动了。在看到我如此执着地做自己喜欢的事情之后,他慢慢地也学会了坚持。他对我说:"妈妈,我实在太喜欢游泳了,那如果我想要游好的话,也是需要练习的呀。"

两年后,我参加了一场全国射箭联赛的站点赛。因为是周末,于是俩娃也一起来观战,为我加油。在进行完排位赛之后,我们进入下一轮淘汰赛,开始一对一捉对厮杀。淘汰赛是抢分制,异常残酷。因为我是新手,毕竟实力不够,很快就被对方大比分领先。

在对手已经拿到赛点,而我还是 0 分的时候,我看了看场边的叶儿,问:"你希望妈妈拿第几名?"叶儿说:"我当然希望你拿第一名啦!"我愁眉苦脸道:"那我要是没拿到怎么办啊?"叶儿笑了笑,说:"要是没拿到,那你就继续努力呗。"那一刻,我忽然释怀地笑了,相信他已经不会再像以前那样游泳比不过别人就哭，而是真正去感受运动的魅力了吧。

在俩娃的注视之下，我居然紧紧咬住对方，一分一分往回追，直到追平成为双赛点。在最后一箭的比拼中我以十环秒杀掉对手，实现了惊天逆转。最终我杀进半决赛，拿到全国射箭联赛的铜牌，真心不易。

当我取胜后，我跑到场边，一手一个把两个孩子抱起来在空中抡了一圈。叶儿说："妈妈，我觉得你好厉害！"我说："对啊，我凭自己的实力拿到的奖牌，就是好厉害！"叶儿说："那我是你生的，我一定也很厉害！"是的，我们就是这么厉害，就是有这个自信！做一个让孩子感到自豪的父母，孩子自然会将你视为榜样。

站在领奖台上的时候，回想起自己从第一次尝试时的生疏和胆怯，慢慢地一次次穿越那种恐惧，在压力巨大的状态下保持冷静并控制身体。同时每天进步一点点，多信任自己一点点，直到完成这个对我来说根本不可能的挑战。回看整个过程，很感慨。与其等待，不如主动去创造和体验生命的无限可能性，一点点超越自己认为的极限。这个过程，所挑战的，都只是自己。

我练习攀岩时把膝盖磕得乌青，射箭一次次跟自己较劲，工作和陪娃的间隙不断钻研比砖头还厚的心理学专业书。有人不理解，搞这些有什么用？既不能赚钱，看着还折磨自己。确实如此，但就是有一股劲儿驱使着我。这大概就是我骨子里的一股劲儿吧，这股劲儿同样作用在我生活的方方面面。

在这些年里，我们遇到了各种突发事件、不确定因素，也遇到了很多困难和挫折。我的两个孩子会看到，原来妈妈也会遇到困难，也会跌到谷底，但同时他们也会看到我是如何调整自己、迎接挑战、从不放弃、不断想办法克服困难的。我们共同经历的这一切，都是我们内心力量的来源。

当一个人真正下定决心要做一件事的时候，是没有什么可以阻挡的，只是这个决心，没有人能帮你下。有熟悉我的朋友问："你的原生家庭那么糟糕，之前还生过那么严重的病，几次在死亡线上挣扎，你现在是怎么走出来的呢？"我也不知道，但是当我通过一次次考核拿到一张张证书的时候，当我拿到全国射箭联赛铜牌的时候，当我一次又一次完成我以为自己根本不可能完成的挑战的时候，我还会去想我的什么原生家庭吗？让原生家庭见鬼去吧，那算什么，我才是我人生的创造者，我才是决定自己的人！

小巫老师有一句说她的孩子的话："他投胎于我，我不曾教诲他，只是带他生活。"是啊，与其把全部重心都放在孩子身上，不如把自己的生活变得有趣，活出自己的精彩。当孩子们看到父母全心全意地热爱、拥抱生活时，他们会觉得这就是生活本该有的样子。

其实我一直不知道在孩子眼中我是一个怎样的母亲。有段时间叶儿居家上网课，按老师要求我要和他一起进行课程话题探讨。第一个话题是亲子关系，要分享一个我们之间最融洽的时刻。叶儿回答："这好难选啊，我们之间融洽的时候太多了。"还要分享一个我们冲突的场景。叶儿说："这我得想一下，好像没什么太多冲突的。"第二个话题是关于刻板印象的，老师问："勇敢、坚强、有毅力是形容男性的，这个说法对吗？"叶儿说："不对，因为我妈妈就是这样的人。"

我听到之后很感动，也很欣慰。都说父母上岗需要证书，但这个证书不是参加任何一门课程获得的，而是由我们的孩子颁发的。至少在一个青春期孩子的眼中，我这些年做妈妈还算是及格了吧。总有人说我一定会把孩子教育得很好，但其实孩子取得的成就是他自己努力的结果，而不是我教育出来的。我所做的，就是创造出一个环境，让孩子在这个环境里成长，找到自己内在的力量，去拥抱属于自己的星辰大海。

  这本书到这里就结束了，但对我来说，这又是一个新的开始。我们每天都和孩子一起，走在共同成长的路上。虽然说，自我成长是一条少有人走的路，但是我始终坚信，走在这条路上的人，迟早是要遇见的。非常荣幸遇见你，感谢你读完这本书。希望在今后的旅途中，我们依然相伴。

参考文献

［1］加利·兰德雷斯.游戏治疗［M］.雷秀雅，葛高飞，译.重庆：重庆大学出版社，2013.

［2］艾尔菲·科恩.无条件养育［M］.小巫，译.北京：中国致公出版社，2021.

［3］盖瑞·查普曼.爱的五种语言［M］.王云良，陈曦，译.南昌：江西人民出版社，2010.

［4］杰·唐纳·华特士.生命教育［M］.林莺，译.成都：四川大学出版社，2006.

［5］小巫.小巫故事课堂丛书［M］.北京：北京理工大学出版社，2023.

［6］林怡.上幼儿园不用愁［M］.北京：水利水电出版社，2012.

［7］中国儿童中心.中国城市儿童户外活动状况调查报告［R］.2012.

［8］维吉尼亚·萨提亚.萨提亚治疗系列丛书［M］.易春丽等，译.北京：世界图书出版公司，2018.

［9］Stephenson, G.R. Cultural Acquisition of a Specific Learned Response Among Rhesus Monkeys. In: Starek, D., Schneider, R., and Kuhn, H. J.（eds.）, Progress in Primatology, Stuttgart: Fischer,1967,279–288.

［10］Galef, B. G.（1976）. Social Transmission of Acquired Behavior: A Discussion of Tradition and Social Learning in Vertebrates. In Advances in the Study of Behavior (Vol. 6, Issue C, pp. 77–100). Elsevier Science & Technology.

[11] Mischel, W., Ebbesen, E. B., & Raskoff Zeiss, A. (1972). Cognitive and Attentional Mechanisms in Delay of Gratification. Journal of Personality and Social Psychology, 21 (2), 204–218.

[12] Mischel, W., Shoda, Y., & Rodriguez, M. L. (1989). Delay of Gratification in Children. Science (American Association for the Advancement of Science), 244 (4907), 933–938.

[13] Shoda, Y., Mischel, W., & Peake, P. K. (1990). Predicting Adolescent Cognitive and Self-Regulatory Competencies from Preschool Delay of Gratification: Identifying Diagnostic Conditions. Developmental Psychology, 26 (6), 978–986.

[14] Kidd, C., Palmeri, H., & Aslin, R. N. (2013). Rational Snacking: Young Children's Decision-making on the Marshmallow Task is Moderated by Beliefs about Environmental Reliability. Cognition, 126 (1), 109–114.

[15] Watts, T. W., Duncan, G. J., & Quan, H. (2018). Revisiting the Marshmallow Test: A Conceptual Replication Investigating Links Between Early Delay of Gratification and Later Outcomes. Psychological Science, 29 (7), 1159–1177.